Reliure Devel 1985

SOUVENIRS
DE
L'AMÉRIQUE ESPAGNOLE

PARIS. — TYP. DE Mme Ve DONDEY-DUPRÉ, RUE SAINT-LOUIS, 46.

SOUVENIRS

DE

L'AMÉRIQUE ESPAGNOLE

CHILI — PÉROU — BRÉSIL

PAR

MAX RADIGUET

PARIS

MICHEL LÉVY FRÈRES, LIBRAIRES-ÉDITEURS

RUE VIVIENNE, 2 BIS

—

1856

— Traduction et reproduction réservées —

A

𝔖*** 𝔑***

A TA MÉMOIRE TENDREMENT VÉNÉRÉE

Je dédie ce livre.

AVANT-PROPOS

L'ouvrage qu'on va lire se compose de divers épisodes d'un voyage accompli pendant les années 1841-1845 sur la frégate la *Reine-Blanche*.

Plusieurs fragments de ces études ont paru dans la *Revue des Deux-Mondes*, et je livre aujourd'hui au lecteur l'ensemble de mes observations tel que je l'ai conçu, conservant toutefois, autant que possible, les divisions du sujet, que me firent adopter, à l'époque de sa première publication, les conseils éclairés de M. le directeur de la *Revue*. Je désire que mon récit, en se complétant de détails supprimés à regret au temps dont je parle, puisse gagner en intérêt ce qu'il va perdre en rapidité.

Secrétaire de l'amiral Dupetit-Thouars, qui commandait nos forces navales dans l'océan Pacifique, sa bonté et son empressement à ne rien ménager dès qu'il s'agissait d'ajouter une nouvelle page, un nouveau croquis, aux archives de notre campagne, autant que des relations faciles à établir dans mon poste officiel, me permirent d'observer avec quelque suite tout ce que les marins retenus à bord par les exigences du service ne font ordinairement qu'effleurer. — Je dois dire pourtant que c'est le côté pittoresque des pays parcourus, que ce sont les mœurs des sociétés auxquelles je me suis mêlé, qui particulièrement ont excité ma curiosité et accaparé mon attention.

Les rapports de plus en plus fréquents des nations entre elles effacent chaque jour les grands traits qui les distinguent, pour ne laisser subsister que certaines nuances de leur origine et de leur caractère : ce sont ces nuances que j'ai voulu saisir; ce sont elles qui donnent, à mon sens, l'harmonie et le piquant aux récits du touriste.

En fait de voyages, je ne me permettrai pas de critiquer une tendance, aujourd'hui à peu près générale (mais, peut-être bien, excessive), qui conduit l'écrivain, sous prétexte de gravité, à ne rendre compte que du développement extérieur, du progrès politique ou commercial, même *social*, d'un peuple ; enfin, de transformations, après tout, assez tristes et assez vulgaires : on écrit alors d'excellentes statistiques; mais on pose les mêmes chiffres sur chaque pays, on les voit tous du même œil ; et qu'il s'agisse d'une contrée bizarre de l'Afrique, de l'Asie ou de l'Amérique, on n'en parle qu'avec les idées et, si j'osais le dire, qu'avec les préjugés de l'Europe. Il m'aurait semblé peu convenable et presque ridicule de supprimer ainsi tout le côté intime et original des nations, pour ne laisser subsister qu'une sorte d'uniformité antiartistique ou littéraire.

AVANT-PROPOS

J'avoue que je mets l'esprit particulier à chaque peuple au-dessus de tout, même au-dessus de ses progrès humanitaires et industriels ; aussi ne suis-je pas du nombre de ces touristes positifs, ou, si l'on veut, de ces *voyageurs de commerce* qui ne s'occupent jamais des villes de l'Amérique espagnole du Sud qu'au point de vue des affaires, et à qui ces villes ont semblé identiques, parce qu'on y parlait la même langue et qu'elles avaient toutes la même origine.

Un peu de réflexion a manqué à ces gens si graves pour saisir les différences et pour voir combien les divers rameaux de l'arbre primitif, transportés au delà des mers, ont emprunté un caractère distinct aux localités, au climat, à l'ancienne civilisation des tribus indiennes, qu'ils allaient absorber.

Que de traits rares oubliés ou dédaignés ! que de riches couleurs dans le paysage moral laissées à l'ombre ! que de nuances variées d'un lieu à l'autre !

Loin de moi la pensée de nier absolument la valeur et l'utilité des œuvres auxquelles je fais ici allusion ! Elles ont un point de vue ; nous avons le nôtre : voilà tout.

Qu'on ne cherche donc pas dans ce livre des renseignements dans le goût ordinaire des économistes. Bien que je n'aie pas négligé d'indiquer à l'occasion les sources de la fortune publique et les éléments généraux de prospérité que recèlent les pays dont je me suis occupé, c'est surtout au curieux, à l'artiste, que je m'adresse ; c'est à celui qui aime, en feuilletant des souvenirs de voyages, à vivre quelques instants de la vie véritable et secrète du peuple chez lequel il suit l'auteur, et qui veut de sa lecture conserver un souvenir poétique plutôt que de se surcharger la mémoire des calculs d'une statistique transcendante.

Ceci posé, on comprendra que Lima, la capitale du vaste territoire qui, sous le nom de Pérou, comprenait au temps de la domination espagnole la plupart des petits États républicains de la côte occidentale de l'Amérique du Sud, ait offert un champ plus vaste à des études que les devoirs de ma place m'obligeaient à circonscrire dans un certain rayon. Il me semble donc nécessaire, puisque cette ville a plus particulièrement fixé mon attention, d'entrer à son sujet dans quelques détails, afin de préparer le lecteur à rejeter la faute des assertions ou des jugements qui pourraient lui sembler contradictoires, sur les bizarreries d'une société qui se révèle à l'observateur sous les aspects les plus contraires : pleine de charme entraînant, auquel on s'abandonne pour peu qu'on soit doué du moindre sentiment artistique; pleine de tristes enseignements, si on l'envisage avec la raison froide et sévère.

Lima est peut-être la seule grande ville de l'Amérique du Sud qui conserve encore de nos jours des mœurs, des costumes, des formes d'architecture qu'on ne trouve point ailleurs, pas même dans le port si voisin de Callao. — L'affluence des étrangers qui sont venus y exploiter l'intarissable filon de la prodigalité péruvienne, les idées philosophiques arrivées sur les pas d'une révolution qui brisait leurs entraves, et l'éducation libérale qui de jour en jour se répand dans les classes aisées ont peut-être réformé certains penchants, modifié certaines habitudes; mais il existe toujours au cœur de la société liménienne de vieux germes qui poussent dans tous ses membres une sève vivace et jusqu'à présent indestructible. On rencontre peu de villes où des éléments aussi hétérogènes, où des antithèses aussi violentes aient un contact plus immédiat. Le peuple y est tout à la fois indien, espagnol du moyen âge, péruvien de l'indépendance. Dans les mœurs, l'ascétisme coudoie le libertinage, et les pratiques les plus superstitieuses de la religion se mêlent à la dépravation célèbre du temps des Incas. Partout la *saya* de satin des courtisanes frôle la robe de bure des béates, la soutane du prêtre, le froc du moine; les cérémonies solennelles du culte se confondent presque avec d'autres manifestations d'une nature moins sacrée. Dans le caractère national, la morgue et la fierté aristocratique de la vieille Espagne se font jour à travers les principes libéraux et révolutionnaires des temps nouveaux; la résignation passive et les élans soudains de la race rouge se combinent avec les allures couardes et fanfaronnes de la race noire. Quant à l'intelligence, si l'on trouve chez ce peuple une certaine lourdeur provenant du *yankeesme*, on y est bien plus souvent ébloui par une verve charmante, une repartie à toute épreuve, une raillerie implacable qui jaillissent des conversations et des écrits périodiques, et ont fait surnommer les gens de Lima les Parisiens de l'Amérique du Sud. — Deux costumes, l'un dont l'origine remonte aux Maures, l'autre emprunté aux modes françaises du meilleur goût, se partagent, portés par les femmes, les différentes heures de la journée; et l'on me montrait encore, pendant mon séjour à Lima, des Indiennes qui gardent cousue à leur jupon une bande d'étoffe sombre en signe de deuil de leur dernier Inca. Enfin, si l'on jette les yeux sur la ville, on voit surgir parmi les demeures plates et mystérieuses des climats orientaux, des édifices de la renaissance, des clochers des deux derniers siècles, et des maisons anglaises qui, construites en forme de lanternes, sont loin d'être magiques.

Comme on le voit, sans répudier d'anciens usages, Lima en a adopté de nouveaux, de sorte qu'il ne serait pas exagéré de dire que plusieurs siècles vivent côte à côte dans cette ville étrange, sans trop se heurter.

Un détail de ces mœurs bizarres sur lequel je ne saurais, pour ma part, trop insister, c'est l'excessive liberté des femmes et la place qu'elles tiennent dans la société au Pérou. Les femmes règnent à Lima en véritables souveraines, et semblent avoir puisé à la position qu'elles ont conquise la conscience exagérée d'une valeur qui, jointe à toutes sortes de séductions, leur permet d'étendre parfois leur action dominatrice par delà les confins de la vie privée. On les trouve souvent mêlées aux intrigues politiques, mais si l'on en cite qui ont joué dans les affaires de l'État un rôle actif, énergique, prépondérant; il en est bien plus encore dont la folle et mesquine vanité a exercé une triste influence sur des chefs à l'esprit faible et irrésolu.

La Liménienne insoucieuse vit avec l'espérance, et se contente du présent pourvu qu'il s'y trouve quelques paillettes ramassées au ruisseau qui charrie l'or ou égrenées de la bourse du riche; elle est passionnée, spirituelle, folâtre, sensible, sans autre besoin sérieux que celui de charmer, béate à la fois et déréglée; alliant, sans la moindre gêne, avec une incroyable élasticité de conscience, les charges de ses tendances illicites et les pratiques de la religion, vous la verrez tour à tour prendre le masque extatique de la sainte et l'expression ardente et impétueuse des courtisanes, et passer des sacrements aux folles voluptés. — Ces deux éléments du caractère des Liméniennes, ce mélange de sensualisme et de dévotion devaient néanmoins se séparer un jour, et s'individualiser pour ainsi dire, en deux personnes également célèbres, bien qu'aux titres les plus divers : l'une, dont la vie fût entièrement consacrée à la prière, à la pénitence, à tous les dévouements, et qui réunît les divines perfections de l'âme qui font la sainte ; l'autre, avide d'élégance, de luxe, d'ostentation, résumant toutes les tendances de l'esprit et les dangereuses perfections du corps qui entraînent dans les voies fatales : j'ai nommé sainte Rose, patronne de toutes les Amériques, canonisée en 1671 ; et la comédienne Mariquita Villegas, plus populaire sous le nom étrange de la *Perricholi*.

Tels sont les traits généraux du caractère des Liméniennes. Je n'ai plus qu'un mot à ajouter pour tenir en garde le lecteur contre les suppositions que pourraient, au premier abord, faire naître dans l'esprit quelques-unes de mes assertions sur la société au Pérou et au Chili.

Si je n'avais eu en vue de peindre que la haute société, ma tâche eût été promptement remplie, tant cet élément se ressemble partout. A Valparaiso, elle est tellement européanisée aujourd'hui par son frottement avec les étrangers et par ses tendances spéculatrices, qu'on y démêlerait à grand'peine d'autre individualité que celle du positivisme britannique ; à Lima, elle offre un mélange aimable de ce qu'on glanerait de meilleur à Paris et à Madrid, fondu avec un je ne sais quoi de naturellement séduisant, qui est comme une grâce du soleil péruvien.

Mais ce n'est point dans cette région que l'humeur originale et les goûts véritables d'un peuple se montrent le mieux. Il faut les aller chercher dans le milieu spécial à chacun, dans celui qui personnifie le mieux les tendances et les instincts du grand nombre : en France, chez l'artiste et le soldat; en Angleterre, dans la famille laborieuse, pour laquelle, *time is money*, le temps est de l'argent; en Espagne, chez l'hidalgo qui a connu l'opulence, et qui, déchu, se drape avec résignation dans une indolente dignité; partout, en général, dans la classe moyenne.

À Lima et dans quelques villes de l'Amérique espagnole, cette classe moyenne n'est pas, comme dans nos climats, celle de la bourgeoisie vivant d'une fortune acquise peu à peu par le travail. C'est un ensemble composite qui ne se trouve que là.

Ces villes, fondées par une poignée de blancs au milieu de tribus indiennes populeuses, n'ont point connu ces catégories si nettement tranchées dans les nations européennes : l'aristocratie, le tiers et le peuple. Nées de la fièvre des richesses, elles commencent à peine à comprendre la vie industrielle. Sans arts manuels, ou à peu près, elles ne connaissaient, il y a peu de temps encore, que l'échange des métaux contre les produits du luxe européen. Cet échange, privilège de quelques rares familles fortunées, ne faisait que difficilement descendre le superflu dans le reste de la population. Point de travail, partant point de fortunes acquises par des efforts soutenus et consciencieux. Richesse et misère, tels étaient les deux pôles de ces sociétés naissantes! Portées à la nonchalance par une vie facile et par le climat, les familles déshéritées n'éprouvèrent jamais le besoin de s'élever par un labeur opiniâtre ; et, pour satisfaire aux aspirations de luxe qu'elles puisaient dans l'oisiveté et au contact des riches, elles trouvèrent plus commode de se faire les instruments de leurs passions.

Cette partie de la population des nouvelles colonies se grossit incessamment de ceux qui perdaient leur fortune dans les mines ou au jeu, et elle finit par constituer un assemblage où régnaient à la fois le libertinage, le bon ton et, par-dessus tout, l'amour du plaisir.

Il est donc bien entendu que c'est l'assemblage dont je parle et qui forme la masse, que j'ai surtout eu pour objet dans mes observations.

Depuis l'époque où ces pages ont été écrites, la découverte des mines californiennes a imprimé au mouvement commercial de l'Amérique du Sud, du Chili surtout, une activité extraordinaire. Valparaiso s'est transformé ; il est devenu un grand entrepôt qui bénéficie à la fois des envois européens et des retours californiens. Des fortunes immenses s'y sont réalisées, et cette ville s'est engagée de plus en plus dans la voie qui tend à l'assimiler à une cité d'Angleterre, en faisant participer la masse de la population aux richesses acquises, mais aussi en faisant disparaître un à un les derniers vestiges du caractère national déjà difficile à saisir pendant notre séjour au Chili.

Lima, ballottée aux mains des prétendants, a goûté quelques moments de calme sous la présidence du général Castilla, mais elle n'a ressenti que d'une façon très-secondaire les bienfaits matériels qui ont comblé sa voisine du

Chili. Le *guano*, cette mine qui ne demande guère plus de travail d'exploitation que n'en demandaient autrefois les mines d'or, est resté sa principale richesse, et tout à peu près dans les mœurs, sinon dans le costume, est aujourd'hui tel qu'à l'époque où nous en parlions. — Que si certaines nuances se sont modifiées, c'est, hélas! en effaçant des traits piquants que l'artiste voyageur surtout regrettera de ne plus trouver quand il voudra vérifier sur les lieux mes assertions : peut-être alors me saura-t-il gré de les avoir sauvés de l'oubli!

M. R.

1856.

SOUVENIRS DE L'AMÉRIQUE ESPAGNOLE

VALPARAISO
ET LA SOCIÉTÉ CHILIENNE

I

Si l'on n'a pas connu les fatigues, les ennuis de la traversée du cap Horn, il faut renoncer à comprendre le charme mystérieux qui s'attache, pour le voyageur impatient et attristé, à ce doux nom de Valparaiso, sans cesse répété comme une consolation, comme un espoir, à travers les périlleux hasards d'une navigation contrariée par les vents. Que de fois, battus par une mer furibonde, nous mesurâmes tristement sur la carte marine l'espace qui nous séparait du port! Que de semaines froides et tourmentées nous passâmes dans cette pénible attente! Toujours d'étourdissants roulis, toujours un ciel morne où des nuages gris fuyaient comme un troupeau effaré sous le fouet du vent. Enfin le changement de latitude vint apporter quelque soulagement à cette souffrance quotidienne. La mer cessa de battre en brèche les flancs du navire, les jours redevinrent tièdes et limpides, les nuits reprirent leur parure d'étoiles. Un soir, dans les profondeurs de l'horizon, nous vîmes apparaître la silhouette incertaine d'une côte ; bientôt un phare montra dans la brume sa lueur sanglante, et, quand vint le jour, une vigie signala Valparaiso sous un rayon de soleil.

Il faut le dire, nous éprouvâmes ici l'une de ces déceptions qui ne font guère défaut durant un long voyage. Dans notre mémoire, plus fidèle aux prospérités qu'aux tristesses, les parages maudits du cap Horn tenaient peu de place ; en revanche, notre pensée s'était reportée vers le Brésil, et, sous l'impression de ces éclatants souvenirs, nous nous mîmes à demander compte à Valparaiso (*Valle Paraiso* [1]) du fallacieux prestige de son nom. Nous n'examinerons pas si les premiers navigateurs, après avoir échappé aux périls des océans, surent mieux que nous apprécier ce point abrupt de la côte d'Amérique, ou s'ils voulurent attacher à cette terre un témoignage impérissable des vertus hospitalières en honneur chez les Indiens ; nous ne nous arrêterons pas davantage à l'opinion, sans doute erronée, qui, s'appuyant sur une similitude de consonnances, fait dériver Valparaiso de *val de paraiso* (vain paradis) : il vaut mieux esquisser fidèlement le tableau que nous avions sous les yeux, afin de mettre sur leurs gardes les voyageurs qui, comme nous, ne soupçonneraient pas jusqu'où peut aller, dans certains noms, l'ironie de l'antiphrase.

Quand nous fûmes à l'entrée de la baie demi-circulaire de Valparaiso, notre regard interrogea la côte, puis les hauteurs, cherchant avec avidité une végétation absente. — Au sud, des falaises sortaient perpendiculairement de la mer ; à l'est,

---

[1] Vallée du Paradis.

une chaîne de collines pelées s'éloignait graduellement du rivage en inclinant vers le nord-ouest sa croupe onduleuse et monotone ; plus loin, dans la même direction, derrière un amphithéâtre de montagnes, la Cordillère des Andes dressait vers le ciel un entassement de pics neigeux. Des cactus, des arbrisseaux épineux, grêles, disgraciés, qui semblaient croître à regret, mouchetaient de leur vert sombre les hauteurs voisines, et ajoutaient encore à l'aspect désolé du paysage. Sur le rivage s'étendait la ville toute couverte de poussière ; l'une de ses extrémités escaladait trois collines ou *cerros*, l'autre se développait à l'aise dans la plaine. Une rue étranglée serpentait à la base de la montagne, établissant, comme une artère, la circulation entre la ville haute et la ville basse. Enfin, parmi toute sorte de constructions, dont les teintes grises et rouges se confondaient avec celles du sol, deux monuments neufs étalaient des murs d'une blancheur immaculée ; le soleil faisait étinceler sur le premier une croix, c'était l'église ; un caducée surmontait le second, c'était la douane.

Un canot se rendait à terre ; nous nous y précipitâmes avec cette impatience fiévreuse à laquelle on est toujours en proie après une longue navigation. Nous passâmes au milieu d'une foule de navires marchands qui, venus là de tous les points du monde, chacun paré de ses couleurs nationales, croisaient en un réseau inextricable leurs mâts, leurs vergues et leurs chevelures de cordages, et nous débarquâmes sur un môle de bois, construit en forme de flèche pour mieux résister à la houle que le vent du nord pousse au rivage. La place de la douane, ouverte du côté de la mer, présente cette activité, cette agitation bruyante qui dénote d'importantes et nombreuses transactions commerciales : ce ne sont que piles de ballots sanglés et plombés, futailles de toute forme et de toute grandeur, vastes caisses étrangement peintes et semées de caractères baroques, œuvre laborieuse d'un pinceau chinois.

Les travailleurs, semblables à des fourmis, circulent à travers ces marchandises qui s'amoncellent, puis s'éparpillent sur des charrettes tirées à bras, sur des civières, et vont se perdre dans les profondeurs de l'entrepôt.

A peine débarqué, on peut déjà se faire une idée des costumes du peuple au Chili. Les hommes portent le *poncho* national ; c'est une pièce d'étoffe de laine carrée, au centre de laquelle on pratique une ouverture assez large pour laisser passer la tête. Ce vêtement, qui se met comme une dalmatique, est rayé de couleurs éclatantes, ou seulement orné d'une guirlande de fleurs disposée en bordure. Un chapeau de paille, dont le fond se termine en pain de sucre et dont les bords offrent peu de saillie, un grossier pantalon de toile, complètent cet accoutrement. Le costume des femmes, à défaut d'une coupe originale, se distingue par les plus téméraires oppositions de couleurs. Un châle de laine écarlate, bleu de ciel ou rose tendre, surmonte d'ordinaire un jupon d'indienne rayée ou fleurie ; nous disons surmonte, parce que le châle se porte d'une façon toute particulière : on le drape avec grâce autour du buste en rejetant par-dessus l'épaule ses longues pointes, qui pendent sur le dos et ne descendent pas jusqu'au jupon. La *Chilena* sort toujours en cheveux ; une raie blanche comme l'ivoire sépare en deux parties sa magnifique chevelure noire, dont elle laisse flotter les tresses démesurées.

Il suffit souvent d'une promenade à travers une ville pour connaître le caractère et les mœurs des habitants. Avant de suivre le *Chileno* dans l'intimité de sa vie domestique, commençons donc par l'observer hors de chez lui et comme au passage, en parcourant les rues de Valparaiso. La ville, nous l'avons dit, se divise en deux parties distinctes. Celle qui borde la rade de commerce et s'élève en amphithéâtre sur trois *cerros* s'appelle *el Puerto* ; l'autre partie, ou l'extrémité occidentale de la ville, couvre une plaine que l'on nomme l'*Almendral* (lieu des amandiers). La hauteur inégale des trois *cerros* du Puerto les a fait baptiser de noms anglais, qui signifient *hune de misaine, grand'hune* et *hune d'artimon.* Les étrangers ne les connaissent guère que sous cette désignation hérétique, et ignorent pour la plupart leurs véritables noms chrétiens de *San-Francisco, San-Augustin* et *San-Antonio.*

C'est au Puerto que la ville se montre sous un de ses plus étranges et de ses plus sinistres aspects. Entre les trois *cerros* s'étendent des ravins nommés *quebradas*. Rien n'est plus misérable que les habitations entassées dans ces *quebradas*, rides profondes de la montagne, où fermentent toutes sortes de débris impurs. Les maisons, basses et hideuses, collées par un côté au sol, soutenues par l'autre sur des pieux disposés en béquilles, grimpent désordonnées, sans souci du voisinage. Ici une porte s'ouvre sur un toit; une cheminée vomit des torrents de fumée noire dans une fenêtre ouverte; là, des cordes tendues supportent des haillons, d'affreuses guenilles; enfin des sentiers tortueux, rompus et seulement indiqués par l'usage, quelques planches étroites et vacillantes, conduisent à certains bouges où les chauves-souris et les *lazzaroni* de Valparaiso peuvent seuls pénétrer la nuit. Cette partie de la ville est pourtant l'*eldorado* des matelots étrangers. Il y a peu d'années encore, l'orgie débraillée y hurlait sans crainte, car la police montrait à l'endroit des *quebradas* une extrême circonspection; plus d'un cadavre retrouvé au fond des ravins lui avait appris ce qu'il en coûtait de vouloir soumettre ces quartiers maudits à l'action de la force publique. Quant aux matelots, ce qui les entraîne vers les *quebradas*, est-il besoin de le dire? Partout où il existe une ouverture, porte ou fenêtre, on peut apercevoir, assise sur le seuil de l'une, accroupie sur la devanture de l'autre, quelque *niña* au visage frais et souriant, dont la noire chevelure, ornée de fleurs, descend en flots abondants sur une épaule d'un galbe parfait; puis au second plan, dans l'ombre, une vieille femme ou plutôt une sorcière, au teint hâve, au profil grimaçant, mâchant sans relâche quelque bout de cigare éteint. Une œillade de la jeune fille, un salut de la vieille, accompagnés de cette formule hospitalière : *La casa à la disposicion de usted*, attirent le matelot dans un antre plus dangereux que celui des sirènes; les rôles d'équipages constatent ce fait en ajoutant aux noms des victimes pour tout commentaire ces quelques mots : *Déserté à Valparaiso*.

Parmi les *cerros* qui s'élèvent dans le Puerto, deux méritent surtout de nous arrêter. Tous deux sont couverts de fleurs et d'habitations silencieuses. Une société à part vit sur le premier, qu'on nomme *el Cerro alegre*; le second, nécropole de Valparaiso, s'appelle le *Panthéon*. A peine a-t-on fait dix pas sur le *Cerro alegre*, qu'on reconnaît aux maisons coquettement peintes, aux parterres embaumés, aux sentiers bordés de verdure, cet amour de l'ordre et du confortable qui distingue partout les enfants d'Albion. Ici des habitations assez basses pour braver les coups de vent, assez solides pour résister aux tremblements de terre, recèlent un certain nombre de familles qui ont en quelque sorte transporté la patrie sur le sol de l'Amérique. Ces familles trouvent en elles-mêmes assez de ressources pour former des réunions où les étrangers sont rarement admis. Les joies et les fêtes de Valparaiso retentissent à peine jusqu'au sein de cette paisible colonie ; des intérêts commerciaux nombreux et puissants la rattachent seuls à la ville qui bruit au pied de sa montagne.

Le Panthéon de Valparaiso n'est point, comme on pourrait le croire, un lieu de sépulture exclusivement réservé aux citoyens illustres : c'est tout simplement un cimetière où la ville dépose ses morts les plus vulgaires, en faisant payer pour les uns un certain droit d'inhumation, en jetant les autres dans des fosses communes, près de la place réservée aux protestants. La porte principale du Panthéon est surmontée d'une petite tour et flanquée de deux galeries basses. Ces constructions remplissent un côté du rectangle qui limite le champ mortuaire, et la façade véritable se trouve à l'intérieur. Dès l'entrée, une atmosphère chargée d'émanations suaves surprend et réjouit l'odorat. La rade azurée apparaît, couverte de navires et sillonnée de barquettes; puis, à travers une rumeur confuse, l'oreille charmée distingue le chant joyeux des travailleurs et la plainte incessante des flots. Rien n'est moins funèbre que ce cimetière pimpant et fleuri, où gazouille, voltige et folâtre tout un monde d'oiseaux, de papillons et d'insectes. Les sentiers, sablés et ratissés avec soin, séparent des plates-bandes couvertes de tombes coquettes, montrant leur robe blanche sous les rosiers et les chèvrefeuilles; des rameaux vagabonds couronnent les urnes cinéraires, des guirlandes sont suspendues aux bras des croix. Le cyprès, l'if au feuillage sombre, le saule aux rameaux éplorés, semblent bannis de ce parterre, où les rosiers festonnent les marbres, auxquels ils ont à regret cédé une place. Au milieu de l'allée principale, un cadran solaire, muni d'un canon de cuivre, semble marquer ironiquement les heures de l'éternité.

Du Panthéon, on redescend, par une *quebrada* tortueuse, à la place de la douane, station ordinaire des fiacres-omnibus, qui parcourent Valparaiso d'un bout à l'autre. Deux rues pavées de galets à la pointe dure et tranchante conduisent à l'Almendral; l'une borde le rivage, l'autre avoisine la montagne. Dans cette dernière, certaines maisons peu séduisantes ont la prétention d'être bâties à la française, c'est-à-dire sans galeries extérieures; d'autres ont deux étages, ce qui est presque une témérité sur un sol si fréquemment agité par les tremblements de terre. L'espace laissé libre entre la mer et les *cerros* va se rétrécissant peu à peu, et les deux rues, qui se rejoignent comme les branches d'une fourche vers le manche, n'en forment plus qu'une seule, bordée de constructions basses. Ici plus de galets, mais en revanche une poussière dans laquelle on enfonce jusqu'aux chevilles; chaque voiture, chaque cavalier qui passe, la soulèvent en tourbillons, et si, par malheur, vous êtes devancé par un de ces chariots primitifs dont les roues pleines gémissent sur tous les tons, votre infortune est complète; il faut vous résigner à marcher enveloppé dans un nuage et torturé par les cinq sens à la fois. Bientôt la chaussée, rongée d'un côté par la mer, dominée de l'autre par des falaises, devient assez étroite pour interrompre la chaîne des constructions; mais elle est néanmoins assez large pour que deux voitures puissent s'y croiser sans trop de peine. Ce passage était jadis difficile et périlleux, difficile à cause de la disposition du terrain, périlleux parce que des bandits s'y embusquaient et détroussaient les passants attardés. La terreur qu'il inspirait alors lui fit donner le nom de *petit cap Horn;* mais son titre le plus légitime à ce nom sinistre est sans doute le voisinage d'un point de la grève où les navires sont ordinairement poussés et mis en pièces sur les rochers durant les fortes brises du nord. Ce passage franchi, les constructions reparaissent, et la ville va s'élargissant jusqu'à la place d'Orégo, qui forme l'entrée de l'Almendral; là, elle prend ses coudées franches et couvre une plaine sablonneuse délaissée par la mer. Les rues de l'Almendral n'ont rien qui les distingue de celles du Puerto : quelques-unes pourtant sont sillonnées par de profondes rigoles remplies d'eau stagnante et redoutables pendant les nuits sombres. Enfin, à l'extrémité de ce quartier, un ruisseau large et rapide fertilise dans son cours des jardins où croissent pêle-mêle et en abondance les fruits et les fleurs des deux hémisphères.

Valparaiso n'était qu'une misérable bourgade à l'époque où l'art espagnol couvrait de chefs-d'œuvre la métropole et ses colonies. Il ne faut donc point chercher des merveilles d'architecture dans cette ville improvisée en quelque sorte par le commerce. Presque tous les édifices religieux datent d'hier; un goût mesquin s'y révèle, et l'intérieur est très-pauvrement orné. L'église paroissiale de Notre-Dame, située sur une hauteur du Puerto, est néanmoins d'un style supportable; le clocher de bois, dont les trois étages, posés sur de légères colonnettes, vont se rétrécissant vers le faîte, ne manque pas d'une certaine élégance. L'entrepôt des douanes est aussi surmonté d'une tour octogone ou *mirador* qui, de loin, le fait ressembler à une église. Cet édifice, bâti dans de vastes proportions, est bien placé et parfaitement approprié à son usage.

C'est dans l'Almendral, c'est sur le marché d'Orégo qu'on rencontre les campagnards des environs de Valparaiso. Un règlement de police interdit en effet l'entrée du Puerto à leurs lourds véhicules. Les vendeurs, abrités par une natte que soutiennent des piquets, étalent sur un tapis des fruits et différents comestibles. Ce sont des melons, moins sucrés que les nôtres, des *sandias*, sorte de melons d'eau verts au dehors, sanglants à l'intérieur, et si appréciés des habitants, qu'ils en mangent deux ou trois dans une journée; enfin les oranges, les raisins, les pommes et surtout les fraises, qui semblent être là dans leur vraie patrie. Parmi les mets nationaux, on remarque le maïs cuit, écrasé et sucré avec du miel, nourriture rafraîchissante et purgative, en grand usage surtout durant l'été; la *charquican*, viande séchée au soleil, hachée menu et mélangée avec de la graisse, de l'*aji* et de l'oignon; la *casuela*, ragoût de poulet assaisonné aussi avec force *aji* et oignon. — L'*aji*, cet enragé piment, se glisse partout; quand on a la bouche à l'épreuve de ce condiment énergique, on peut sans crainte avaler des charbons ardents. La boisson favorite du peuple s'appelle *chicha* [1]. Il y a plusieurs espèces de *chichas*: la *chicha de alojà*, faite de maïs et de pois; la *chicha de mançana*, où la pomme broyée entre comme principal ingrédient; enfin la *chicha* de raisins écrasés et non fermentés. Une écume permanente semblable à un petit dôme neigeux surmonte ordinairement les flacons de *chichas* et fait croire à première vue qu'on les cachète avec du coton.

Au milieu du marché d'Orégo, on voit des échoppes entourées de bancs sur lesquels des *guassos* assis en plein air tendent à un Figaro de bas étage leur face de cuivre rouge. Le *guasso* est le paysan du Chili. Il personnifie le centaure antique, lui et son cheval ne font qu'un; il boit, mange et dort en selle. Habitué à vivre en plein soleil, il porte ordinairement un mouchoir sous son chapeau de paille; le *poncho*, la culotte de toile et les *botas* complètent son costume. Les *botas* sont de larges tuyaux d'étoffe de laine qui, retenus au-dessus du genou par une jarretière, descendent jusqu'au cou-de-pied. Cette espèce de guêtres a son utilité dans les sentiers étroits, où les jambes sont exposées au rude contact des roches. Les éperons et le *laso* ne quittent jamais le *guasso*. L'éperon chileno, copie exagérée de l'éperon français, a pour molette un soleil de fer argenté dont le diamètre a six pouces, et dont les rayons semblent des lames de poignard. Le *laso* est une corde de cuir frottée de graisse, très-flexible et terminée par un nœud coulant dont on élargit à volonté l'ouverture. Au moyen de cet instrument, le *guasso* arrête à quinze pas dans sa course un taureau ou un cheval lancés à fond de train. Pour compléter le portrait du *guasso*, il faut parler de son cheval; car, nous l'avons dit, l'homme et sa monture sont inséparables. Les chevaux du pays sont de race anda-

---

[1] Espèce de cidre du pays.

louse; ils semblent avoir gagné en qualité, sinon en élégance, ce qui tient sans doute au peu de soins qu'on leur donne et à la façon brutale dont on les surmène. Le harnachement des chevaux chilenos diffère aussi de celui des nôtres. Autant on s'applique à simplifier celui-ci, autant on s'évertue à surcharger celui-là. La selle d'un *guasso* est ordinairement couverte de huit ou dix *pelliones*, peaux de mérinos teintes en bleu ou en brun. Sur une pareille assiette, le plus médiocre cavalier est comme enraciné; ses genoux, enfoncés dans l'épaisseur de la laine, le maintiennent parfaitement en équilibre. Cette superposition de *pelliones* explique certaine épigramme d'un poëte *argentino*, où il est dit que « les Chilenos, gens à idées grandioses, bâtissent des pyramides sur leurs chevaux. » Quand un *guasso* veut éprouver un cheval, il le lance au grand galop; puis il tire brusquement la bride avec un poignet de fer. Le cheval, ne pouvant tout d'un coup rompre son élan, s'accroupit sur le train de derrière. Le cavalier, sans lui donner le temps de reposer ses pieds de devant, le fait alors pirouetter de droite à gauche et de gauche à droite [1]. Rien ne paraît impossible à un *guasso*. Il descend ou plutôt il roule sur les pentes rapides, enveloppé d'un nuage de poussière, et entraînant à sa suite un ruisseau de terre et de cailloux; au besoin, il grimperait à un escalier.

Toute déshéritée qu'elle soit sous le rapport pittoresque, Valparaiso a pourtant une promenade, qui a été péniblement conquise sur la mer. On y arrive par une rue bordée de maisons basses exclusivement vouées au commerce des comestibles. Les étals de bouchers, les magasins de fromages et de poissons secs, les suifs, les cuirs et autres marchandises nauséabondes vous invitent à presser le pas jusqu'à l'arsenal, qui s'élève à l'entrée de la promenade. Là, deux ou trois

---

[1] C'est ce qu'on appelle *retourner un cheval*, — *revolver un cavallo*.

hangars abritent des bois de construction, des outils et des ustensiles propres aux travaux de terrassement. On voit aussi couchés côte à côte sur le sol, près de pyramides de boulets, des canons de bronze remarquables par l'élégance de l'ornementation et par l'ancienneté de la fonte. Tels qu'ils sont, d'ailleurs, ces vétérans paraissent encore en état de servir la république.

Dans la cour de l'arsenal stationnent ordinairement les voitures connues sous le nom de *bagnes ambulants :* ce sont de vastes cages de fer montées sur des roues, flanquées d'une guérite et habitées chacune par dix ou quinze bandits, auxquels elles servent à la fois de réfectoire, de vestiaire et de dortoir, comme le témoignent les écuelles, les guenilles et les matelas que l'on aperçoit dans l'intérieur. Les jours ordinaires, ces cages conduisent leurs misérables hôtes sur le lieu même des travaux d'utilité publique en cours d'exécution ; mais le dimanche elles restent dételées, et les condamnés, enchaînés par le pied, pittoresquement couverts de haillons comme les gueux de Callot, collent aux barreaux des faces qui le plus souvent joignent à une laideur naturelle la double laideur du vice et de la misère. Les uns implorent la charité d'une voix dolente, les autres se donnent la satisfaction d'apostropher les passants et de leur faire toute sorte d'affreuses grimaces.

A quelques pas de l'arsenal s'étend, devant le château (*el Castillo*), qui lui a donné son nom, la promenade dont nous avons parlé. La pioche et la mine d'ingénieurs intelligents l'ont creusée à travers des rochers battus par la mer. Cette avenue s'élève en pente très-douce, elle laisse à droite sur la grève des baraques hantées seulement à l'époque des bains de mer, et aboutit à une charmante maisonnette toute blanche, qui porte à son côté un bouquet d'arbres verts. A partir de cet endroit, appelé *el Descanso,* la promenade se divise en

deux branches. Celle de gauche forme le commencement
d'une large route qui conduit à la pointe du phare; l'autre,
taillée en partie dans le roc, s'élance jusqu'à une plate-forme
étroite, d'où l'on découvre la rade et la ville entière; mais ce
prolongement, ciselé en quelque sorte au flanc des falaises,
est si escarpé, si étroit, si vertigineux, qu'il convient tout au
plus au pied fourchu des chèvres; aussi le nomme-t-on *Camino del Diablo*.

Le Castillo, désert une partie de l'année, s'anime pendant
la belle saison, c'est-à-dire du mois de septembre au mois
d'avril. Le dimanche surtout, de fraîches et brillantes toilettes
émaillent cette étroite chaussée, qui semble alors une longue
plate-bande dont le vent de la mer agite incessamment les
fleurs. Les promeneuses laissent à découvert leur chevelure
aplatie sur les tempes en bandeaux noirs et lustrés, quelquefois tordue en spirales épaisses sur la nuque, et plus souvent
encore divisée en deux tresses flottantes. La régularité et la
douceur de la physionomie sont choses communes parmi les
Chilenas, mais l'élégance de la démarche, la grâce du mouvement, la délicatesse des formes, nous paraissent l'apanage
d'une minorité fort restreinte aujourd'hui, minorité à laquelle
un sang pur de tout mélange conserve sans doute sa perfection originelle : nous voulons parler de la race des conquérants, des filles de la vieille Espagne. A Valparaiso, il ne faut
point chercher les vraies Chilenas (nous désignons par ce mot
les descendantes des races espagnole et indienne mélangées)
parmi les jeunes femmes du monde, car un grand nombre
d'Européens enrichis se sont alliés aux enfants du pays (*hijos del pais*), et ont imprimé à leur descendance l'irrécusable
cachet d'une nationalité différente. Chez le peuple, ces mariages ont été moins nombreux; aussi trouve-t-on là surtout
les Chilenas au type indien ou espagnol, modifié suivant le
nombre des alliances dans l'une ou l'autre de ces races. Des

cheveux noirs, épais et rudes, un front étroit et bas, des yeux relevés légèrement vers les tempes, des mâchoires saillantes, révèlent le sang indien. Des sourcils d'une courbure gracieuse, des yeux mobiles, lumineux et fendus en amande, un nez mince, une main fine, un pied petit, caractérisent l'origine espagnole. La diversité des races se révèle aussi par les nuances de la peau. Parmi les femmes réunies le dimanche au Castillo, les unes sont vigoureusement colorées comme le cuivre, les autres semblent dorées par un rayon de soleil; celles-ci sont pâles comme des roses thé, celles-là ont la douce fraîcheur des roses du Bengale; s'il y a quelque différence dans la couleur des chevelures, il n'y en a point dans celle des yeux, qui sont généralement noirs. La tournure des Chilenas ne répond pas toujours à la finesse gracieuse de leur physionomie. On cherche en vain sur le Castillo ces tailles souples, élégantes ou fièrement cambrées, si communes dans les anciennes colonies espagnoles. Celui qui n'aurait vu les femmes de Valparaiso que sur la chaussée du Castillo serait donc tenté de mêler certaines restrictions aux éloges que leur ont si complaisamment décernés la plupart des voyageurs; mais convient-il de s'en rapporter à cette première impression, et ne vaut-il pas mieux suivre les Chilenas dans les salons, leur vrai théâtre? Ce sera aussi connaître la vie de Valparaiso sous son plus séduisant aspect.

II

La présentation d'un étranger dans une famille de Valparaiso n'offrait, il y a quelques années, aucune difficulté; il s'y introduisait pour ainsi dire sans patronage, recevait presque toujours un aimable et bienveillant accueil, et arrivait rapidement à l'intimité. Aujourd'hui encore, l'accès d'un salon est aisé; mais une plus grande rigidité de mœurs et le nombre considérable des voyageurs, en nécessitant de sages restrictions, ont rendu l'intimité plus difficile et l'hospitalité moins banale, surtout chez les principaux habitants de la ville. Néanmoins ces vertus primitives, qui rendent le séjour de Valparaiso si cher aux étrangers, se conserveront longtemps encore dans le cœur des Chilenos, car ils les pratiquent sans la moindre contrainte, et ils y voient bien plus un plaisir qu'un devoir.

Un des officiers de notre marine royale, auquel une station de plusieurs années sur les côtes du Chili avait donné droit de bourgeoisie à Valparaiso, avait bien voulu nous introduire chez l'un des notables habitants de l'Almendral. Quand nous entrâmes dans le salon, le *dueño de la casa* (maître de la maison), qui aspirait avec une singulière expression de sensualité la fumée d'un *puro*, se leva, vint à nous, écouta nos noms, prononça avec une gravité toute castillane la formule d'usage : *La casa esta à la disposicion de ustedes, caballeros*; formule qui, cette fois, avait une tout autre acception que dans les *quebradas*, et après nous avoir touché la main, il reprit sa place en soufflant par les narines deux jets d'une fumée retenue captive depuis notre arrivée. La maîtresse de la maison ratifia avec une grâce charmante l'offre hospitalière que venait de nous faire son mari, et à partir de ce moment, nous ne sommes jamais entrés dans cette maison sans y trouver l'accueil poli des premiers jours, uni bientôt au charme de la plus affectueuse cordialité.

Le caractère peu expansif des hommes ne leur permettait pas de s'écarter avec nous d'une certaine réserve ; nous rencontrâmes au contraire chez les femmes un sans-façon qui, de prime-abord, nous surprit et nous eût inquiétés, s'il n'avait été compensé par toutes sortes d'adroites prévenances. Nos premiers bégayements dans cette langue espagnole si féconde en équivoques déterminaient quelquefois le rire, mais ce rire de bon aloi, si peu déconcertant, qu'après l'avoir provoqué, on s'empresse d'y prendre part. Disons en passant que, si rien n'égale la patience stoïque du Chilien quand il s'agit d'écouter la conversation d'un étranger, rien n'égale non plus l'assurance du Français à parler une langue qu'il estropie. Heureusement il y avait chez nos hôtes assez d'indulgence et d'aménité pour nous pardonner une faiblesse nationale, et dès la première entrevue, nous étions parmi eux comme d'anciennes connaissances quand on servit le *mathé*.

Le mathé est une herbe originaire du Paraguay, où elle se nommait aussi herbe de saint Dominique. Si l'on en croit la tradition, le saint visita cette contrée, et, satisfait sans doute de sa visite, il voulut y consacrer, par un miracle utile, le souvenir de son passage. Or, ne trouvant rien de mieux à faire, il convertit les propriétés vénéneuses d'une herbe fort commune dans le pays en qualités bienfaisantes et salutaires. Le mathé fut dès lors en grand usage au Paraguay, il devint le dictame, la panacée universelle : bientôt la renommée de cette plante se répandit dans toute l'Amérique du Sud, où le mathé fait depuis ce temps les délices des *tertulias*.

Le mathé se prépare à peu près comme le thé, mais on boit cette infusion d'une façon toute pittoresque. Le vase affecté au mathé est de forme ovoïde, enrichi de filigranes et monté sur un pied ciselé. L'ouverture du vase est étroite, néanmoins elle peut donner passage à une *bombilla*, ampoule grosse comme une noisette, soudée à l'extrémité d'un tube. Cet appareil est ordinairement en or ou en argent chez les riches, en bois ou en terre chez les pauvres. On introduit dans le vase une pincée de feuilles de mathé, un morceau de caramel, quelquefois des épices, et on le remplit avec de l'eau bouillante. La *bombilla* plonge dans cette mixture, dont on aspire à petites gorgées, par l'autre extrémité du tube, toute la partie liquide.

Le jeu de cet instrument nous parut d'une simplicité primitive. Celui d'entre nous qui fut le premier servi s'empressa d'en faire l'essai, et porta le tube à ses lèvres en fumeur expérimenté. Près de lui, une femme semblait prendre à l'opération un vif intérêt ; elle vit le mouvement, et, mue par un sentiment charitable, elle s'écria : *Cuidao, señor, esta muy caliente el mathé!* — prenez garde, monsieur, le mathé est bouillant. Il était trop tard. A sa première aspiration, l'infortuné bondit comme en délire et laissa tomber à ses pieds la boisson infernale ; il avait reçu dans la bouche un jet liquide, bouillant et dévorant comme du plomb fondu. Cette mésaventure éveilla notre prudence, et nous pûmes savourer sans encombre cette liqueur, dont l'arome et le goût nous parurent infiniment préférables à ceux du thé. On servit ensuite des *dulces* : c'était du coco râpé et confit, de la conserve de roses et des *azucarillas*; puis, l'heure de la séparation étant arrivée, on nous fit promettre de revenir le lendemain.

Quand un étranger s'est montré durant une semaine dans un salon de Valparaiso et qu'il s'abstient un ou deux soirs d'y venir, son absence est remarquée. Si elle dure plusieurs jours, il peut s'attendre à subir un fort réjouissant interrogatoire, qui aura pour thème cette phrase, répétée vingt fois par les femmes : — *Esta usted enamorado?* — Une réponse affirmative ne fait, comme on le pense bien, que déterminer une nouvelle série de questions. Les curieuses veulent naturellement alors connaître le nom de l'*hechicera* (enchanteresse) dont l'étranger subit le charme. Or, les Chilenas sont deux fois femmes, quand il s'agit de pénétrer un mystère d'amour. Nous dirions volontiers que, seules au monde, leurs voisines du Pérou possèdent à un degré plus exorbitant l'antique et fatale qualité de Pandore. Souvent il arrive que, harcelé dans sa discrétion, l'*enamorado* répond galamment à celle qui l'interroge qu'elle seule est son *hechicera*. Malgré le plaisir avec lequel on accepte cette déclaration à brûle-pourpoint, on affecte de n'y pas croire, et celui qui l'a lancée est traité d'*embustero*, adjectif espagnol qui désigne ce mélange de gentillesse et d'hypocrisie dont le Chérubin de Beaumarchais est la personnification poétique. On pardonne pourtant à l'*embustero* ses escapades; mais, si elles se renouvellent, on découvre vite aux pieds de quelle *niña* il dépense ses heures. Les femmes lui font alors une petite moue pleine de charme, et laissent tomber, toute remplie des reproches amers de leur cœur, cette seule parole : *Ingrato !*

Le mot de *señora* (madame) semble au Chili exclu des conversations. Les plus vénérables matrones se font toujours appeler *señorita* (mademoiselle). L'*apellido* (nom de famille), rarement usité, ne sert qu'à désigner les absents ; on ignore même parfois le nom des étrangers. Le nom de baptême (*el nombre*), traduit en espagnol et précédé du substantif honorifique *don*, est seul employé dans le dialogue ordinaire. La soudaine métamorphose du nom cause de prime-abord un singulier étonnement, surtout si, par exemple, l'on a saint Jean pour patron. En effet, don Juan, au point de vue de la beauté, de l'élégance et de la bravoure, est devenu pour nous un type complet ; or, l'individu chétif, mal venu et laid, qui s'entend baptiser tout à coup de ce nom formidable, se trouve aussi embarrassé que si on l'affublait à l'improviste de la panoplie colossale de quelque ancien preux.

L'étranger peu familiarisé avec les habitudes des Chileñas pourrait souvent tirer de la franchise de leurs *ojeadas*, et d'une assez grande liberté de paroles, les conclusions les plus caressantes pour son amour-propre. Tantôt c'est une fleur qu'une jeune femme lui offre, après l'avoir arrachée à l'édifice de sa chevelure, tantôt elle partage avec lui un *pastelito* (petit gâteau), ou bien elle lui présente le vase de *mathé* à moitié vidé et la *bombilla* humide encore de la pression de ses lèvres roses. Toutes ces gracieusetés ont un seul et unique but, celui de témoigner à l'étranger combien sa présence est agréable. Si elles faisaient naître en lui d'autres idées, l'avenir lui apporterait de singuliers mécomptes: A Valparaiso comme dans tous les pays espagnols, cet abandon gracieux, cette absence de toute pruderie, ne font qu'ajouter plus de charme aux relations du monde; ils n'ont aucune influence pernicieuse sur les mœurs.

Ordinairement les hommes fument en présence des femmes des cigares et des cigarettes; mais, aussitôt que le personnel d'un salon devient nombreux et que la réunion prend les allures d'une *tertulia*, les fumeurs sont relégués dans une pièce voisine, où l'on dispose pour eux des rafraîchissements sur un dressoir. L'ameublement d'un salon chileno ne diffère point, quant aux meubles, de celui d'un salon français; seulement l'art du tapissier ne s'est pas encore naturalisé à Valparaiso: on y rencontre peu de glaces et de draperies. Dans les habitations de la classe inférieure, quelques tabourets, des nattes sur le sol ou sur les carreaux du parquet, une malle peinte couverte d'oiseaux prodigieux qui becquètent des fleurs imaginaires, un lit drapé avec une prétention des plus provoquantes, composent tout le mobilier. Le seul ornement de la cloison, blanchie à la chaux, est un bénitier avec un rameau de Pâques passé en sautoir; le seul objet de luxe est une *viguela* (guitare). Dans le salon du riche, le piano a usurpé la place de la *viguela*. Or, cet instrument de musique n'est pas, comme souvent en France, un vain ornement; il est en quelque sorte indispensable. Dans ces *tertulias* quotidiennes, où le champ des conversations est fort limité, on n'attend pas toujours que la causerie languisse pour avoir recours à la musique. A peine êtes-vous assis même pour la première fois dans un salon, que les femmes vous adressent cette question : *Sabe usted tocar, señor?* Cette phrase veut dire, suivant le lieu où l'on se trouve : Savez-vous jouer du piano? Savez-vous jouer de la guitare? Puis on ajoute aussitôt, sans employer la formule dubitative : *Usted canta, señor*. Malheur à ceux qui sont en mesure de répondre affirmativement à l'une ou à l'autre de ces demandes! A l'instant même on voudra mettre leurs talents à l'épreuve; puis chaque jour invariablement on les priera de *tocar* ou de *cantar*.

Les Chilenas en général jouent assez agréablement du piano, quelques-unes ont la voix d'une extrême douceur; mais nous n'avons pas trouvé dans la société de Valparaiso un seul véritable talent musical. La romance française y règne en souveraine; les femmes la chantent avec peu d'expression, et surtout avec un accent insupportable. Quand elles daignent chanter la romance espagnole, leur voix prend un charme particulier, et on les écoute avec un vrai plaisir. Nous n'avons guère entendu chanter ces dernières romances que dans les salons de second ordre, chez les véritables enfants du pays. Quand la chanteuse faisait frémir sa *viguela*, les assistants semblaient obéir à un pouvoir magique, et unissaient leurs voix à la sienne. Un de ces concerts improvisés nous est resté dans la mémoire. C'était dans un modeste salon de l'Almendral; nous devisions gaiement avec les *niñas* en fumant des cigarettes. Trois personnages, drapés dans leurs manteaux comme des Espagnols du bon temps, étaient entrés depuis une heure; ils avaient à peine salué et s'étaient assis, le chapeau descendu jusqu'aux yeux, le manteau monté jusqu'au nez, sur des chaises disposées en ordre contre la cloison. Depuis ce moment, immobiles, muets et impassibles, on les eût pris pour des statues, si leurs yeux noirs, grands et limpides, n'avaient suffisamment protesté contre une pareille supposition. La partie active de l'assemblée se composait de deux groupes : le nôtre, où l'on causait et où l'on riait; puis, à l'autre extrémité de l'appartement, se trouvait un groupe de vieilles femmes, où l'on parlait avec inquiétude d'une comète visible à cette époque. Quelqu'un pria une jeune fille de chanter : elle fit d'abord la moue et résista coquettement à nos supplications (or, celle-là faisait exception parmi les Chilenas); mais, sur une remontrance que sa mère lui adressa en ces termes : *Vaya pués, niña, no sea majadera,* elle prit sa guitare, et commença une romance qui rappelait les fadaises héroïques de l'empire.

> Debo partir, mi dulce amiga,
> La suerte cruel lo exige asi.
> Patria y honor asi lo manda,
> Mi corazon se queda aqui [1].

Au second vers, une voix grave sortit de l'un des manteaux et se joignit à celle de la chanteuse; une deuxième voix, puis une troisième murmurèrent timidement d'abord; bientôt elles prirent leur essor, et ce fut le signal d'un chœur bizarre, où tous les assistants exécutaient leur partie avec un flegme imperturbable. Quelques notes de musique avaient suffi pour arracher les hommes à leur contemplation silencieuse, les vieilles femmes à leurs graves discours, et les jeunes filles à leurs folles causeries.

La danse n'est pas moins en faveur à Valparaiso que la musique. Par malheur, on commence à répudier là, comme en Espagne, ces drames chorégraphiques où le jeu de la physionomie et la mobilité du geste suppléent si merveilleusement à la parole. Ainsi la *samacueca*, danse gracieuse et coquette, s'est vue reléguée dans les basses classes de la société; les rares femmes du monde qui savent la danser encore, désavouent ce talent, et l'on triomphe avec peine de l'étrange opiniâtreté qu'elles apportent à voiler une de leurs séductions. Un chœur de voix, un raclement de guitare composent

---

[1] Je dois partir, ma douce amie : le sort cruel le veut ainsi. Patrie et honneur me le commandent, mais mon cœur reste ici.

l'orchestre ordinaire de toute *samacueca*. La danseuse et son partenaire se campent fièrement en face l'un de l'autre, la main gauche sur la hanche. Aux premières vibrations de la *viguela*, les assistants entonnent une chanson semi-burlesque. Les danseurs suivent aussitôt le mouvement rhythmique, et commencent une série de passes; la danseuse pirouette souvent avec une certaine affectation de dédain, le cavalier combine ses pas de manière à se trouver en face de la belle dédaigneuse, et montre durant ce manége une constance héroïque dont elle finit par lui savoir gré, car elle s'humanise peu à peu et se rapproche de lui; mais, rappelant bientôt toutes les forces de sa volonté, elle s'éloigne de nouveau, pirouette encore et cherche à se soustraire au charme qui l'enivre. Vains efforts! la passion l'entraîne; un dernier élan la conduit à son danseur comme le fer à l'aimant, et elle laisse tomber son mouchoir.

Quand la femme du peuple danse la *samacueca*, elle y apporte une fougue sans pareille. Ses mouvements sont vifs et gais, quelquefois inégaux comme le vol du papillon, quelquefois réguliers comme les oscillations du pendule ; souvent elle piétine d'une façon bruyante et particulière; puis tout à coup la pointe de son pied, effleurant le parquet, décrit des courbes silencieuses. Cette danse, chez la femme du monde, n'a rien dont la morale sévère puisse s'offusquer ; on n'y voit guère que des pas cadencés avec art, une désinvolture pleine de molle flexibilité, enfin des gestes gracieux et modérés.

A l'époque de l'année où les beautés de San-Iago, la capitale du Chili, viennent chercher dans les bains de mer un soulagement contre les ardeurs de l'été, les salons de Valparaiso présentent une animation inaccoutumée. Alors chaque soir on entend le piano jeter par les fenêtres ouvertes ses notes évaporées; la danse redouble d'ardeur ; l'attrait du plaisir prévaut sur les absurdes préjugés, et la *samacueca* bannie, reparaît timide d'abord, puis enfin triomphante, la couronne au front et saluée par de nombreux bravos. Des jours gaiement remplis succèdent aux danses nocturnes. Ce sont des promenades sur l'eau, des visites aux navires étrangers. Des cavalcades joyeuses traversent les rues, amazones en tête, voiles et chevelures au vent, éclairs dans tous les yeux, sourires sur toutes les lèvres : on court chercher l'ombre à plusieurs lieues de la ville, on se rend à *Villa la Mar*, à la *Quebrada verde*. Jamais mieux que durant ces quelques semaines entièrement consacrées aux fêtes et aux distractions élégantes on ne comprend l'attrait qu'a toujours eu Valparaiso pour les voyageurs et les marins de toutes les nations. Comment quitter d'ailleurs sans regret cette ville amie du plaisir, cette ville où le Français lui-même échappe à ces vagues et maladives aspirations vers la terre natale, symptômes nostalgiques si communs chez nos compatriotes après quelques années passées sous un ciel étranger?

Malheureusement le climat de Valparaiso est perfide ; des journées de deuil et de tristesse succèdent aux nuits de fête. Les tourmentes, les tremblements de terre, affligent tour à tour cette partie du Chili. Le vent du sud et le vent du nord sont redoutés à Valparaiso comme d'implacables ennemis. L'un vient de terre et soulève une poussière fine et brûlante qu'il porte au loin comme un brouillard sur les navires ; l'autre vient de la mer et pousse d'énormes vagues vers le rivage. Quand le premier de ces vents souffle (ce qui arrive presque tous les jours durant l'été), la ville se voile d'un nuage doré, la mer se couvre d'écume. Braver ce *khamsin*, se rendre à pied du Puerto à l'Almendral à travers les flots d'une poussière fine et pénétrante comme du tabac d'Espagne, c'est une action presque comparable à celle de Léandre traversant l'Hellespont à la nage. Le vent du sud se déclare vers midi, et, pendant qu'il règne, le ciel conserve un azur irréprochable ; enfin, quand le soleil abaisse vers les monts du couchant son disque radieux, les rafales deviennent plus rares, puis elles s'affaiblissent avec la lumière décroissante, et la nuit semble faire descendre avec elle le calme le plus profond sur la terre et sur les flots.

La baie de Valparaiso est sans abri contre le vent du nord. Pour peu que ce vent souffle avec furie (ce qui est rare), la houle devient une montagne dont la crête déferle en rugissant. Malheur alors aux navires assez imprudents pour rester au mouillage ou pour ne pouvoir le fuir ! En vain ils roidiront leurs câbles et se cramponneront aux roches sous-marines de toute la force de leurs ancres crochues : câbles, chaînes et ancres seront impuissants à les retenir ; ils dériveront avec rapidité et s'en iront à la côte renouveler le drame horrible de 1823, où dix-sept navires furent mis en pièces sans qu'il fût possible de sauver même l'équipage de plusieurs d'entre eux.

On peut se garantir des fastidieuses tourmentes du sud en restant chez soi et en tenant portes et fenêtres closes, on peut se précautionner contre le souffle déchaîné du nord; mais un fléau qui déjoue toutes les prévisions humaines vient sans cesse crier au Chileno un terrible *memento mori* : ce fléau est le tremblement de terre. Les trois éléments s'émeuvent. Les volcans crèvent le sol, soufflent la flamme, et vomissent des flots de lave et d'asphalte; parfois même ils chassent de la mer, en colonnes de fumée noire et empestée, leur haleine infernale, qui couvre la grève de poissons asphyxiés. La mer, violemment secouée, s'éloigne des côtes; puis tout à coup elle revient furieuse et semble pousser ses flots à la conquête de l'ennemi qui la trouble. Il se répand dans l'air certains symptômes mystérieux, alarmants, qui se manifestent par le vol inégal et incertain des oiseaux. Les animaux devinent instinctivement le danger, les chiens font entendre un hurlement plaintif, les rats désertent avec effroi leurs retraites souterraines, et les chevaux hennissent comme à l'approche d'une bête féroce. Nous avons assisté quelquefois aux scènes de terreur qui suivent ces horribles secousses. Je me souviens d'un tremblement de terre qui troubla une *tertulia* des plus animées. On dansait; la joie s'épanouissait sur tous les visages et allumait un éclair dans tous les yeux. Tout à coup un grondement sourd retentit, les vitres frémirent comme ébranlées par le passage d'un convoi d'artillerie; les lampes vacillèrent, et la maison trembla de la base au faîte. En même temps le plâtre du plafond s'écailla et neigea sur nous en paillettes brillantes. Un de ces cris de détresse qui font refluer le sang au cœur s'éleva déchirant, unanime. En un clin d'œil, le salon fut vide. Nous courûmes vers le balcon. La lune éclairait la rue; une multitude bruyante, éplorée, la remplissait. Les maisons s'étaient vidées aussi vite que si des ressorts intérieurs en avaient chassé les habitants. Ceux-ci, agenouillés dans la poussière, se frappaient la poitrine, tendaient vers le ciel des bras suppliants, et ces mots : *Misericordia! Ay de mi!* répétés par cent voix différentes, dominaient la rumeur. Après dix minutes d'attente, l'inquiétude se calma, le bruit s'éteignit, et chacun se hasarda à rentrer dans sa demeure. En voyant pendant ces quelques instants l'impassibilité des hommes faire place à une émotion qui baignait leurs fronts de sueur, nous avons compris que ce danger était le seul peut-être dont l'habitude ne tempérait jamais l'épouvante.

A part ces rares moments d'oubli, l'impassibilité des Chilenos ne se dément guère; c'est au point qu'il est assez difficile d'apprécier au Chili le caractère des hommes. Les Chilenos, on l'a déjà vu, sont peu expansifs de leur nature, et, soit que leurs pères leur aient transmis un peu de cette vieille haine espagnole contre la France, soit qu'ils se souviennent avec amertume de l'hésitation qu'apporta le gouvernement e la branche aînée des Bourbons à reconnaître l'indépendance de leur pays; ils sont, vis-à-vis des Français, d'une xtrême réserve. Néanmoins, des relations tant soit peu suivies font bientôt découvrir en eux une grande affabilité et és tendances généreuses qu'une défiance excessive arrête eule dans leur essor.

L'amour de la patrie est le principal trait du caractère chileno. Ce fut à ce sentiment que, dans les dernières luttes du Chili contre l'Espagne, le général San-Martin dut de pouvoir reconstituer l'armée patriote; défaite pendant la fatale nuit de Talca. On vit à cette époque les Chilenos de toutes les classes apporter, chacun selon ses moyens, ceux-là leur trésor; ceux-ci leur denier à la patrie menacée. La vaisselle et les bijoux précieux furent mis à la disposition du général, et, grâce à cette spontanéité de dévouement, San-Martin put, dans un bref délai, réorganiser de nouvelles troupes. C'est par des succès qu'il faut en pareil cas prouver sa reconnaissance; et les succès ne manquèrent pas. Vingt jours s'étaient à peine écoulés depuis la défaite de Talca, et déjà les Chilenos se trouvaient en état de prendre leur revanche. Ils rencontrèrent les Espagnols à Maypo. L'action fut acharnée comme celles qui décident de l'avenir d'un peuple. Vaincre ou succomber devait résoudre pour la république la fameuse question *to be or not to be*. Après un combat sanglant et opiniâtre qui se dénoua par la défaite complète de l'armée espagnole (5 avril 1818), les Chilenos conquirent enfin leur indépendance et s'intitulèrent avec orgueil *hijos del pais* (enfants du pays). Les Espagnols firent bien encore quelques tentatives pour relever leur domination; mais ces tentatives restèrent infructueuses : la journée de Maypo avait à jamais anéanti leur puissance au Chili.

Le Chileno est doué d'un esprit plus positif que brillant. A Valparaiso surtout, les intérêts commerciaux absorbent toutes ses pensées. Quand il parle, ce qui est rare, sa phrase est souvent ampoulée, emphatique. Dans les salons de Valparaiso, où se rencontrent des citoyens de toutes les républiques du sud, le caractère du Chileno ressort mieux encore par les contrastes que multiplie la réunion de types si divers. L'*Argentino* réfugié est le Polonais de l'Amérique méridionale; le *Peruano* en est le Parisien. Le premier a la parole élégante, il intéresse, émeut, entraîne son auditoire; quelquefois sa phrase est incisive, et l'on y reconnaît le cri d'un cœur ulcéré. La causerie du second est charmante, l'esprit y pétille, la saillie s'y épanouit, et la moquerie y revêt une forme séduisante. Le *Peruano* abuse de cette facilité d'élocution; il retourne sous toutes ses faces une question sérieuse, et, lorsqu'il en a découvert le côté burlesque, ne se fait pas faute de l'exploiter. Quant au Chileno, il prétend être l'*Anglais* de l'Amérique du Sud. Le sentiment national qui l'anime, l'instinct mercantile qui distingue particulièrement l'habitant de Valparaiso, son goût du confortable, l'adoption rapide des usages britanniques, et le peu de sympathie du peuple en général pour les Français, semblent autoriser cette prétention; mais, en étudiant de près la vie domestique du Chileno, on arrive à reconnaître qu'il tient plus du Hollandais que de l'Anglais. L'éducation toute française que l'on donne aujourd'hui à la jeunesse n'est guère d'accord avec les préjugés de ses pères, et il faut espérer qu'elle pourra les combattre. Tout en rendant justice à la génération qui l'a précédée, aux efforts glorieux qui ont assuré l'indépendance du pays, la jeunesse chilienne saura étudier les idées françaises d'un point de vue moins étroit et surtout moins hostile.

III

On peut distinguer deux périodes dans l'histoire du Chili depuis son indépendance : la première, agitée par des prises d'armes continuelles et par cette fièvre de mouvement qui tient encore les peuples en émoi longtemps après une grande révolution; c'est celle qui s'étend de 1814 à 1838, depuis la première révolte contre l'Espagne jusqu'à l'expédition victorieuse contre la confédération du Pérou et de la Bolivie. La seconde, commencée à la suite de cette campagne, en 1838, se continue encore; elle est calme et prospère. Contrairement à la plupart des États républicains de l'Amérique méridionale, où la crise révolutionnaire, suite inévitable de l'émancipation, n'a pas encore cessé, le Chili est sorti de cette crise, il a pu voir succéder à une ère d'inquiétude maladive une ère d'activité régulière et féconde; il gagne à la fois en richesse matérielle [1] et en population. Ce repos a été favorable aussi aux travaux de l'esprit, et le mouvement intellectuel qui se dessine depuis quelques années au Chili indique une population sérieuse, réfléchie, et qui bientôt, si cette paix intérieure dure, aura pris place au premier rang parmi les sociétés du nouveau monde.

La situation actuelle du Chili tient à plusieurs causes; sans parler du caractère des habitants, la nature même semble avoir voulu protéger ce territoire contre la guerre civile aussi bien que contre l'invasion étrangère. Si l'on jette les yeux sur

[1] *Du temps du roi*, comme on dit au Chili pour désigner la domination espagnole, les rentes de l'État ne pouvaient suffire à solder ses employés. La garnison de la province de Chiloë, par exemple, était alors à la charge du Pérou, tandis qu'aujourd'hui le trésor défraye un personnel bien plus nombreux et peut encore payer les intérêts de la dette étrangère.

une carte, on voit de prime-abord que, sur toute la frontière orientale du Chili, la gigantesque Cordillère des Andes forme un rempart naturel qui semble interdire aux voisins de la république les tentatives de conquête, et aux Chiliens eux-mêmes les projets d'agrandissement. La limite occidentale est marquée par l'océan Pacifique. Au nord, le Chili, resserré entre la mer et la chaîne des Andes, pousse jusqu'à la Bolivie l'extrémité de son territoire, amincie comme la pointe d'un glaive dont les provinces du centre seraient la lame et dont celles du sud seraient la poignée. A ce glaive, l'île de Chiloë pourrait se rattacher comme un pommeau dessoudé. Dans un pays ainsi pressé partout entre la mer et les montagnes, les principes de la stratégie régulière peuvent difficilement être appliqués; les temporisations, les retraites, deviennent presque impossibles. Une révolution ne saurait donc s'y prolonger, car aussitôt que deux partis opposés sont en campagne, ils se rencontrent nécessairement, et le manque de places fortes empêche qu'un parti vaincu puisse reprendre haleine et se reconstituer. Une bataille est presque toujours décisive au Chili.

L'histoire même des années les plus agitées qu'ait traversées la république confirme ce que nous disons du peu de chances qu'a la guerre civile de s'y établir en permanence, comme sur d'autres points de l'Amérique du Sud. En suivant les principaux événements qui ont marqué les annales du Chili depuis 1814, on voit une première tentative d'insurrection échouer dans une rencontre décisive à Rancagua, le 1er octobre 1814. Deux ans plus tard, en 1817, il suffit de deux batailles pour amener l'indépendance du pays. San-Martin bat les Espagnols une première fois à Chacabuco, le 12 février 1817. Ceux-ci n'avaient pas concentré toutes leurs forces sur un seul point : un corps de réserve, grossi de quelques fuyards et de troupes fraîches venues du Pérou, bat les patriotes à Cancharayadas; mais, vingt jours après, la victoire éclatante de Maypo efface le souvenir de cet échec. Cette fois décidément expire le pouvoir de l'Espagne au Chili. On le voit, rien de plus rapide, de moins compliqué que les guerres de la métropole et de sa colonie. Quelques rencontres amènent ces drames militaires tout près du dénoûment. Il n'y a point de place au Chili pour les luttes prolongées, si favorables aux intrigues des chefs d'armée, et l'intervention des généraux dans les affaires du pays, au lieu d'aboutir, comme en d'autres États, à une dictature, a favorisé au contraire le développement régulier des institutions républicaines.

Comme dans toutes les jeunes républiques méridionales, le pouvoir fut, durant les premières années de l'émancipation, entre les mains des soldats heureux. San-Martin, O. Higgins et Freire passèrent tour à tour à la présidence. Les tendances libérales du pays ne se manifestaient encore que par une sourde agitation. Le général Pinto devint président de la république; il avait voyagé en Europe, et devait à son esprit distingué, à ses connaissances étendues bien plus qu'à ses faits d'armes, la haute considération dont il jouissait. La première période de son gouvernement présidentiel s'écoula sans trop de peine. Il fut réélu, mais sa réélection manqua de certaines formes. Les mécontents s'agitèrent. Bientôt les partisans d'une liberté pour laquelle le pays n'était point encore assez mûr circonvinrent le général Pinto. Il mit au jour, en 1828, une constitution ultra-libérale, et osa toucher aux biens de l'Église. Un fort parti d'opposants s'organisa, et la révolution de 1829 éclata à Conception. Le Chili fut alors divisé en deux camps : l'un représentait les idées ultra-libérales, l'autre les idées réactionnaires. Ce dernier parti, qui avait pour chef le général Prieto, comptait dans ses rangs un citoyen qui devait bientôt jouer un rôle glorieux dans l'histoire du Chili : c'était Portalès.

Le général Pinto, redoutant pour son pays les désordres et les malheurs inséparables d'une guerre civile, espéra la conjurer par sa démission, qu'il donna solennellement. Aucun bien ne résulta de ce sacrifice. Le pouvoir tomba aux mains d'un homme du même parti, qui n'avait pas, à beaucoup près, le mérite de son prédécesseur. Une rencontre insignifiante eut lieu aux portes de San-Iago. Sans rien changer à la face des affaires, elle échauffa les passions. Le général Prieto restait le chef des réactionnaires, le général Lastera était devenu celui des libéraux. On essaya de transiger. Le général Freire fut désigné par sa réputation militaire pour réconcilier les deux armées, qu'il devait prendre sous son commandement. La réaction le croyait dévoué à ses idées ; l'autre parti comptait dans ses rangs trop de parents du général pour ne pas espérer le soumettre à son influence. Les deux camps se rapprochèrent de lui ; mais bientôt le général Freire se décida pour les libéraux, et voulut contraindre l'armée de Prieto à lui obéir. Les hostilités recommencèrent. Dans la rencontre qui eut lieu à Lircay, Prieto fut vainqueur.

Ce triomphe entraînait la suppression du pacte ultra-libéral de 1828 ; le parti vainqueur était tenu de donner une nouvelle constitution au pays. Les provinces durent aviser au choix de plénipotentiaires. Ceux-ci se rendirent à San-Iago et nommèrent, en attendant les nouvelles élections du congrès, un gouvernement provisoire, avec Portalès pour premier ministre. L'heure des ménagements était passée : on exila les principaux partisans de la constitution de 1828, déclarée *nulle et sans valeur*.

La constitution promulguée en 1833, l'une des plus sages de l'Amérique, est conçue dans les idées du parti *réactionnaire* (ce mot signifie ici *modéré*). Elle donne au pouvoir des moyens légaux de se faire obéir et au pays des garanties suffisantes de liberté. Le gouvernement s'affermit sur ces nouvelles bases, grâce à la main habile et forte de Portalès, placé pendant quelques années à la tête du ministère. Aussi l'ordre devint-il une habitude au Chili. Ces agitateurs qui dans toutes les autres républiques méridionales cherchent fortune à travers les troubles révolutionnaires de chaque jour, durent renoncer à la carrière politique, ou l'accepter avec les devoirs sévères, les travaux assidus qu'elle impose. Ces devoirs, ces travaux, ne pouvaient se concilier désormais avec leurs menées, leurs prétentions remuantes. Aussi les emplois politiques, si recherchés dans les autres États de l'Amérique méridionale, sont-ils très-souvent refusés au Chili. Le général Prieto, qui avait été nommé par le congrès, resta président de la république jusqu'en 1835. On voulut alors presque unanimement élire Portalès, mais celui-ci déclina cet honneur, et contribua de tous ses efforts à la réélection de Prieto.

Quelques mois après survint avec le Pérou et la Bolivie une rupture qui eut de graves résultats. Le général Santa-Crux, renouvelant une ancienne idée de Bolivar, avait uni, par une confédération dont il était le chef, le Pérou et la Bolivie. Il rêva bientôt un pouvoir plus étendu. Santa-Crux avait momentanément donné la paix au Pérou, depuis longtemps en proie à la guerre civile, et il espérait, en fomentant des troubles au Chili [1], faire désirer, au milieu des tumultes et des désordres, l'intervention de son génie pacificateur. Il commença d'abord par accueillir les exilés chilenos, puis il leur prêta des armes et mit à leur disposition des navires de guerre. Le général Freire, à la tête de ces proscrits, fit une descente à Chiloë. Portalès sut défendre son pays comme il avait su le gouverner ; il vint bientôt à bout des révolutionnaires, et la république du Chili déclara la guerre à Santa-Crux.

On organisa l'armée à Quillota, près de Valparaiso ; mais

---

[1] Telle est du moins l'opinion dominante dans le pays.

cette armée recélait dans son sein la trahison. Elle était à la veille de se rendre au port, des navires l'attendaient pour la conduire au Pérou, et Portalès, ministre de la guerre, passait une dernière revue, lorsque le complot éclata. Quatre compagnies sortirent des rangs et forcèrent le ministre à remettre son épée. La stupeur fut telle en ce moment, que personne ne bougea. Une révolution était faite. Heureusement les discordes civiles ne peuvent durer longtemps au Chili. Bientôt un grand nombre de désertions affaiblit le parti des révolutionnaires, qui avaient pour chef le colonel Vidaurre. Celui-ci fit néanmoins intimer avec menace à Valparaiso l'ordre de se rendre, et marcha sur la ville, entraînant à sa suite le ministre captif. Le gouverneur de Valparaiso se mit aussitôt en campagne, aidé par le général Blanco et encouragé par l'opinion publique. Le chemin qui mène de Valparaiso à San-Iago se resserre à un certain endroit entre les montagnes qui le dominent et la mer. C'était une position facile à défendre. Les gardes nationaux et quelques forces légères maritimes se postèrent en ce lieu, décidés à disputer vaillamment le passage aux troupes du colonel Vidaurre. Déjà ces troupes s'approchaient. La nuit qui était venue, nuit d'hiver au Chili [1], allait voir s'accomplir un terrible drame. A l'arrière-garde du corps de Vidaurre s'avançait un *birlocho* [2] bien escorté. Quand les premiers petillements de la fusillade annoncèrent que les avant-postes avaient entamé l'action, le *birlocho* s'arrêta. Un homme en descendit enveloppé de son manteau et marcha résolûment jusqu'au bord du chemin. Une détonation retentit, et l'homme tomba. Bientôt les premières lueurs de l'aube éclairèrent le champ de bataille, et les gardes nationaux victo-

---

[1] On était en juin, c'est-à-dire dans la mauvaise saison, qui dure d'avril à septembre.
[2] Sorte de cabriolet.

rieux relevèrent un cadavre frappé de quatre balles. C'était celui de Portalès. Le premier coup de feu de l'engagement avait été son arrêt de mort.

L'armée révolutionnaire, complétement battue, se dispersa, et ses chefs tombèrent peu de jours après entre les mains des vainqueurs. On les conduisit à Valparaiso, et l'expiation s'accomplit sur la place d'Orégo. Ils furent tous fusillés, et montrèrent au dernier moment un courage digne d'une meilleure cause. Quant à Portalès, il a laissé au Chili de nobles souvenirs, et mieux encore, des institutions salutaires. La réforme du clergé, des cours de justice, la création des gardes nationales, l'organisation de la police, enfin et surtout la confiance du pays assurée à l'action gouvernementale, tels sont les titres de cet administrateur éclairé à la reconnaissance publique. Aussi la douleur causée par sa mort fut partagée même par ses adversaires politiques.

On avait puni les chefs du complot qui avait coûté la vie à Portalès. Il restait à le venger plus complétement. On arrêta de nouvelles dispositions pour lever des troupes expéditionnaires, et si l'on trouva au Chili même, et sans emprunt, l'argent nécessaire à cette prise d'armes, ce fut grâce à l'économie et à la sage administration financière de Ringifo, l'ami actif et intelligent de Portalès. Un premier effort des Chilenos n'eut aucun succès; mais le second aboutit à la bataille de Iungay, qui renversa Santa-Crux et son édifice politique. L'issue glorieuse de cette affaire, en faisant respecter au dehors le nom chileno, ne doit pas être oubliée parmi les causes de la quiétude parfaite dont jouit la république; c'est de ce jour que date l'heureuse situation qui, aujourd'hui encore, se maintient au Chili. Le général Prieto a trouvé dans le général Bulnes, le président actuel, un digne continuateur de sa prudente et ferme administration. La période ouverte depuis la victoire de Iungay n'a été marquée encore que par un progrès rapide et pacifique dans l'ordre matériel comme dans l'ordre intellectuel.

Dans l'ordre matériel, les travaux des mines et les travaux agricoles, ces deux sources de la richesse publique, ont été repris, une fois la tranquillité du pays assurée, avec un redoublement d'ardeur. Quant aux travaux agricoles, ils se partagent entre la culture du sol et l'élève des troupeaux. Le sol n'est pas morcelé au Chili, il est réparti entre quelques grands propriétaires. L'étendue des *haciendas* (propriétés rurales) est considérable, surtout dans les provinces du nord et du sud, qui sont moins peuplées que celles du milieu. Une riche *hacienda* possède ordinairement dix mille têtes de bétail, quelques-unes en contiennent le double. Or, les travaux d'une *hacienda* de quatre mille bestiaux nécessitent au moins cent chevaux et cent cinquante juments. Ceci donnera une idée de la quantité de bestiaux répandus sur le territoire de la république, car nous ne parlons pas du menu bétail; le mouton, par exemple, est si commun au Chili, qu'il se vend au plus vil prix sur les marchés.

Énumérer les opérations d'une *hacienda*, ce sera faire connaître à peu près la vie laborieuse des campagnards du Chili sous toutes ses faces. Les quatre grandes opérations de l'*hacienda* sont : les *rodeos*, la *trilla*, la *matanza* et la *vendimia*. On nomme *rodeos* la réunion faite au printemps de tous les animaux dispersés sur l'*hacienda*. A cette époque, plusieurs centaines de cavaliers poussent devant eux les troupeaux innombrables qu'on rassemble d'abord pêle-mêle dans un enclos immense entouré de pieux. Ce spectacle est à la fois curieux et grandiose. L'enclos se remplit comme si une mer vivante s'y précipitait après avoir rompu ses digues. Le *guasso* triomphe au milieu de cette mêlée furibonde : c'est alors qu'il se sent roi, et qu'il regarde avec pitié l'habitant des villes ou le voyageur européen que la curiosité attire aux *rodeos*. Les différentes espèces d'animaux sont chassées par les *guassos* de l'enclos commun dans des enclos plus petits; on marque au fer rouge les veaux, les génisses, les poulains nouveaux, et l'on sépare le vieux bétail en deux troupeaux, dont l'un est destiné à l'*engorda* (engraissement), l'autre à la *matanza* (abatage). Lorsque les bestiaux sont engraissés de façon à pouvoir donner cinquante kilogrammes de suif, on les considère comme bons pour la *matanza*, qui constitue le second travail de l'*hacienda*. Ils sont alors conduits dans les *ramadas*, sortes de hangars couverts, où, après les avoir abattus, on les dépèce. Une partie de la chair approvisionne les marchés du pays; l'autre partie, salée, séchée au soleil, est dirigée, sous le nom de *charqui*, vers le nord du Chili, où la terre est peu fertile et où les mines occupent un nombreux personnel. Les suifs et les peaux s'exportent à l'étranger.

La *trilla* comprend les travaux de la moisson. Lorsque le blé est fauché, on l'éparpille jusqu'à une certaine hauteur dans une vaste grange circulaire; les juments y sont introduites, courent sans relâche sous le fouet, et piétinent en tous sens la paille pour en faire choir le grain. La *vendimia*, ou la vendange, est la dernière des grandes opérations de l'*hacienda*. Dès qu'on a foulé le raisin, on fait bouillir un premier jus dans une chaudière, et quand il a pris la consistance du sirop, on le verse dans d'énormes jarres de terre, jusqu'à la hauteur d'un quart, puis on remplit ces jarres avec le jus de raisin non cuit. La fermentation s'accomplit, et le vin est mis en barriques. Les vignobles les plus productifs du Chili se trouvent entre la province d'Aconcagua, au nord de la capitale, et celle de Conception; les vins doux et très-capiteux que produit cette dernière province sont particulièrement estimés.

Durant plusieurs mois de l'année, la sécheresse est complète au Chili; aussi les irrigations sont-elles indispensables, et jouent-elles un grand rôle dans la culture des terres. Les provinces du nord, privées d'eau, sont moins fertiles que celles du sud, où les rivières sont abondantes. Parmi les céréales qui figurent principalement dans les récoltes, on compte le froment, l'orge et le maïs. Les deux premiers viennent *de roulo*, c'est-à-dire sans irrigation, sur presque tous les points du territoire. L'exportation des grains ne se fait pas sur une grande échelle. Le Pérou, qui est le marché principal, en reçoit tout au plus cent mille hectolitres; le pays conserve donc un surcroît immense d'approvisionnements, et le manque de débouchés empêche les cultivateurs de donner une plus grande extension à cette branche de l'agriculture.

Les *haciendas* et les mines sont, on le voit, les principaux foyers de la production nationale au Chili. L'industrie manufacturière est nulle. Si on passe maintenant des campagnes aux villes, aux centres intellectuels du pays, on trouve les symptômes d'activité régulière qui nous ont frappé dans l'ordre matériel. Tout semble calculé d'ailleurs pour favoriser cette activité, pour la diriger surtout vers les paisibles conquêtes des lettres et des sciences. Les inconvénients qu'entraînent dans un petit État les prétentions militaires n'existent pas au Chili. L'effectif de l'armée régulière est fort réduit. Trois ou quatre escadrons de cavalerie, le même nombre à peu près de bataillons d'infanterie, enfin quelques brigades d'artillerie légère, voilà tout. Pendant la dernière guerre, cet effectif ne s'élevait qu'à dix mille hommes. Une garde nationale très-bien organisée fait presque partout le service des villes, service facile dans un pays où les turbulents forment aujourd'hui une imperceptible minorité. La marine est représentée par une frégate souvent désarmée et trois ou quatre goëlettes.

Faut-il attribuer à cette prédominance de la vie civile sur la vie militaire le goût croissant qui se manifeste dans la jeunesse chilienne pour les travaux de l'esprit? Depuis quelques années, il y a un mouvement littéraire au Chili, mouvement de peu d'importance encore, où l'influence de notre littérature se fait trop sentir, mais qui mérite de nous occuper. Qui sait, en effet, si ces lueurs douteuses ne précèdent pas une brillante aurore? Sous le régime de l'ombrageuse Espagne, tous les livres auxquels on supposait la plus légère tendance politique ou philosophique étaient sévèrement prohibés. Les ouvrages de piété ou ceux dont on ne pouvait suspecter l'orthodoxie avaient seuls leurs franchises. Cette colonie était, à l'époque où elle venait de conquérir son indépendance, la plus arriérée de toutes celles du nouveau monde. Quand la révolution fut venue y donner droit de bourgeoisie aux chefs-d'œuvre des littératures étrangères, les hommes qui avaient voué la première partie de leur existence aux événements politiques consacraient la seconde à des intérêts gravement compromis durant les jours d'anarchie. Aucune tradition littéraire n'avait donc été transmise à la génération nouvelle, aucune route ne lui avait été indiquée. L'éducation presque française que reçut la jeunesse, l'essor que prit notre littérature vers 1830, et qui en répandit les productions non-seulement dans toute l'Europe, mais dans le nouveau monde, telles furent les influences qui présidèrent aux premiers pas du Chili dans la carrière intellectuelle. Comme dans tous les pays où une littérature nationale est à fonder, on commença par s'inspirer de modèles étrangers, on débuta par la traduction et l'imitation; on poussa même fort loin cet engouement, jusqu'à traduire nos feuilletons et nos mélodrames. Aujourd'hui encore, on n'est pas sorti de cette période d'essais; mais on continue d'y porter une ardeur digne d'encouragement, et déjà, au milieu de ces louables efforts, on peut signaler des tentatives heureuses, qui font espérer une littérature originale. Le culte des lettres, tel que le comprend la jeunesse chilienne, mérite d'ailleurs d'autant plus nos sympathies, qu'il est plus désintéressé. La profession d'homme de lettres n'existe pas au Chili. Les poëtes et les romanciers ne reçoivent aucune rémunération de leurs travaux; ils ne sont soutenus ni par le stimulant du gain, ni par l'admiration de leurs compatriotes, toujours prêts à leur adresser l'inexorable question : *Para que sirve eso?* — à quoi bon? Ceux-là donc qui ne peuvent étouffer le feu sacré chantent pour eux-mêmes, comme les oiseaux sous le feuillage, et s'ils ont l'outrecuidance de se produire dans les journaux à court de nouvelles, seul, l'oiseleur qui les guette les découvrira d'aventure sur un dernier verso tout obstrué d'annonces ridicules.

Le Chili eut, il est vrai, pendant quelques années un recueil hebdomadaire, *el Crepusculo*, exclusivement consacré aux sciences et à la littérature. Ce recueil, qui paraissait encore à San-Iago en 1843, ne put malheureusement se soutenir : il disparut après quelques années d'une existence souffreteuse. Ce qui manque aux poëtes chiliens, on l'a compris, c'est l'originalité d'abord, c'est peut-être aussi le public. Il faut, pour que la littérature prenne dans ce pays un développement sérieux, qu'elle se trouve en face d'une génération moins indifférente aux lettres que la génération toute politique des fondateurs de l'indépendance.

En attendant que le mouvement actuel aboutisse à une ère vraiment féconde, il faut nommer cependant quelques-uns de ces écrivains dont les inspirations, dispersées au hasard dans les journaux de San-Iago ou de Valparaiso, mériteraient d'être recueillies et sauvées de l'oubli. Le Chili n'a pas seulement des poëtes, il a déjà des femmes de lettres! La courtoisie veut que nous citions en première ligne, parmi ces représentants d'une littérature naissante, la señora Mercedes Marin. Une légende en vers qu'elle a publiée, *la Novia y la Carta* (*l'Épouse et la Lettre*), correspond aux essais du même genre qui parurent en France au milieu de l'effervescence poétique d'avant 1830, et où l'élément classique ne s'effaçait encore qu'à regret devant les exagérations du romantisme. Le sujet de la légende, c'est la lutte de l'amour et du devoir dans le cœur d'une femme mariée. On jugera de la couleur générale du poëme par ce passage où l'auteur sonne le glas de la vertu expirante :

« Mais tu cèdes, mon Dieu ! un oui terrible échappe à tes lèvres pâles et tremblantes. Comme une rose que l'ouragan agite pendant une nuit tourmentée, tu tournes autour de toi ta tête en délire, et tu sembles chercher une protection inutile. Tes prunelles enflammées s'éteignent et ne jettent plus que des regards d'épouvante. Telle la lumière sinistre de l'éclair effraye, terrifie et présage mille maux à la terre [1]. »

Il y a chez l'auteur de la *Novia* des qualités et des défauts qu'on trouve rarement unis. Sa légende rencontre quelquefois la grâce et la naïveté, quelquefois aussi elle tombe dans les effets vulgaires ; c'est un récit commencé comme un poëme et qui finit comme un mélodrame.

Parmi les poëtes chiliens chez qui l'influence des littéra-

[1]   Mas tu cedes, ai Dios ! y un si terrible
            Se escapa de tu labio ;
        Descolorida y trémula cual rosa,
            Que en tarde borascosa
        Ajita el uracan, la faz turbada
        Tornas en derredor, cual si buscases
        Inutil proteccion ; las rutilantes
        Pupilas apagadas se extravian
        Y miradas de espanto solo envian,
        Como la luz siniestra del relampago
        Que amedrenta y aterra
        Presajiando mil males a la tierra.

tures étrangères est le plus vivement accusée, nous citerons M. Irizare et M. San-Fuentes. L'un a beaucoup lu nos poëtes contemporains, l'autre a étudié avec fruit lord Byron. M. Irizare, qui, dans ses propres compositions, ne manque ni de brio ni d'élégance, est plus heureux encore lorsqu'il traduit ses modèles bien-aimés. Ainsi, une des plus charmantes orientales de M. Victor Hugo, *Sara la baigneuse,* n'a perdu presque rien de sa gracieuse allure dans les vers cadencés de M. Irizare [1]. Dans sa légende des *Clochers,* M. San-Fuentes peint les mœurs du dernier siècle en s'inspirant tour à tour de Byron et de son froid imitateur espagnol Mora. Voici le portrait d'un gentilhomme chilien du dix-huitième siècle tracé avec une concision piquante par M. San-Fuentes :

« ..... Comme il n'avait jamais rien à faire, ce grand seigneur dormait jusqu'à huit heures; on lui disait la messe dans son oratoire, puis il prenait son chocolat. A midi, le dîner était servi, après venait la sieste, plus tard le mathé; pour se distraire, il allait ensuite faire un tour en calèche; à onze heures, notre marquis ronflait [2]. »

---

[1] Nous citerons la première strophe, pour montrer avec quel bonheur le mouvement et la coupe de la strophe française ont été conservés par le traducteur :

>   La bella Sara indolente
>   Muellemente
>   Se comienza a columpiar:
>   A sus piés el recipiente
>   De una fuente
>   La mas pura del lugar.

[2]
>   Como ningun que hacer le daba prisa,
>   Dormia hasta las ocho este magnate;
>   En su oratorio le decian misa
>   Y tomaba despues su chocolate.
>   La comida a las doce era precisa
>   Y la siesta despues, y luego el mate;

Il y a du goût, de la facilité dans les vers de M. San-Fuentes, mais nous trouvons encore ici le pastiche. L'originalité, en général, qu'on cherche en vain dans l'ensemble de ces poëmes, quelquefois on la trouve dans les détails. Çà et là, au milieu de pages qui rappellent tour à tour *Childe-Harold*, les *Méditations* ou les *Orientales*, s'élèvent des accents empreints d'une émotion pénétrante, où se révèle l'influence de la nature et des mœurs du nouveau monde. Cette influence, par exemple, ne se mêle-t-elle pas à une mélancolie passionnée dans la strophe charmante que nous allons citer, et dont l'auteur, malheureusement, nous est resté inconnu?

« Tes désirs sont mes désirs, tes tristesses sont les miennes, nous sommes deux vagues de la même mer agitée, deux idées qui forment une pensée, deux plaintes d'une même douleur, deux échos d'une même voix [1]. »

A côté de ces imitateurs, on rencontre pourtant un vrai poëte. Nous pouvons citer enfin quelques strophes marquées d'un caractère original et de ce sentiment de confiance dans les destinées de la patrie qui, unanime au Chili, méritait de trouver un interprète. L'incendie d'une église de San-Iago a inspiré à M. Andres Bello un chant élégiaque où, après une

> Y tras esto por via de recreo
> Iba a dar en calesa su paseo...
> A las once el marqués se halló roncando.

[1]
> Tus gustos son mis gustos,
> Mios son tus pesares,
> Dos olas de los mares
> En tempestad feroz
> O dos ideas somos
> Que hacen un pensamiento,
> Dos quejas de un lamento,
> Dos ecos de una voz.

vive description du fléau, il s'adresse ainsi à la tour de l'horloge :

« ..... Et toi aussi, il te dévore, sentinelle à la voix retentissante, vigie attentive, qui as compté un siècle entier à la ville heure par heure.

» Après avoir sonné neuf fois, tu contemplais la fournaise où tu devais expirer, ta dernière voix fut aussi ton dernier adieu.

» Quand cet accent fatidique scellait ton arrêt, qui eût cru te perdre ? qui eût pensé que les ailes du vent emportaient la voix de la mort ?

» Il me semblait t'entendre dire : « Adieu, ma patrie ; le
» ciel ordonne que mes notes ne déroulent plus la chaîne de
» tes heures et de tes jours.

» J'ai vu mille et mille formes naître à l'aurore du monde,
» et fleurir à mes pieds, et descendre au profond abîme de ce
» qui fut.

» Je t'ai vue dans ton premier âge, San-Iago, esclave en-
» dormie, sans que dans ton cœur palpitât un sentiment pro-
» phétique de ta future destinée [1]. »

On ne peut méconnaître, dans cette invocation solennelle, une singulière vigueur et l'empreinte d'une imagination élevée. Il est vrai que le poëte qui a écrit ces vers occupe un

[1]
I a ti tambien te devora,
Centinela vozinglero
Atalaya veladora,
Que has contado un siglo entero
A la ciudad hora a hora.

Diste las nueve, y prendida
Estabas viendo la hoguera
En que iba a expirar tu vida :
Fue aquella tu voz postrera,
Y tu ultima despedida, etc., etc.

rang exceptionnel parmi les écrivains du Chili. M. A. Bello n'est point un disciple de la jeune école chilena ; il a été de bonne heure initié au mouvement intellectuel de l'Europe, et quand il a lui-même abordé la poésie, il avait depuis longtemps échappé au vertige d'imitation qui suit les premières lectures. M. Bello n'est pas seulement un poëte, c'est un publiciste sérieux et distingué, l'auteur d'un *Traité du droit des gens*, ouvrage substantiel et approfondi, qui jouit d'une légitime autorité dans toute l'Amérique.

Le Chili compte aussi quelques écrivains politiques : Gandarillas, esprit élevé et plein de verve ; Benavente, tour à tour profond, caustique et railleur ; les deux Ringifo, l'un imitateur heureux de Jovellanos, l'autre talent spirituel et gracieux. Plusieurs des qualités du pamphlétaire espagnol Mariano-José de Larra revivent dans Vallejos. Parmi les travaux sérieux, un essai de philosophie de M. Marin ne doit pas être oublié. Il y a là un noyau de penseurs qui ne peut manquer de grossir et de se fortifier, si le Chili se maintient, comme nous l'espérons, à l'abri des discordes civiles et de la guerre étrangère.

En présence de cet élan si digne de sympathie, que doit faire le gouvernement du Chili ? Son rôle est tracé. Il doit imprimer à cette activité intellectuelle, trop exclusivement tournée peut-être vers les littératures française et anglaise, une direction utile et profitable au pays. Donner une base solide à l'enseignement national, c'est le plus sûr moyen d'atteindre ce but. Déjà l'université de San-Iago a fondé des colléges gratuits et des établissements particuliers. Parmi les colléges gratuits, on remarque l'*Instituto nacional* et l'*Instituto de Coquimbo*. La tendance qui porte la jeunesse chilena vers les professions libérales et surtout vers le barreau ne pouvait être mieux servie que par ces créations utiles. L'instruction primaire est plus parcimonieusement répandue, les villes importantes ont seules des écoles, et sur ce point il reste beaucoup à faire. On peut espérer que le gouvernement saura relever l'enseignement des écoles, comme il a déjà relevé celui des colléges. La réforme de la justice marche de pair avec celle de l'instruction publique. Une commission nommée depuis quelque temps s'occupe de reviser le code civil et criminel, afin de le mettre plus en rapport avec les institutions actuelles. Le congrès a compris que sa mission en ce moment est toute législative, et l'étude, la discussion des lois, ont remplacé dans le sénat, comme dans la chambre des députés, les luttes stériles des partis. De ces efforts du gouvernement et du congrès, il sortira sans doute pour le Chili une situation que bien des pays voisins pourront lui envier. En attendant, la république fondée par San-Martin peut déjà revendiquer une des premières places parmi les jeunes sociétés de l'Amérique du Sud.

1847.

LIMA
ET LA SOCIÉTÉ PÉRUVIENNE

LIVRE PREMIER

LA VIE, LES MOEURS ET LES FEMMES DE LIMA.

Parmi les grandes villes de l'Amérique méridionale, il n'en est pas qui soit demeurée plus fidèle que Lima aux vieilles mœurs espagnoles d'avant l'indépendance. Il y a là tout un monde à part, toute une civilisation élégante et raffinée, dont rien ne rappelle dans le reste du Pérou les bizarreries ni les délicatesses. Lima, sans doute, a son importance comme centre de la république péruvienne; mais ne voir de la ville des rois que cet aspect, c'est s'imposer la tâche pénible de juger la société liménienne par son côté peut-être le moins attrayant. Si l'on veut savoir ce qu'il y a encore dans cette société, en plein dix-neuvième siècle, de grâce inimitable et d'originalité pittoresque, c'est la vie journalière qu'il faut interroger; c'est l'existence même du Liménien qu'il faut partager en quelque sorte, tantôt sous le toit de sa maison hospitalière, tantôt au milieu de ces fêtes de chaque jour qui donnent à la capitale du Pérou un caractère si charmant de splendeur et d'animation joyeuse. Les souvenirs que nous a laissés Lima, tel que nous l'avons vu dans ces dernières années, notamment sous la présidence du général Vivanco, feront pénétrer, nous l'espérons, dans la vie morale d'une des plus intelligentes et des plus aimables populations du nouveau monde. Si, en nous suivant à travers les scènes et les incidents d'un long séjour à Lima, on arrivait à se former sans effort une idée juste des côtés faibles comme des côtés brillants de la civilisation péruvienne, ces souvenirs auraient atteint leur but, et un tel résultat suffirait à notre ambition.

Tout voyage, tout séjour en pays inconnu peut en quelque sorte se partager en trois périodes bien distinctes : la période de la surprise d'abord, celle de la curiosité ensuite, celle enfin de la réflexion et de la critique. Le moment de l'arrivée a ses joies et ses émotions fugitives qu'il faut noter au passage et qu'on ne retrouvera plus. Dans les jours plus calmes qui suivent l'installation, le voyageur subit peu à peu l'ascendant de la société qui l'entoure; il ne se contente plus d'être spectateur de ses fêtes ou de ses travaux, il sent le besoin de s'y mêler, de s'y associer. Enfin, quand la vie journalière lui a révélé tous ses secrets, c'est la vie morale et intellectuelle qu'il veut connaître, — et ainsi se complète peu à peu un ensemble de notions sans lequel on ne peut juger sainement ni les mœurs ni les intérêts d'une population étrangère. Ces trois moments qu'on retrouve dans tout voyage et que j'ai essayé de décrire marqueront les divisions mêmes de ce récit.

I

Callao. — La baie. — Le Castillo. — Rodil. — Salteadores.

Nous étions entrés dans la rade de Callao par une nuit d'une sérénité magnifique. Le souffle presque insensible qui nous poussait vers le mouillage sembla expirer juste au moment où la frégate laissait tomber son ancre à deux encâblures de la côte. Devant nous, la ville piquée de points lumineux profilait sur un fond d'obscurité bleuâtre la ligne brisée de ses toits, et, sur un plan plus rapproché, un grand nombre de navires dressaient vers le ciel la fine silhouette de leur mâture. Vers minuit, des bancs de brume apparurent comme par enchantement, puis ils se rapprochèrent et se joignirent en estompant le contour des terres voisines; bientôt celles-ci s'effacèrent, et notre horizon se rétrécissant peu à peu, la frégate demeura comme une noire chrysalide enveloppée d'une ouate épaisse. Une ligne phosphorescente se montrait seule à de brèves intermittences, accompagnée d'un fracas semblable à celui d'une fusillade : c'était le flot qui déferlait sur un talus dont les galets s'entre-choquaient, roulés par ses mouvements d'ascension et de retraite.

Au lever du soleil, nous fûmes réveillés par un vacarme aussi étrange qu'étourdissant. Nous montâmes aussitôt sur le pont, où nous attendait un spectacle fort imprévu. La vaste baie, silencieuse et morne quelques heures auparavant, était pleine de mouvement et de bruit. Des milliers d'oiseaux remplissaient l'espace à toutes les hauteurs, à toutes les distances, et le regard eût vainement fouillé l'étendue, pour ne pas rencontrer leurs files interminables, qui s'égrenaient en chapelets gigantesques, ou leurs bataillons nombreux qui piquetaient le ciel ou se répandaient sur la mer, comme d'épais flocons de neige. On eût dit que toute la population ailée de l'océan Pacifique s'était donné rendez-vous à Callao. Autour de nous se prélassait le lourd pélican, embarrassé de son bec difforme et démesuré, auquel une bande espiègle d'oiseaux plus petits venait arracher la pâture. L'obèse et stupide pingouin repliait tout honteux ses ailes trop courtes après avoir en vain tenté de prendre son essor; le damier étalait un éclatant plumage d'argent et d'ébène; le pétrel à la voix stridente, la mouette blanche et légère comme une vapeur s'ébattaient joyeusement sur la houle et remplissaient l'air de piaillements aigus qu'entrecoupaient çà et là des notes gutturales et nasillardes. C'était un vacarme à briser le tympan, un mouvement perpétuel à donner le vertige. Tout ce peuple turbulent et goulu était attiré sur la rade par le passage régulier d'une espèce de sardine dont les bancs nombreux hantent à certaines époques de l'année les côtes du Pérou, et fourmillent dans les eaux de Callao. Cependant le soleil, dont on apercevait depuis le matin le disque rouge et sans rayons à travers une épaisse couche de nuages, fondit cet obstacle et jeta inopinément sur l'eau sa lumière triomphale. Toute la gent emplumée s'émut, les vociférations redoublèrent, et des groupes nombreux s'envolèrent comme effarouchés; quelques instants plus tard, la brise de terre venait écailler la surface des flots et dérober ainsi le poisson aux redoutables appétits de l'ennemi, dont les bandes déçues et confuses s'enfuirent et disparurent bientôt à l'horizon.

La baie de Callao réunit des qualités assez rares pour la côte occidentale de l'Amérique du Sud, où il n'existe guère que des rades foraines. Elle est vaste et sûre, les navires peuvent la parcourir sans appréhension, rester au mouillage en tout temps avec sécurité, exécuter en toutes saisons leurs travaux de radoub et de carénage. Elle est suffisamment abritée, dans le sud-est et le sud-ouest, par une langue de terre, quelques rochers et deux îles, notamment celle de San-Lorenzo. Son ouverture principale (car il existe une passe peu fréquentée au sud de la pointe de Callao) s'étend de l'ouest au nord-ouest; mais les vents qui soufflent de cette partie ne se permettant jamais la moindre incartade, n'inspirent aucune défiance. L'île de San-Lorenzo forme le côté droit de cette entrée. San-Lorenzo est une terre aride, désolée, grise comme la cendre et rayée de ravins; pas un arbre, pas un atome de verdure ne se hasarde sur ses flancs calcinés et grillés par un soleil torride; à ce compte, jamais terre ne fut plus digne de porter le nom du martyr de Valérien. On y déposait jadis les nègres coupables de quelque méfait ; les seuls êtres qui la peuplent aujourd'hui sont les veaux marins dont on entend les troupes nombreuses bramer la nuit sur le versant occidental de l'îlot. Vue du mouillage, la ville de Callao n'offre rien de remarquable : c'est une ligne monotone de maisons grises bâties au niveau de la mer et à peine dominées par le clocher carré et trapu de l'église. A l'extrémité sud de la ville apparaît, sur le même plan, la blanche maçonnerie de deux forts à front circulaire, reliés entre eux par une série de batteries disposées, selon les accidents du terrain, pour battre la baie et la plupart des points de débarquement. La plaine s'étend de l'est au nord, mouchetée çà et là de bouquets d'arbres et traversée par le Rimac, qui vient se dégorger dans la rade sur la droite de Callao ; puis au loin, à l'extrémité d'un ruban de verdure tracé par le cours fertile de la rivière, on voit s'élever, au milieu de longs et noirs massifs de saules, les nombreux clochers de Lima, violets ou vermeils, suivant les jeux de la lumière. Plus loin encore, de hautes montagnes énergiquement accentuées déchirent les nuages et enfoncent dans les profondeurs de l'horizon leurs divers plans bleuâtres et incertains.

Dès qu'il nous fut permis de communiquer avec la terre, je me fis débarquer sur un môle où des compagnies de travailleurs nègres ou indiens empilaient en chantant nombre de caisses et de ballots que des chariots plats, glissant sur un chemin de fer, emportaient vers les magasins de la douane. Quelques soldats débraillés et sordides, vêtus de fracs gris à parements verts et coiffés d'une sorte de bonnet blanc qu'un ruban vert nouait à la base comme la fontange de nos pères, surveillaient l'opération avec un laisser-aller plein de mansuétude, qui nous parut fort engageant pour les fraudeurs. L'activité régnait partout ; les chaloupes et les barques arrivaient à la file, chargées outre mesure, et se heurtaient en désordre au fond de l'anse que le môle contourné en demi-fer à cheval ménage entre ses murs et la terre pour faciliter les opérations de débarquement. Les matelots étrangers juraient par tous les diables, les ouvriers du port leur ripostaient en invoquant tous les saints; les grues et les palans soulevaient, avec d'horribles grincements, des fardeaux énormes, et le môle, déjà encombré de caisses de fer et de chaudières à vapeur, disparaissait sous un amas de colis étrangers. Ce môle est l'un des plus beaux ouvrages accomplis sous la vice-royauté de don Antonio Amat.

La principale rue de Callao, la plus commerçante et la plus fréquentée, court parallèlement au rivage; elle est pavée de galets fichés en terre comme des œufs sur leur pointe. Les maisons qui la bordent, construites en *adobes* [1], ont pour couvertures de simples nattes disposées sur un lit de roseaux et revêtues d'une couche de chaux destinée à garantir l'intérieur contre l'humidité des brouillards et contre les rayons du soleil. Ces demeures n'ont en général qu'un étage, dans la longueur duquel règne une galerie abritée à certaines heures du jour par des rideaux de coutil rayé de couleurs vives; des magasins d'articles variés occupent d'ordinaire le rez-de-chaussée. Les autres constructions de Callao sont, pour la plupart, très-basses, et les rues sont disposées de telle sorte que, durant la plus grande partie du jour, le soleil y verse une lumière implacable. Nous n'en parcourions pas moins la ville, enfonçant jusqu'aux chevilles dans une poussière remplie de débris infects qui donnent naissance à toute sorte de vermine. Les maisons, blanchies à la chaux ou badigeonnées en jaune, étaient closes et silencieuses comme des tombes. C'était l'heure de la sieste. Çà et là, des ânes pelés et galeux se tenaient immobiles dans l'ombre étroite que projetait par hasard

---

[1] Briques cuites au soleil.

un pan de muraille, et des files noires de *gallinasos*[1] dormaient perchés sur une patte au rebord des terrases.

Les portes de l'église étaient ouvertes, nous y entrâmes. La nef n'offre aucun intérêt sous le rapport architectural, et la décoration intérieure répond à la médiocrité de la façade. En sortant de l'église, nous nous dirigeâmes vers le Castillo. C'était procéder avec ordre dans cette ancienne colonie espagnole où, comme dans tous les pays soumis à l'Escurial, l'Église et l'épée, le prêtre et le soldat, après avoir été les plus énergiques leviers de conquête, restèrent les principaux éléments de puissance employés par les conquérants du nouveau monde pour asseoir et perpétuer leur domination. Comme nous nous disposions à franchir le pont-levis abaissé sur un fossé devant l'entrée béante et voûtée de la citadelle, un groupe assez original s'offrit à nos regards. — Au sommet d'un monticule pierreux et fauve, que tigraient çà et là quelques bandes sombres de verdure, un factionnaire était assis; devant lui une *cholita*[2], le corps nonchalamment renversé, la main perdue dans les ondes d'une chevelure étoilée de fleurs de jasmin, et le coude appuyé sur le genou du soldat, écoutait en souriant quelque confidence amoureuse, tout en arrachant avec ses lèvres les pétales d'une fleur de grenadier. L'homme portait le frac gris et le bonnet blanc à ruban vert; la femme avait le torse drapé d'un châle écarlate, et son jupon retroussé laissait apercevoir un petit pied chaussé de satin blanc, une cheville fine et une jambe irréprochable. Le soldat s'était improvisé un parasol en nouant les pointes d'un madras aux extrémités de la baguette de son fusil, fixée elle-même par le milieu au coude de la baïonnette. Cet écran projetait sur le visage cuivré de l'Indienne une ombre vigoureuse, semblable

[1] Sorte de vautour domestique du Pérou.
[2] Indienne.

à celles qu'Eugène Delacroix fait tomber avec une si savante hardiesse sur la face de ses personnages. Nous nous gardâmes bien de prolonger une contemplation qui menaçait de devenir importune, et laissant le jeune couple tout entier aux douceurs de son entretien, nous entrâmes au Castillo.

Tous les ouvrages situés au sud de la ville sont renfermés dans le Castillo. Les deux forts et les batteries dont nous avons déjà parlé le défendent du côté de la mer; des épaulements et des fossés profonds, avec escarpes et contrescarpes, font sa principale force du côté de la terre. Dans l'enceinte de la citadelle s'élèvent des casemates massives, les seules qu'on puisse construire avec les matériaux peu résistants du pays. Ces réduits, où peuvent s'abriter de nombreux défenseurs, servent actuellement de cachots, comme nous pûmes nous en convaincre en plongeant nos regards dans un soupirail demi-circulaire fermé par une épaisse grille de fer et destiné à éclairer une profonde galerie voûtée, fétide et lugubre. Le long des murs humides et noirs régnait un cordon de bancs en bois sur lesquels on apercevait une douzaine de nattes, couche ordinaire des prisonniers. Quelques ustensiles grossiers et indispensables étaient épars sur le sol. Pour le moment, ce sépulcre était vide : on avait, dès le matin, dirigé ses tristes hôtes vers différents travaux publics auxquels on les emploie. Au dehors tout était désordre : vieux canons de fonte et de bronze, les uns rouges de rouille, les autres verts d'oxyde de cuivre, ancres brisées, roues à engrenages, futailles défoncées, gisaient à moitié ensevelis dans la poussière. Presque toutes ces constructions menaçaient ruine, et de nombreux étais soutenaient le ventre rebondi des murailles, dont la chute semblait imminente.

Le dernier épisode de la lutte des Espagnols sur le sol péruvien, l'un de ses plus glorieux souvenirs, se rattache au Castillo. Ce fut dans ses murailles que le colonel Rodil, avec une

garnison de moins de mille hommes, résista, pendant deux
années environ, aux efforts des patriotes, dont quatre mille
hommes de troupes l'assiégeaient par terre, tandis qu'une escadrille de cinq ou six navires de guerre le bloquait du côté de
la mer. — Bien qu'à cette époque San-Martin et son auxiliaire
le célèbre aventurier lord Cochrane eussent déjà proclamé
l'indépendance du Pérou, le départ de l'armée libératrice
laissa momentanément Lima et le Callao retomber au pouvoir
des Espagnols. Mais les succès de Bolivar dans le haut Pérou,
couronnés par la brillante journée d'Ayacucho qui assurait
sans retour le triomphe de la cause libérale, déterminèrent
le général en chef espagnol Canterac à offrir une capitulation
définitive dont un des articles portait que la forteresse de
Callao serait rendue aux indépendants. Le colonel Rodil,
homme d'une bravoure et d'une fidélité dignes des temps
antiques, commandait alors au Callao les débris de l'armée
royale. Déterminé à défendre jusqu'à la dernière extrémité les
droits de la couronne, il se renferma avec les siens dans le
Castillo, conservant la chimérique espérance de voir arriver
des jours meilleurs pour une cause que, dans son dévouement,
il s'obstinait à ne pas croire désespérée. Le Castillo fut mis en
état de siége par les patriotes; mais la place était suffisamment pourvue de vivres, et rien n'affaiblit durant plusieurs
mois la détermination des assiégés. — Plus tard, les provisions commencèrent à manquer, l'arrivée des renforts espagnols devenait problématique, l'on sentit sourdre de vagues
symptômes de mécontentement. L'inébranlable fermeté du
chef les fit rester dans l'ombre et retrempa la résolution fléchissante des subalternes. Ce n'était encore que la disette,
mais quand la garnison eut dévoré jusqu'à ses bêtes de
somme, ce fut la famine. Rodil comprit alors que le danger
n'était pas seulement au dehors, et l'énergie du désespoir atteignit chez lui des proportions presque sauvages. Il s'entoura

de gens dévoués, fit assembler son personnel, et après avoir exposé les difficultés de la situation en suivant d'un regard sombre l'effet produit par ses paroles, il voulut recueillir le sentiment de chacun touchant la résistance ou la capitulation. Quarante hommes environ et quelques officiers opinèrent pour le dernier parti et sortirent des rangs. Un rire amer et farouche se montra sur la face bronzée du chef ; ceux qui connaissaient l'homme comprirent, mais trop tard, qu'on venait de leur tendre un piége. Le moment était décisif, la révolte grondait ; un instant d'hésitation, et tout ce que Rodil avait déployé de valeur, épuisé d'expédients, souffert d'angoisses, allait peut-être devenir inutile. Il fallait prendre un parti, ce parti fut terrible. Rodil déclara rebelles et traîtres au roi et à la patrie les partisans de la capitulation, et usant de son pouvoir suprême, il les fit fusiller séance tenante. Cette mesure, qui excède peut-être les bornes de la fermeté, mais qui trouve une excuse dans le fanatisme du dévouement, produisit une réaction salutaire. Les soldats, par un élan spontané, jurèrent de défendre jusqu'à leur dernier sang le drapeau de la mère patrie ; la confiance rentra dans l'âme de Rodil, et la vie du Castillo reprit son cours douloureux. Vie horrible ! Chaque jour ajoutait aux horreurs de la famine et apportait une nouvelle torture. Les assiégés soutinrent encore leur misérable existence aux dépens d'animaux immondes ; puis il ne leur resta bientôt plus pour vivre que le produit insuffisant de la pêche qu'on exécutait à grand'peine sous le canon du fort. Enfin, une épidémie, engendrée par les exhalaisons pestilentielles des cadavres sans sépulture et des immondices amoncelées, vint fondre sur la garnison et porter l'abattement à son dernier période. Tout ce que l'énergie humaine peut supporter d'atroces privations et de navrantes misères avait été épuisé par les héroïques défenseurs du Castillo ; ils furent sans force contre cette dernière calamité. D'ailleurs, les munitions touchaient à leur fin; tout espoir de secours était évanoui, et prolonger une résistance sans but utile dans cette position désastreuse devenait un acte de dévouement insensé. Il fallut donc céder à l'implacable arrêt de la Providence. Rodil posa les bases d'une capitulation honorable qui fut acceptée : le 23 janvier 1826, le Castillo ouvrit ses portes à l'armée patriote, et le drapeau de l'Espagne flotta pour la dernière fois sur la terre du Pérou.

Quand nous quittâmes la citadelle, le soleil dorait la ville de ses rayons obliques et disparaissait derrière San-Lorenzo, dont la masse violette se détachait sur un horizon ardent comme un brasier. Les travailleurs du môle regagnaient leur demeure, et les habitants sortaient de l'atonie où les avait plongés la température de midi. Partout les stores bariolés des balcons remontaient en criant sur leurs rouleaux, et les femmes, assises au seuil des portes pour respirer la première fraîcheur de la soirée, surveillaient leurs marmots déguenillés, qui se vautraient dans la poussière sans effaroucher le moins du monde des bandes de *gallinasos* occupés à déchiqueter les chiens morts. Notre promenade dans les rues, à cette heure où la ville respirait, nous permit d'apprécier du premier coup d'œil l'ensemble de la population de Callao, qui se compose de blancs, et plus particulièrement de *cholos* (Indiens) et de *sambos*[1]. Le croisement de ces trois races primitives a multiplié à l'infini les nuances de la peau, et l'œil exercé des habitants du pays peut seul démêler infailliblement le type originel des différents individus. Les *cholos* et les *sambos* se distinguent moins par la couleur de la peau que par la forme du visage : ceux-là ont le front étroit, les mâchoires lourdes et saillantes, les yeux vifs et noirs posés à la

---

[1] Les *sambos* sont le produit du croisement de la race indienne avec la race noire.

chinoise, et les cheveux lissés et brillants comme du jais; leur physionomie, pleine de douceur, porte l'empreinte de la mélancolie et de la résignation. Le *sambo* a le teint plus foncé, les cheveux crépus, les lèvres épaisses. On chercherait en vain la beauté plastique chez les habitants de Callao : ils sont pour la plupart petits et malvenus; mais, à défaut de cette beauté précise, déterminée, qui frappe soudain le regard, on y rencontre souvent chez les femmes indiennes une sorte de grâce dont on subit le charme, alors qu'un rayon de l'âme, traversant l'enveloppe matérielle, vient éclairer leur physionomie. Le costume des gens du peuple est à Callao, comme dans toutes les villes de la côte du Pérou, le même qu'au Chili. C'est pour les hommes un *poncho* de laine sur un pantalon de grosse toile. Les femmes se drapent aussi le torse dans un châle de couleur écarlate, et mêlent à leur chevelure des œillets ou des fleurs de jasmin; leur chaussure, plus élégante que confortable, se compose le plus souvent d'un bas de soie rayé ou couleur de chair dans un soulier de satin blanc.

Le toit de l'homme du peuple est ici toujours hospitalier pour l'étranger; un visage souriant l'accueille à son entrée, un souhait de bonheur l'accueille à sa sortie. L'intérieur des habitations est en général simple et modeste, sans être misérable; le mobilier de la pièce principale est ordinairement un lit paré avec une certaine affectation, une table dont un bouquet de fleurs fraîchement cueillies occupe le milieu, une causeuse cachée par une housse d'indienne imprimée, puis çà et là des escabeaux grossiers. Quelquefois un hamac destiné à la sieste joint les angles opposés des murailles blanchies à la chaux, contre lesquelles on aperçoit toujours accrochée à un clou l'indispensable *vihuela* [1] destinée à charmer les heures de loisir.

---

[1] Guitare.

Il faut peu de temps pour explorer la ville de Callao. Nous revenions, après quelques heures de promenade, à la *Fonda de la Marina*, où nous avions élu domicile, avec cette tristesse qui accompagne d'ordinaire toute curiosité déçue, quand nous aperçûmes un groupe nombreux qui se pressait à l'entrée d'une case d'où s'échappait, mêlé à des clameurs discordantes, le frémissement cadencé des guitares. Le spectacle devait offrir un sérieux intérêt, à en juger par l'attitude des gens qui masquaient la scène. Tous, le cou tendu, les narines dilatées, les lèvres frémissantes, plongeaient des regards avides dans un appartement éclairé par je ne sais quelle lueur fauve et vacillante. Les uns applaudissaient de la voix et du geste les acteurs invisibles, d'autres jetaient quelques mots au concert vibrant de l'intérieur, et toutes ces faces noires comme l'ébène, rouges comme le bronze florentin, jaunes comme l'ambre, portaient l'ardente et sauvage expression de convoitise d'une meute que le fouet du piqueur contient devant la curée. Nous voulions aussi notre part d'émotions; mais nous hésitions à la conquérir en essayant de faire brèche dans cette muraille vivante. Un *arriero*, que ses formes herculéennes autant que sa profession rendaient très-propre à ce genre d'exercice, vit notre embarras, et s'offrit, moyennant quelques pièces de monnaie, pour remplir l'office de bélier à notre intention. Le marché conclu, les clauses furent exécutées avec une conscience scrupuleuse. Nous pûmes alors comprendre cette attention passionnée, ces tressaillements fébriles de l'assistance : jamais drame chorégraphique n'avait traduit plus énergiquement que celui qui s'exécutait sous nos yeux les ardeurs insensées de l'amour.

L'orchestre, si l'on peut nommer ainsi la force instrumentale qui jetait aux danseurs le mouvement rhythmique, se composait de deux guitares dont on faisait vibrer toutes les cordes à la fois, d'une table sur laquelle on tambourinait avec les poings, et d'un chœur de voix discordantes. L'action avait pour interprètes un nègre et une samba. L'homme, nu jusqu'à la ceinture, semblait fier d'un torse où l'on suivait le jeu des muscles à travers une peau sombre et lisse comme ces galets que la mer roule au rivage. La femme portait un jupon à falbalas tout bariolé de rouge et d'orange; elle avait laissé choir le châle de laine bleue qui gênait sa pantomime, et sa chemise sans manches était à peine retenue aux épaules par le lien mal noué d'une coulisse. Nous étions arrivés au dénoûment d'une *resbalosa*; telle nous parut être du moins la danse exécutée. Une pause eut lieu, durant laquelle choristes et danseurs demandèrent à la liqueur argentée de Pisco un surcroît d'énergie et des inspirations nouvelles. A un nouveau signal de l'orchestre, le nègre et la samba s'avancèrent, et, placés en face l'un de l'autre, prirent tous deux une attitude fièrement provocante de défi, tandis que le chœur entonnait la chanson suivante :

> Tu dices que no me quieres;
> Porque no me quieres di?
> Io dejo de ser querido
> Solo por querer te a ti!
> Ahora samba y como no [1].

La femme tenait à la main droite son mouchoir déployé, auquel un geste arrondi imprimait un mouvement de lente rotation qui semblait faire appel au cavalier. Celui-ci, les coudes en dehors et les mains serrées aux hanches, approcha en se dandinant avec confiance; la danseuse alors, par un manége plein de coquetterie, commença une série de glissades et de pirouettes dans l'intention apparente d'éviter le regard de son partenaire, qui, de son côté, s'épuisait en vains

---

[1]. Tu dis que tu ne m'aimes pas; — pourquoi ne m'aimes-tu pas! dis. — Moi qui me passe d'être aimée — seulement pour t'aimer, toi? — A présent, samba, et pourquoi pas!

efforts pour la regarder en face. Bientôt las d'une manœuvre stérile, il se prit à sauter pour sa propre satisfaction, et simula tout l'entrain de l'indifférence. La samba le rejoignit aussitôt en piétinant avec une mutinerie charmante; puis elle recula, revint encore, et reconquit son prestige en produisant des trésors de grâce et de souplesse. Le nègre, enchaîné de nouveau à sa suite, imitait de son mieux ses fantasques évolutions. Tantôt elle se balançait lentement comme l'oiseau qui plane et oscille avant de s'abattre, tantôt elle frétillait comme le poisson qu'un bruit effarouche. Ses mouvements, quelquefois d'une régularité parfaite, se transformaient tout à coup, et devenaient vifs, inégaux, insaisissables. Au fur et à mesure que l'action se déroulait, les *guitareros* raclaient leurs instruments avec plus de fureur; le choc cadencé des poings faisait tressaillir les flacons sur la table ébranlée, et l'assistance, d'une commune voix, chantait à tue-tête :

> Quisiera ser como el perro
> Para amar y no sentir,
> El perro como es paciente
> Todo se le va en dormir;
> Ahora samba y como no [1]

La danse prit bientôt un caractère plus véhément; les pirouettes et les glissades firent place aux gestes passionnés, aux postures lascives, aux expressions de plus en plus ardentes et impétueuses. Les regards des danseurs, rivés l'un à l'autre, se renvoyaient leurs éclairs, leurs genoux s'entre-choquaient, leurs reins tressaillaient comme galvanisés, d'énergiques palpitations faisaient onduler leur poitrine. Enfin un frémissement fiévreux parcourut le corps du nègre. On eût dit qu'il concentrait dans une suprême aspiration magnétique toutes

---

[1] Je voudrais être comme le chien — pour aimer et ne pas souffrir. — Le chien, comme il est patient, — oublie tout pendant qu'il dort. — A présent, samba, et pourquoi pas!

les puissances de sa volonté. La samba se roidissait contre cet appel fascinateur; mais ses pas incertains la ramenaient toujours vers celui qu'elle voulait fuir; échevelée, haletante, vaincue, elle finit par tomber entre les bras du noir, qui l'enleva triomphant et la déposa à demi pâmée sur une causeuse au milieu d'une explosion de bravos.

Nous en avions vu assez pour comprendre la répugnance qu'éprouvent les femmes du monde à exécuter dans les salons péruviens certaines danses nationales. Nous laissâmes sambos et sambas continuer leurs pirouettes devant un cercle d'amateurs plus sensibles que nous aux charmes de cet étrange spectacle, et nous rentrâmes à la *Fonda de la Marina*. Placée près du port, à l'entrée de la rue principale, cette *fonda* était l'établissement de ce genre le mieux achalandé de toute la ville, grâce à la direction vigilante d'un hôte qui savait joindre à un savoir-faire puisé aux meilleures traditions parisiennes un amour d'ordre, de propreté et de confort vraiment britannique. Ce fut dans cette hôtellerie, ressource inappréciable pour les officiers de tous les navires de la rade, que nous allâmes finir la soirée et nous enquérir des moyens de communication ordinaires entre Callao et Lima. Le résultat des questions adressées à ce sujet à l'*amo de la casa* (maître de la maison) fut qu'il nous serait facile de louer à toute heure du jour des chevaux et des voitures, les premiers moyennant une piastre, les secondes moyennant un quart d'once, mais que le mode de locomotion le plus économique et le moins *hasardeux* (ce mot fut prononcé avec une intention manifeste) était l'omnibus qui fait le voyage trois fois dans la journée. De nouvelles explications de l'hôte nous firent comprendre qu'il n'y avait aucune exagération dans ce mot *hasardeux*, qui nous avait d'abord fait sourire. Cette promenade de deux lieues, à travers une plaine découverte et sur une route incessamment battue, est souvent contrariée par de très-fâcheuses rencontres. Les nombreuses crises révolutionnaires qui se sont succédé au Pérou depuis l'émancipation y ont créé toute une population de soldats sans drapeau et sans paye régulière, qui partagent volontiers leur vie entre les aventures de grande route et les exploits de guerre civile. Heureusement il y a moyen d'échapper aux réquisitions de ces routiers : ces *salteadores* de la route de Lima ne s'attaquent qu'aux voyageurs isolés et aux voitures particulières ; ils respectent le personnel plus imposant de l'omnibus.

Parmi les habitants de la *fonda*, il s'en trouvait qui, ayant eu maille à partir avec les *salteadores*, purent nous donner quelques détails sur leur façon d'opérer. Elle est toute courtoise envers ceux qui ne tentent pas de se défendre ou de se soustraire par la fuite à leurs exigences ; mais malheur au voyageur, quelque résigné qu'il soit, s'il n'a pas une bourse pleine à leur offrir ! Le *cicatero* (ils nomment ainsi le voyageur sans argent) doit s'estimer très-heureux s'il en réchappe avec quelques gourmades, et il court d'énormes chances d'être abandonné en rase campagne dans un déshabillé fort inconvenant. Quant à la résistance, elle a été trop rarement couronnée de succès pour qu'on se sente encouragé à une lutte où les armes sont nécessairement fort inégales. Le second d'un navire marchand venait de payer de sa vie une tentative de ce genre au moment où nous arrivions au Pérou, et pendant notre séjour à Lima, le hasard nous fit rencontrer un capitaine anglais dont la bravoure téméraire avait failli causer la mort de son compagnon de voyage. Ce capitaine, quelque peu officier de fortune, après avoir mis en différents pays son épée au service de dix partis contraires, était venu l'offrir aux turbulents du Pérou, et il avait voulu inaugurer son séjour dans ce pays par un trait d'audace. A cet effet, il se munit d'un arsenal, et, appelant de tous ses vœux une rencontre périlleuse, il quitta Callao dans une voiture, en compagnie d'un pacifique *tiendero*[1] de Lima. Le sort le servit à souhait; un accident survint à l'attelage, et pendant que le *cochero* s'occupait d'y pourvoir, une demi-douzaine d'individus fondirent sur la voiture comme des vautours sur une proie. Les voleurs étaient en nombre, mais l'Anglais était brave. « Que voulez-vous? dit-il. — Ton argent, » fit un *salteador* en abaissant son escopette. C'était l'instant d'épargner les paroles; le pistolet de l'Anglais se chargea de la réponse, et une balle terrassa l'agresseur. — *Anda, puerco!* cria aussitôt au cocher l'enfant d'Albion tout en s'apprêtant à faire usage d'un second pistolet; mais le *tiendero* liménien, qui avait perdu la tête, arrêta le bras du conducteur en lui criant d'une voix lamentable: *Para, amigo! por Dios, para*[2]!... La phrase commencée se perdit dans une décharge d'escopettes, qui enlevait et clouait au fond de la voiture une oreille du malheureux *tiendero*. Un second coup de pistolet tiré par l'Anglais renversa un deuxième assaillant; les autres hésitèrent. Le cocher s'était remis en selle; stimulé par la voix énergique de l'Anglais bien plus que par les prières désespérées de son compatriote, il enleva ses chevaux, partit à fond de train, et, malgré quelques balles qui trouèrent le fond de la voiture, on put atteindre Lima.

Comme nous ne tenions nullement à faire étalage de vaillance sur le sol péruvien, nous jugeâmes superflu d'affronter les *salteadores*, et, pour éviter autant que possible d'ajouter une nouvelle anecdote burlesque ou dramatique aux riches annales de *la Legua*[3], nous allâmes retenir nos places dans le prosaïque véhicule qui a la réputation de conduire son personnel *complet* jusqu'à la capitale.

---

[1] Boutiquier.
[2] Arrête, mon ami! pour Dieu, arrête!
[3] Endroit suspect de la route de Callao à Lima.

II.

Un omnibus péruvien. — Hermano de la buena muerte. — Cholita. — Paysage. — Officiers. — La Legua. — Entrée de Lima.

Le lendemain, au coup de dix heures, nous étions réunis au bureau de l'omnibus. Le *cochero*, nègre vigoureux et brutal, était déjà perché sur son siége et s'amusait en manière de passe-temps à fouetter son attelage, qui, impatient et tourmenté, piétinait, ruait, mordait et se trémoussait en secouant ses liens. Nous n'eûmes que le temps de déposer au bureau notre demi-piastre, prix du voyage, et de nous jeter pêle-mêle dans la voiture déjà pleine, qui partit aussitôt comme emportée par des hippogriffes et roula sur un cailloutis féroce, avec grand fracas de glaces frémissantes et de ferrures disjointes. A la sortie de Callao enfin, le lourd véhicule entra dans une poussière compacte, qui étouffa son bruit et changea ses cahots brusques et saccadés en capricieuses ondulations : on eût dit un navire contrarié par les houles.

Tout le monde fumait au moment où nous étions montés en voiture. Aveuglés, étouffés, étourdis tout d'abord, notre premier soin avait été de forcer un peu l'étau vivant qui nous emboîtait, et quand nous eûmes conquis l'espace auquel nous avions droit, nous nous empressâmes d'abaisser la glace placée derrière nous, afin d'absorber le moins possible de la vapeur de tabac qui nous enveloppait. Cette précaution prise, le nuage s'entr'ouvrit, et nous vîmes apparaître nos compagnons de voyage. Quelques-uns d'entre eux fixèrent surtout notre attention : deux officiers péruviens d'abord. Le plus âgé, sombre, terreux, austère comme un moine de Zurbaran, disparaissait jusqu'à la moustache dans son manteau; l'autre, pimpant, frisé, avenant et blond comme Van Dyck, portait une casquette rose galonnée d'or ; un *poncho* blanc à longues

4.

franges garantissait contre la poussière son frac bleu de ciel, dont on n'apercevait que les manches brodées en soutache; un pantalon amarante à bandes d'or et des bottes grises complétaient son costume. Un troisième personnage était entièrement vêtu de noir; une croix écarlate lui couvrait la poitrine, deux croix semblables ornaient son manteau à la hauteur des épaules; son chapeau à larges bords couvrait non-seulement ses genoux, mais encore ceux de ses voisins. C'était un *hermano de la buena muerte*, confrérie religieuse dont la principale attribution consiste à ensevelir les cadavres. Il n'avait point, du reste, la physionomie de son industrie : à voir sa face joviale et rubiconde, on pouvait se demander comme Hamlet : « A-t-il le sentiment de ce qu'il fait, ce drôle? » Depuis le moment du départ, il bavardait sans trêve avec ses voisins, tout en accumulant dans je ne sais quelles mystérieuses cavités de son arrière-bouche une fumée qu'il soufflait ensuite par les narines en jets interminables. Ses doigts ne le cédaient point en activité à sa langue. C'était plaisir de voir avec quelle dextérité pratique il roulait des cigarettes pour les offrir à une voisine dont il s'était fait le complaisant pourvoyeur. — Celle-ci, jeune *cholita*, avait aussi la tête découverte, et son chapeau de paille de Guayaquil, tout radieux sous ses rubans cerises, luttait d'ampleur et contrastait avec le feutre sombre du révérend frère. Le même désaccord régnait entre son costume et l'accoutrement funèbre du *cofrade*; son crêpe de Chine diapré comme un parterre, son jupon de galante couleur rose, l'or de ses pendants d'oreilles, le vif éclat de ses rubans et de ses fleurs, tout cela couronné par l'ovale orangé d'une jeune tête ornée d'une tresse noire aux chatoiements de saphir, aurait charmé le regard et réjoui le cœur sans le voisinage du moine, dont le bavardage effréné venait sans cesse fatiguer nos oreilles. — Nous avions d'ailleurs à lutter de temps à autre contre un importun d'une autre espèce : c'était un chien chinois qu'un matelot qui faisait route vers Lima avait amené dans l'omnibus, et qui s'échappait sans cesse des mains de son maître pour venir mordiller nos vêtements. Recouvert d'un pelage gris d'acier, brillant et ras comme celui d'une souris, porté sur quatre pattes fines, roides, courtes et pointues comme des pieds de marmite, cet animal était le digne enfant d'un pays qui semble avoir le privilége de produire toutes les excentricités de la création.

L'omnibus roulait sur un sable gris comme de la cendre et semé de galets; la voiture n'affrontait que trop bravement ces obstacles; elle oscillait et se trémoussait de la façon la plus inquiétante, et à chaque nouveau cahot le chien poussait les plus désagréables gémissements d'eunuque. Nous avions laissé sur la droite, à un quart de lieue de la ville, un cube en maçonnerie surmonté d'une croix en fer. Pendant la nuit désastreuse du 28 octobre 1746, un navire emporté par les flots fut, dit-on, déposé, sans avoir perdu son équipage, en cet endroit marqué depuis du signe de la rédemption. A gauche, nous apercevions les arbrisseaux qui bordent le Rimac et les terrains marécageux qui l'avoisinent. Toute cette première portion de la route est géométriquement divisée par des murs épais construits en *tapias*, — terre mélangée avec de la paille, et qui, séchée au soleil, garde la forme de la caisse où on l'a foulée. La hauteur de ces clôtures varie de un à deux mètres. Rien n'est triste et monotone comme ces délimitations de propriétés qui semblent les ruines de quelque vaste cité détruite par un cataclysme. Çà et là, dans ces enclos, apparaissent des buissons rechignés et poudreux; le sol est à peine moucheté de plantes, qui servent de pâture à quelques maigres taureaux. Sur la route, des ânes s'en vont par troupes au milieu d'un nuage, transportant à Lima, les uns des colis débarqués à Callao, les autres de la paille hachée menu, ou l'*alfalfa* (sorte de trèfle) renfermée dans des réseaux à larges mailles. Presque tous se traînent sous un trop lourd fardeau, et le bâton des *arrieros* est impuissant à hâter leur marche. De temps à autre, une de ces malheureuses bêtes tombe haletante sur le chemin, les coups ne lui arrachent pas une plainte, mais ne lui font point faire un pas; ses bourreaux l'abandonnent alors aux *arrieros* des convois suivants, et ceux-ci recommencent la bastonnade jusqu'à ce que l'âne se décide à se relever ou à mourir. Les carcasses et les ossements épars attestent que de nombreux retardataires ont servi de pâture aux oiseaux de proie.

Aucune brise ne tempérait l'accablante chaleur de la matinée, le ciel était bleu comme la mer, dont on voyait se dérouler à l'occident la nappe infinie tout émaillée de voiles blanches, qui, semblables à des mouettes, circulaient à travers les grands navires sombres et endormis. Enfin, près de nous et troublant seul de son cri funèbre le morne silence de l'éther tranquille, un condor gigantesque abaissait vers un appât invisible les circuits démesurés de son vol tournoyant. Nous avions laissé derrière nous le triste village de Bella Vista. Une population misérable y hante quelques masures couleur de boue, les seules dont les murailles n'aient point été renversées par le canon de Callao durant les luttes de l'indépendance. Un peu plus loin, nous vîmes se dresser un bouquet de sombre verdure qu'encadraient les murailles neuves et crénelées d'un cimetière, et nous passâmes auprès du seul arbre que l'on rencontre pendant la première lieue à partir de Callao. Cet arbre servait d'abri à une petite table couverte d'un linge, sur laquelle on apercevait des gâteaux racornis, du maïs cuit, écrasé et mélangé avec du miel (*masamorra*), des flacons de *chicha*[1] couronnés d'écume, le tout médiocrement gardé par une

---

[1] Boisson faite avec le maïs fermenté.

vieille samba qui dormait confiante le front sur les genoux.

Notre qualité de voyageurs français nous avait rendus l'objet des prévenances de la société. Le *cofrade* nous avait offert des cigarettes; mais ce tabac qu'il tassait, qu'il vannait dans le creux de sa main pour le coucher ensuite sur une feuille de maïs roulée entre ses doigts d'une propreté douteuse, nous inspira une défiance que justifiait amplement la nature suspecte de sa profession. Nous acceptâmes plus volontiers les cigares de l'officier dameret; cette politesse fit naître un rapprochement et autorisa la conversation. Nous avions affaire à un jeune homme de manières élégantes et d'un esprit cultivé, qui devait plutôt son grade (chose assez commune dans la république péruvienne) à sa naissance qu'à ses services militaires. Spirituel et moqueur, il dirigeait sa verve satirique contre les événements récents de son pays, dont il faisait saillir la face burlesque. Sa plaisanterie n'était pas acrimonieuse; elle tenait à l'extrême gaieté de son caractère : de temps à autre, il agaçait son voisin renfrogné, qui grognait ou riait dans son manteau; puis, après avoir persuadé à la *cholita* de retirer ses pendants d'oreilles en cas de mauvaise rencontre, il la jeta dans toute sorte de perplexités, en lui racontant jusqu'où les *salteadores* malséants poussaient envers le sexe leurs perquisitions indiscrètes, — si bien que la jeune femme, ne trouvant pas un abri sûr pour ses bijoux, se décida à les remettre en place. A nous il parlait de sa patrie avec respect, comme un fils parle de sa mère, de ses gouvernants avec ironie, de l'opéra et des cantatrices en *apasionado*, des taureaux en enthousiaste, des femmes de Lima avec entraînement, mais, il faut le dire, avec certaines allures de triomphateur. Il avait, à leur propos surtout, le secret de ces exordes oratoires qui tiennent l'esprit en éveil et lui permettent de saisir au vol les plus fugitives insinuations, les réticences les plus inaperçues. A la suite d'une anecdote scandaleuse où il s'agissait d'un colonel qui, voulant gagner un officier à son parti, lui avait offert sa femme, son unique trésor, disait-il, l'officier grave crut devoir sortir de son mutisme et lui faire quelques observations. — Bah! dit l'autre en aiguisant sa moustache, c'est un fait acquis à l'histoire contemporaine du Pérou. — Néanmoins le jeune railleur parut tenir compte de l'avis et devint moins expansif.

Ainsi jasant, nous arrivâmes à la Legua, c'est-à-dire à moitié chemin de Lima. — En cet endroit s'élève une charmante église de la renaissance, qui, dédiée à Notre-Dame du Mont-Carmel, est, de la part des gens de mer surtout, l'objet d'un culte spécial et d'une dévotion fervente. Les tremblements de terre, bien plus que le temps, ont fait choir çà et là des angles de maçonnerie et ont marbré de fissures sa façade badigeonnée de couleurs fausses, muette accusatrice de la parcimonie des fidèles et de l'incurie de l'administration. La voiture passa devant cette église et s'arrêta en face d'une *pulperia*[1] voisine qui semble avoir été bâtie là tout exprès pour fournir à plus d'un voyageur grave l'occasion de transmettre à la postérité une réflexion invariable sur la différence d'achalandage des deux établissements. Pendant que l'attelage prenait quelques minutes de repos et soufflait dans ses harnais ourlés d'une écume blanche comme celle du savon, les voyageurs descendirent et se dirigèrent vers la *pulperia*. C'était une masure basse, bossue, couverte d'un toit plat, percée au rez-de-chaussée d'une large ouverture qui servait de comptoir sans qu'il fût besoin de pénétrer à l'intérieur. Un auvent en roseaux soutenu par des pieux, dont l'un fort élevé devenait aux grands jours la hampe d'un drapeau, abritait contre le soleil cette ouverture, où l'on apercevait des petits pains mal cuits, des *dulces*, des oranges, de la *chicha*, et sur

---

[1] Sorte de taverne où l'on débite à la fois des liqueurs et des épiceries.

des étagères plusieurs flacons à forme plus ou moins étrange, renfermant ces liqueurs vulgairement nommées en France *parfait amour, liqueur des braves,* etc. L'eau-de-vie de Pisco de cette *pulperia*, qui jouit d'une excellente renommée, attira au comptoir la majeure partie de nos compagnons de voyage. Quelques *arrieros*, le *poncho* sur l'épaule, le front ceint d'un mouchoir rouge, se reposaient auprès de leurs mules chargées et plaisantaient un nègre qui, grattant une mandoline, chantait à tue-tête et dansait tout seul au grand soleil. Deux autres personnages, hâlés et farouches comme des Bédouins, débraillés comme des lazzaroni, s'étaient accroupis dans la poussière et se partageaient une *sandilla* (pastèque) dont ils mordaient à même la tranche écarlate, tout en plongeant les doigts dans une écuelle remplie de *masamorra* qui excitait la convoitise d'un gros chien. Celui-ci, assis sur sa queue, regardait révérencieusement l'écuelle, et paraissait scandalisé de voir des pigeons moins circonspects y venir picorer à la barbe de ses maîtres.

Après une pause de dix minutes, le *cochero* nous cria de reprendre nos places. Comme nous remontions en voiture, l'ensevelisseur vint offrir à la *cholita*, qui n'était pas descendue, un verre de *pisco*. Elle nous le présenta tout plein en disant : « *Caballeros*, voulez-vous me faire la faveur?... » Nous la remerciâmes discrètement; elle insista, et sa figure vermeille s'empourpra comme une orange mûre. — Ce genre de politesse ne se refuse pas d'ordinaire, nous dit le jeune officier; vous blessez cette pauvre enfant, qui en est toute confuse. — Telle n'était pas notre intention; aussi prîmesnous bien vite le verre pour y tremper nos lèvres, et nous le rendîmes en nous excusant de n'être pas encore initiés aux façons cordiales et galantes du beau sexe péruvien.

Cependant les deux mangeurs de *sandilla*, dont nous n'avions pas remarqué sans inquiétude les physionomies passablement suspectes, étaient venus plonger un regard investigateur dans la voiture. Heureusement le conducteur ne jugea pas à propos de prolonger cette halte, et l'omnibus partit, laissant derrière lui, comme une locomotive sa fumée, un long nuage de poussière où disparurent nos deux contemplateurs. La conversation reprit de plus belle, mais cette fois ce fut l'officier qui nous interrogea sur la France. Paris était surtout le but de ses aspirations; c'était pour lui le seul point étincelant sur la carte du vieux monde. Un voyage à Paris nous a toujours semblé le rêve d'or de tout Américain qui se pique de civilisation; jamais Arabe ne poursuivit avec plus d'ardeur un projet de pèlerinage à la Mecque. Une fois en train de causer, le jeune officier donna libre essor à sa parole un peu vagabonde. Sa verve agressive se tourna contre les *Chilenos*, ces rivaux naturels dont tout Péruvien aime tant à médire. Tout à coup un épais fourré de roseaux placé à gauche de la route attira l'attention du causeur.—*Jesu! hijita*, s'écria-t-il en s'adressant à l'Indienne, voici l'instant de mettre en lieu sûr tous vos affiquets; nous sommes dans le coupe-gorge. *Ay de usted* (hélas de vous), si, comme on l'assure, ces *picarones* enlèvent les jolies filles!

L'officier grave haussa les épaules et grogna dans sa moustache, entre deux bouffées de tabac, ce mot unique : *Loco* (fou)! Quant à la *cholita*, elle interrogea du regard son voisin l'ensevelisseur, qui, s'imaginant qu'elle réclamait sa protection, prit un air des plus belliqueux et dit en lui présentant deux poings formidables : *A su disposicion, señorita!* Nous nous empressâmes aussi de lui faire les mêmes offres de service; elle les accepta avec une effusion des plus naïvement sérieuses. La partie de la route que nous traversions avait été le théâtre de nombreux brigandages; nul emplacement dans la plaine qui s'étend du rivage aux contre-forts de la Cordillère n'est en effet plus propre aux embuscades. A droite et à gauche s'étendent des fourrés de roseaux aussi impénétrables qu'une brosse de chiendent, partout où n'existent pas certains petits sentiers indiqués par l'usage ; ceux-ci rampent à travers ce repaire et viennent aboutir à la lisière du fourré en trouées étroites, sombres, mystérieuses comme celles des bêtes fauves, offrant ainsi un asile, soit pour garder l'affût, soit pour se dérober instantanément aux poursuites, en cas de résistance sérieuse. Souvent, assure-t-on, un incendie allumé à dessein a débarrassé la route de ce dangereux voisinage ; mais la plante vivace, poussant avec vigueur de nouveaux rejetons, semble, comme le phénix, renaître de ses cendres.

Cependant la *cholita* reprenait son assurance, car aucun symptôme inquiétant ne se manifestait. Nul bruit, nul mouvement ne troublait la parfaite tranquillité de la campagne ; pas un souffle d'air ne courbait la cime des roseaux poudrés à blanc par la poussière, et l'omnibus se traînait péniblement dans son nuage, tandis que le *cochero* sifflait une *resbalosa* et fouettait ses chevaux en manière d'accompagnement. Bientôt nous pûmes reconnaître que nous approchions de Lima. La campagne changeait d'aspect ; ce n'était pas encore la fertilité, mais ce n'était plus cette désolante monotonie qui attriste le regard durant les trois quarts du chemin. Quelques *chacras* montraient leur toiture grise dans les bouquets de figuiers et d'orangers ; des bananeries, des champs de maïs et d'*alfalfa* découpaient au loin dans la plaine des figures géométriques. Enfin nous entrâmes dans une avenue de saules qui, rejoignant leurs rameaux, forment une voûte de verdure et versent sur la route une ombre épaisse dont on apprécie le bienfait après deux heures de véritable torture. Entre le chemin et les contre-allées affectées aux promeneurs coulent des *acequias* (canaux d'eau courante) qui fertilisent une infinité de plantes et de fleurs agrestes, et de distance en distance s'ouvrent de larges ronds-points entourés de petites murailles en briques le long desquelles règne un cordon de bancs. Ces ronds-points avaient été jugés nécessaires pour faciliter les évolutions d'équipages à une époque où la ville de Lima luttait de splendeur avec les plus riches cités de l'ancien monde. Hélas ! sur cette chaussée jadis encombrée de carrosses, quelques véhicules aux maigres attelages se traînent seuls tout piteux à de rares époques de l'année, à côté de l'omnibus, qui accomplit le plus souvent dans une solitude complète son service quotidien.

La voiture roulait sur le pavé avec un fracas qui coupa court à toute conversation; mais j'avais devant moi pour me distraire une curieuse page où m'apparaissait confusément l'expression du sentiment populaire dans ce pays livré si longtemps à l'anarchie : c'était une longue muraille dont la robe de plâtre, rayée, crayonnée, déchirée en tout sens, étalait un fouillis de croquis hiéroglyphiques ou impurs, des cris de partis et des inscriptions facétieuses pour ou contre Torrico, Lafuente, Vivanco et autres agitateurs ou prétendants au pouvoir suprême, toutes choses fort peu réjouissantes, tempérées heureusement par quelques banalités amoureuses et par certains noms de femmes comme la langue espagnole en sait créer. Nous laissâmes sur notre droite des enclos où l'arbre se courbait sous les fruits, où le limon étincelait dans le feuillage sombre, et où l'oranger semblait escalader les murs tout exprès pour jeter aux passants ses fleurs et ses parfums. Nous touchions à une terre généreuse, et tandis que nous donnions un souvenir plein de gratitude au vice-roi Abascal, qui, voulant continuer aux voyageurs le bienfait des ombrages, se proposait de conduire jusqu'au port de Callao l'avenue et les *acequias* qui la bordent, notre omnibus tourna brusquement vers la gauche, se dirigeant vers un grand portique assez élégamment orné de moulures en stuc. Une large porte fermée, à battants verts, en occupait le centre; elle était accostée de deux portes plus petites, dont l'une était ouverte : c'était la *puerta de Callao*, principale entrée de Lima. Dès que nous eûmes traversé le portique et satisfait aux formalités de l'excise, nous enfilâmes une longue rue bordée de murailles peintes en façades de maisons, c'est-à-dire qu'au moyen du badigeon de différentes couleurs qui les couvrait tout entières, on y avait simulé des portes et des fenêtres. Ce spécimen des rues de Lima, triste et morne comme une mauvaise décoration de théâtre vue au grand jour, nous inquiétait déjà quand nous entrâmes dans une rue bordée de maisons véritables. Quelques minutes après, l'omnibus nous déposa dans la *calle de los Mercaderes*, la rue la plus commerçante de la ville, d'où, après avoir pris congé de nos compagnons de voyage, qui nous firent toute sorte d'offres de service, nous courûmes nous réfugier, ruisselants de sueur et couverts de poussière, à la *Fonda francesa*, où nous étions attendus par l'*amo de la casa*[1], brave et digne compatriote établi à Lima depuis plusieurs années.

III

Plaza Mayor. — Saya y manto. — Nacimientos. — Noche buena.

Nous étions entrés à Lima la veille de Noël. Les carillons des innombrables églises de la ville appelaient les fidèles aux offices ; mais pour quelques sons vibrants et de bon aloi, des centaines de voix enrouées, asthmatiques et fêlées, appartenant sans doute à des fragments d'airain, jetaient quelque brusque clameur du haut des clochers, ou murmuraient sourdement une psalmodie rogue et menaçante. Peu habitués à d'aussi étranges sonneries, nous ne pûmes d'abord nous défendre d'une certaine impatience bien justifiée par ce chaos de bruits impitoyables. Plus tard cependant nous en vînmes à trouver dans ces carillons désordonnés et sauvages, qui se

[1] M. Maury.

renouvelaient chaque jour (car à Lima on honore officiellement presque tous les saints du calendrier), un charme singulier, dont les austères sonneries de nos fêtes religieuses n'ont jamais pu réveiller en nous le souvenir.

La *Fonda francesa* où nous demeurions était située au centre de la ville, dans la *calle* de Bodegones, à deux pas de la place principale ou plaza Mayor. Comme le Palais-Royal à Paris, cette place, entourée de galeries exclusivement vouées au commerce, est le rendez-vous habituel des étrangers et des oisifs. Nous y allâmes chercher nos premières impressions. La circonstance était favorable. Quand on veut d'un coup d'œil saisir la vie liménienne dans son aspect le plus original, c'est au milieu d'une fête religieuse qu'il convient d'arriver à Lima, et c'est à la plaza Mayor qu'il faut courir.

Le spectacle qu'offrait cette place le jour de notre arrivée ne trompa point notre attente. La foule affluait par toutes les rues avoisinantes. Comme un essaim de papillons dispersé par accident, des femmes pimpantes et coquettes, étalant aux regards les plus violentes nuances du satin et de la soie, diapraient la vaste place, et convergeaient toutes vers la cathédrale, festonnant les degrés du péristyle ou suspendant aux portiques leurs grappes vivantes. Pour la première fois, depuis notre départ de France, nous avions sous les yeux une ville et une population vraiment originales, et ce spectacle nous surprenait d'autant plus, qu'il s'offrait à nous presque aussi brusquement que si nous avions vu se lever le rideau d'un théâtre de Paris sur une ville espagnole du seizième siècle, animée par un peuple de convention.

La plaza Mayor, ménagée au centre de Lima, si l'on comprend dans la ville le faubourg de San-Lazaro, forme un carré parfait, dont la cathédrale et l'archevêché occupent le côté oriental; au nord se trouve le palais national, résidence ordinaire du président de la république; les deux autres côtés sont remplis par des maisons particulières, dont l'étage supérieur, orné de balcons fermés assez semblables à des bahuts sculptés et peints appliqués contre les murailles, vient s'appuyer sur des galeries (*portales*) où des négociants, étrangers pour la plupart, étalent les produits de l'industrie européenne.

Au milieu de la place s'élève une fontaine de bronze, surmontée d'une Renommée dont le pied sort d'un panache liquide, qui se brise en tombant sur deux plateaux d'inégale grandeur et vient remplir une large vasque. La cathédrale, gracieux monument de la renaissance, est flanquée de deux tours enrichies, comme le reste de la façade, de colonnettes, de niches, de statues et de balcons. Tout l'édifice est badigeonné de couleurs où dominent le rose, le vert, le jaune et le bleu. Le palais national est aussi revêtu d'une couche d'ocre jaune d'aspect assez maussade ; les piliers des *portales* sont couverts d'une couche de rouge de brique : quant à l'étage qui les surplombe, vigoureusement nuancé de tons brûlés et violâtres, il est occupé dans sa plus grande partie par les balcons de bois dont nous avons parlé, sortes de boîtes mystérieuses peintes en vert-bouteille et en rouge brun. Qu'on imagine maintenant ce tohu-bohu de couleurs heurtées, criardes et fausses éclairé par une ardente lumière, que l'on jette dans ce vaste cadre ainsi bariolé une foule éblouissante, — et on aura une faible idée du spectacle qu'offre la plaza Mayor de Lima un jour de fête et de soleil.

La soie et le satin sont les seules étoffes que les Liméniennes ne dédaignent pas d'employer pour leur *saya y manto* si célèbre, et ainsi nommée parce que les principaux éléments de ce costume exceptionnel sont un jupon et une mante [1]. La

---

[1] Le costume des Liméniennes a été si souvent décrit, que nous croyons inutile d'entrer à ce sujet dans de longs détails. Nous rappellerons seulement que la *saya* ou jupe collante est ajustée à la taille au moyen d'une coulisse ; froncée sur les reins et repoussée à quel-

solennité de Noël nous permettait d'observer, en regard du pittoresque costume des femmes de la ville, les vêtements plus simples, mais non moins gracieux, des *cholitas* et des *sambas*, aux figures brunes ou cuivrées, encadrées dans un immense chapeau de paille enrubanné. Les hommes se montraient aussi sur la place, mais en petit nombre. La plupart des citadins, tristement vêtus à l'européenne, se promenaient sous les *portales*; les campagnards et les moines apportaient seuls leur contingent d'originalité au spectacle qui nous surprenait, les premiers avec leurs *ponchos* bariolés assez semblables aux dalmatiques du moyen âge, les seconds portant l'habit de leur ordre. C'étaient, par exemple, les franciscains en robe bleue, les dominicains en robe blanche et en camail noir, les *hermanos de la buena muerte*, puis d'autres confréries religieuses en frocs gris et bruns. On les voyait traverser à chaque instant la place, et plusieurs d'entre eux se mêlaient familièrement aux différents groupes de femmes. L'animation prit un caractère plus violent à la sortie des offices; dès que la cathédrale eut commencé à vomir par toutes ses portes des flots de peuple, mille clameurs s'élevèrent. Des musiciens nègres, sous prétexte d'implorer la charité des fidèles, commencèrent de complicité un charivari barbare.

---

ques pouces au-dessous de la ceinture par un vêtement intérieur fortement gommé, elle s'éloigne du corps en formant mille plis réguliers. D'ordinaire la *saya* s'arrête à la hauteur de la cheville et laisse à découvert un petit pied du galbe le plus aristocratique, chaussé toujours avec un bas de soie couleur de chair et un soulier de satin blanc. La mante est un tissu élastique de soie noire, dont la Liménienne ramène les deux côtés sur son visage, de manière à le voiler tout entier, en ménageant toutefois à l'un de ses yeux une ouverture étroite qui sert à diriger la marche. Le châle est la partie la plus luxueuse du costume liménien; pour peu qu'une femme se pique d'élégance, elle ne porte qu'un crêpe de Chine couvert de fleurs et de feuillages, aussi surprenant par la richesse que par la merveilleuse harmonie de ses nuances.

Les courtiers de loteries criaient la *suerte*, les *mistureras* vantaient leurs fleurs ; les *tamaleros* et les *fresqueras* [1], dont les buffets occupaient le centre de la place, offraient avec succès, ceux-là leurs ragoûts incendiaires, celles-ci leurs boissons rafraîchissantes. Ainsi vu à la surface, entouré de prestigieux accessoires, ce peuple nous paraissait bien le plus fortuné du monde. Les hommes, cigare ou cigarette en bouche, se complaisaient dans la calme volupté du fumeur. Il y avait chez toutes ces femmes qui s'agitaient, caquetaient, et, si l'on peut s'exprimer ainsi, faisaient la roue au grand soleil, tant de jeunesse, de grâce et d'élégance, leur regard avait tant de feu, leurs accents tant de charme, leur désinvolture tant de surprenante légèreté, elles paraissaient vivre avec un tel mépris des choses positives, avec une si complète ignorance des misères de ce monde, qu'il émanait d'elles comme un rayonnement de bonheur dont nous nous sentions pénétrés. Rien dans cette population pimpante et radieuse ne pouvait nous avertir que nous fussions au cœur d'une ville tourmentée et appauvrie par trente années de luttes anarchiques.

Les *nacimientos* semblaient accaparer, ce jour-là, toute la faveur populaire. On nomme *nacimiento* la légende du christianisme composée en relief, étalée sous les portiques de certains couvents et même dans des maisons particulières, sous les auspices de quelques vieilles béates. La foule visitait les *nacimientos* en quelque sorte processionnellement ; nous suivîmes d'instinct l'un de ses courants, et nous nous trouvâmes bientôt enclavés dans une cohue qui assiégeait un vestibule où l'on se heurtait comme à la porte d'un de nos théâtres le jour d'une représentation extraordinaire. Les femmes surtout mettaient à pénétrer dans l'intérieur une persévérance héroïque. Ce ne fut pas sans peine que nous arrivâmes nous-

---

[1] Marchandes de fleurs, cuisiniers et limonadières.

mêmes jusqu'au *nacimiento*; encore n'y pûmes-nous donner qu'un coup d'œil, tant nous étions ballottés par le flux et le reflux des curieux. Le *nacimiento* n'est pas, comme encore aujourd'hui dans certaines villes de nos provinces, la scène de la nativité circonscrite dans un petit cadre : c'est l'histoire complète de Notre-Seigneur, remplissant un vaste espace en hauteur ou en largeur, suivant que l'exige la forme du local qui la contient. Le drame se déroule sur un terrain accidenté, qui commence à l'étable de Bethléem et qui aboutit au Golgotha. Montagnes arides, rochers menaçants, fraîches oasis, villages, fleuves, torrents, tout cela est disposé avec ordre, tout cela est peint de couleurs naturelles. Des étoiles de clinquant étincellent dans l'azur du ciel; l'une d'elles, la plus brillante, suspendue à un fil, guide les mages vers l'enfant-Dieu, et, comme toutes les figures sont mobiles, la scène reçoit de fréquentes modifications; ainsi les rois et les bergers, qui, dans les premiers jours de l'Avent, se trouvent fort loin de Bethléem, touchent, la veille de Noël, au seuil de l'étable. On passe successivement en revue le massacre des innocents, la décollation de saint Jean-Baptiste, la fuite en Égypte et tous les épisodes de la Passion.

Les ordonnateurs de ces *nacimientos* sont de vrais artistes populaires, qui luttent entre eux d'imagination, de naïveté, quelquefois même d'érudition. Il y a entre les différents quartiers de la ville des rivalités de *nacimientos*. Ceux-si sont plus riches, ceux-là plus complets, d'autres plus ingénieusement composés. Parmi ceux que nous visitâmes, nous en remarquâmes un qui occupait un espace de trente mètres : il est vrai qu'à l'histoire sacrée on avait cru devoir joindre des sujets empruntés à notre époque, tels que les différents métiers de l'architecture moderne, des scènes de la vie liménienne, et jusqu'à des combats de coqs, ces derniers peut-être en mémoire du dénonciateur de saint Pierre.

Si notre première journée à Lima avait été bien remplie, la nuit qui allait suivre, la *noche buena,* n'allait pas être pour nous moins riche en spectacles curieux. Dès que l'obscurité fut venue, l'air retentit de musiques étranges et de folles chansons; des compagnies de nègres des deux sexes, escortées d'une foule bruyante, parcouraient la foule en brandissant des torches qui, fouettées par le mouvement de la marche, faisaient danser sur les murailles blanches des silhouettes gigantesques. De temps à autre, les porte-flambeaux s'arrêtaient, et la multitude formait un cercle au centre duquel commençaient des danses sans nom au son d'un orchestre diabolique dont les principaux instruments étaient de larges tubes en fer-blanc fermés aux extrémités par des plaques de cuir que traversait une corde à nœuds; celle-ci, tirée avec force dans l'un et l'autre sens, arrachait aux cylindres une sorte de râlement baroque et sourd qui rappelait pourtant le son de la trompe. Dans quelque *patios,* la populace avait un libre accès; les danseurs, alors stimulés par l'espoir d'une rétribution, se livraient à leurs violents exercices avec une furie sans égale; ils s'affranchissaient de toutes traditions, et devenaient de véritables improvisateurs de pantomimes farouches et lubriques entremêlées de contorsions dignes d'un *clown.* Si d'aventure une de ces attitudes burlesques et inattendues jaillissait d'un suprême effort, l'assistance éclatait en hourras frénétiques, et les pièces de monnaie pleuvaient dans le cercle. Les clartés fauves et vacillantes, bizarrement éparpillées sur ces postures et ces grimaces de chimpanzé, contribuaient surtout à donner au spectacle un caractère de saisissante sauvagerie. L'épuisement seul mettait un terme à cette chorégraphie furibonde; les acteurs reprenaient alors leur course à travers la ville, non sans faire de fréquentes pauses aux *pulperias,* où ils puisaient des forces suffisantes pour se produire devant un nouveau public. Quelquefois deux compagnies rivales se trouvaient face à face; les quolibets et les injures volaient d'abord d'un groupe à l'autre en guise de prélude; bientôt on en venait aux mains pour s'arracher les torches dont les morsures ardentes faisaient surgir çà et là des cris aigus mêlés d'imprécations, et bien rarement on se séparait sans quelques scènes de pugilat, le tout à la grande satisfaction des spectateurs.

Durant toute cette nuit, la plaza Mayor fut animée par une foule bruyante. Des flambeaux et des brasiers jetaient aux façades environnantes de grandes clartés fugitives et sinistres. Les marchands de comestibles, nègres et *cholos*, circulaient à travers les tourbillons de fumée, attisant la flamme en tourmentant les poêles, les casseroles, les réchauds où l'on entendait glapir la graisse et crépiter les fritures et les grillades. A travers la vapeur épaisse et nourrissante qui remplissait l'atmosphère on voyait des guirlandes de saucisses et de boudins joignant les extrémités de longues perches fichées en terre; des cordes tendues supportaient des jambons, des volailles plumées et dépecées toutes crues. On préparait aussi différents mets nationaux, tels que le *picanti*, dont les principaux ingrédients sont la chair de porc cuite à l'étuvée, des pommes de terre, des noix écrasées, le tout violemment assaisonné de *capsicum;* le *tamal*, mélange de viande hachée menu, de maïs et de miel, que l'on vend sous forme de pâte; enfin le *pepian*, sorte de carri composé de riz, de dindon ou de poulet bouilli avec des gousses d'ail.

Pendant que sur la place on se pressait autour des nombreux étalages culinaires, les portes de la cathédrale restaient grandes ouvertes; l'intérieur, à peine entrevu à travers la fumée rougeâtre de l'encens et des cierges, regorgeait de fidèles. Ceux qui n'avaient pu y pénétrer encombraient les marches du péristyle, d'où, agenouillés et recueillis, ils suivaient avec ferveur l'office de minuit. La voix des chantres, mêlée aux sons graves de l'orgue, descendait parfois jusqu'à nous en rafales harmonieuses qui se perdaient dans les bruits confus occasionnés par les apprêts culinaires du dehors. On aurait dit ces tableaux primitifs où des paysages pleins de terreur déploient leurs profondeurs sinistres en regard des perspectives lumineuses du paradis. Quand, la nuit touchant à sa fin et les cloches se mettant en branle, les fidèles affamés quittèrent l'église, la scène prit un nouvel aspect. Les cuisiniers en plein vent se multipliaient pour distribuer aux passants les mets nationaux, enveloppés dans une feuille de maïs. Il n'y eut bientôt plus un pied carré du sol où l'on pût trouver place. Tous les consommateurs, accroupis dans la poussière, dévoraient leur pitance à qui mieux mieux, avec des grimaces féroces. Les *fresqueros* et les marchands de *chicha* déployaient en même temps une activité sans égale; ils enjambaient les différents groupes, le baril au dos, la bouteille en main, et versaient sur tous les points des rasades fabuleuses. Une pareille veillée ne se fût certes pas terminée en France sans hurlements bachiques, sans querelles et sans rixes; mais l'ivrognerie est un crime presque inconnu aux vrais Péruviens. Quand nous quittâmes la place, rassasiés en quelque sorte par tant d'irritantes odeurs, l'agitation ne s'était point apaisée. Rentrés à la *fonda* depuis fort longtemps, nous entendions encore de notre fenêtre bourdonner la plaza Mayor comme une ruche immense, tandis que les *serenos* nasillaient aux échos d'alentour l'heure de la nuit et l'état du temps : il était trois heures.

Le lendemain, la place était jonchée de plus de feuilles que n'en fait pleuvoir le vent dans un bois durant une nuit d'automne ; c'étaient les larges enveloppes de maïs dans lesquelles on délivre les divers aliments péruviens. Les cordes qui la veille, tendues en bel ordre, couraient chargées de comestibles ou joignant les extrémités des pieux, traînaient çà et là, comme les agrès d'un navire désemparé, sur un amas de tables, de bancs et de barils renversés tout pêle-mêle. Les *gallinasos* se disputaient par bandes les débris de la bombance populaire le long des foyers encore fumants. La *buena noche* venait de finir; mais dans les folles joies, dans les pieuses solennités de cette nuit de fête, nous avions pu saisir un contraste qui devait nous frapper sans cesse pendant le reste de notre séjour à Lima, — le constraste de la fougue sensuelle et de l'exaltation religieuse, de la folie et du recueillement, de l'insouciance et la passion. Dominé par un fonds de douceur et d'élégance naturelle inséparable du caractère péruvien, ce contraste étrange est peut-être l'expression la plus vraie de la civilisation liménienne.

IV

Liméniens et Liméniennes. — Saya angosta. — Maricones. — El tamalero. — La suerte. — Le marché. — Le pont du Rimac. — L'oracion.

Quelle est à Lima la vie de chaque jour? — C'est la question que s'adresse tout voyageur à peine installé dans la ville des rois. Pour y répondre, je n'avais qu'à mener moi-même cette vie oisive et joyeuse, à suivre la société liménienne sur les places et dans les rues où le goût du *far niente* la ramène sans cesse, à pénétrer ensuite dans les réunions intimes, à observer enfin la famille sous le toit hospitalier qui l'abrite.

Après le chocolat écumeux et les deux *tostadas*, déjeuner frugal des pays espagnols, ma journée s'ouvrait chaque matin par une promenade sur la plaza Mayor. Le mouvement journalier s'y colorait de nuances infinies. Grâce aux *tapadas*, on retrouvait là, en plein soleil, l'attrait piquant et le charme mystérieux d'un foyer de bal masqué. Nous ne nous lassions pas d'admirer ces bizarres costumes, au milieu desquels l'habit européen faisait, il faut bien l'avouer, une assez triste mine. Cet habit n'en est pas moins, au Pérou, l'indice d'une condition élevée, et le Liménien s'estime heureux quand il peut quitter le *poncho* pour suivre les modes françaises. Les femmes résistent heureusement à cette influence étrangère, et on les voit étaler avec une coquetterie charmante, au milieu de tous ces Péruviens vêtus à l'européenne, les irrésistibles séductions du costume national.

Les Liméniennes sortent toujours seules, et le premier passant venu peut leur adresser la parole : le pire qui puisse lui arriver, c'est de parler dans le vide ou d'essuyer une épigramme. Ce sont ordinairement les *tapadas* qui prennent l'initiative; si surtout un étranger a, par un motif quelconque, enflammé leur curiosité, elles se mettent en quête de ce qui le concerne, et pour peu qu'il ait des confidents indiscrets, il ne sera pas médiocrement surpris d'entendre une voix inconnue lui révéler certaines particularités de sa vie, souvent à l'antipode du lieu où elles se sont accomplies. — Le costume de *saya y manto*, qui fut dans l'origine destiné à servir des idées de chasteté et de jalousie, est arrivé, par une de ces bizarres contradictions, à protéger des habitudes diamétralement opposées; son uniformité fait de la ville un vaste foyer d'intrigues où d'ingénieuses manœuvres mettent aux abois la vigilance des plus farouches Othellos. Les scandales, les aventures plaisantes, les équivoques burlesques ne sauraient manquer avec de tels éléments. Parfois un intérêt mystérieux réclame l'incognito absolu d'une femme du monde; elle revêt alors une *saya* en haillons, dénature par différents artifices son individualité et trompe si bien, à l'aide de ce travestissement, le regard exercé d'un mari, qu'on a vu ce dernier, oubliant la rigidité de principes affichés sous le toit conjugal, poursuivre de déclarations brûlantes et d'avances téméraires une *tapada* qui le foudroyait en dévoilant un visage d'épouse irritée par l'offre d'un encens illégitime. Dans les circonstances ordinaires, la mante ne demeure pas toujours inflexiblement fermée. Une Liménienne jolie trouve sur son chemin mille prétextes pour se dévoiler afin de recueillir au passage un coup d'œil d'admiration ou une louange enthousiaste. On ne saurait même assez se défier de l'excès de sévérité apporté à la fermeture de la mante, surtout si, contrairement à l'habitude des Liméniennes qui sortent les bras nus, une manche longue vient s'ajuster sur le gant de façon à ne laisser deviner nulle part la couleur de la peau. — N'en doutez pas, la mante traîtresse recèle alors une Africaine, noire comme la nuit, camarde comme la mort, devant laquelle il serait au moins superflu de semer des perles de galanterie. Comme on le voit, la *saya y manto* a consacré à Lima la liberté des femmes, elle n'a pour elles que des avantages, pour les hommes que des désagréments. Tout concourt dans cette ville à justifier un dicton péruvien ainsi conçu : — *Lima, paradiso de mujeres, purgatorio de hombres, infierno de borricos.* — Il y a tout à la fois chez la Liménienne de la guêpe et du colibri. Elle a, comme la première, un fin corsage et un dard qui est l'épigramme ; elle a du second la couleur éclatante, l'essor capricieux et inégal, et de tous deux un amour immodéré des parfums et des fleurs. On la voit sous les *portales* voltiger avec convoitise de l'un à l'autre éventaire des *mistureras*, et parfois il lui arrive de mettre en pratique auprès du passant d'un certain acabit toute sorte de chatteries et de gentillesses pour obtenir de sa générosité quelque bouquet envié. A l'époque où la manœuvre dont nous parlons florissait avec un éclat qui s'éteint de jour en jour, on nommait *calle del Peligro*[1] l'endroit occupé par les bouquetières. Les sirènes y exerçaient des séductions tellement irrésis-

[1] Rue du Péril.

tibles que les *cicatores* (ladres) faisaient, pour éviter ce passage périlleux, des circuits immenses, ou si d'aventure ils s'y aventuraient, ce n'était qu'après s'être préalablement cacheté les oreilles comme les matelots d'Ulysse dans la mer Tyrrhénienne.

Bien que la majorité des Liméniennes ait adopté la *saya* actuelle qu'on nomme *desplegada*[1], on voit encore aujourd'hui passer sous les *portales* des femmes fidèles à la *saya angosta* (étroite), la seule qui fût en usage il y a trente ans. Ce vêtement curieux descend de la hanche jusqu'à la cheville du pied, en dessinant les formes et les lignes avec une conscience des moins chastes; l'ouverture inférieure en est si étroite qu'une femme peut tout au plus en marchant avancer un pied devant l'autre. Monter le dimanche, à l'heure des offices, les degrés de la cathédrale constituait, pour des femmes ainsi vêtues, un véritable exercice d'adresse auquel les étrangers surtout prenaient un vif intérêt. Les unes excellaient dans cette ascension difficile qui devenait pour d'autres un pénible labeur.

Puisque cette particularité nous a ramené au costume, il est juste et nécessaire de dire un mot de la chaussure, car elle est à Lima ce que sont dans certaines provinces de France le bonnet ou la coiffe : la pierre de touche de l'élégance, l'arme sans merci de la séduction. En adoptant le soulier de satin blanc, on a rigoureusement accepté les conséquences onéreuses de ce luxe exagéré. Une vraie Liménienne aimerait mieux marcher sur les mains que se produire en public avec un soulier de propreté suspecte. Aussi, en voyant passer par les rues tant de petits souliers d'une blancheur immaculée, nous nous inquiétions de leur existence éphémère et plus encore de savoir comment un pied délicat pouvait, dans cette

[1] Déployée.

frêle enveloppe, braver sans être brûlé ou endolori le rude et ardent contact du pavé, tandis que les produits plus solides de l'industrie de saint Crépin ne nous mettaient pas à l'abri de ces divers inconvénients. Le mot d'une partie de l'énigme ne saurait être cherché ailleurs que dans une savante étude de la marche unie à une extrême légèreté. Quant à notre inquiétude économique, l'avenir nous apprit qu'elle avait un fondement plus sérieux. Le pavé livre une telle guerre d'extermination aux souliers de satin, qu'il existe un marché spécialement affecté à cet article, où tous les samedis soir la plus charmante moitié de la population vient faire sa provision de la semaine. Aussi les femmes qui n'ont pu réunir la somme nécessaire pour atteindre à cet indispensable complément de toilette, ont ce soir-là un abord facile, des intonations caressantes, un laisser-aller des plus encourageants. Faute de souliers de satin blanc, combien de faux pas n'ont-ils pas été commis à Lima le samedi!...

Et pourtant, qui le croirait? sur cette terre de la *lindessa*[1], au milieu de cette adorable population de sylphides, une société s'est formée pour braver la puissance de la femme, pour se jouer de ses enchantements, pour nier ses précieuses qualités et ses attributs. Cette société, dont l'origine remonte aux temps presque fabuleux de l'histoire du Pérou, porte à Lima le nom de *los Maricones*; elle existait déjà sous un autre nom chez les Incas et avait pris une extension tellement inquiétante, que plusieurs chefs, entre autres Tupac Iupanqui et Lloque Iupanqui, prirent les armes contre elle et la poursuivirent sur divers points de l'empire. La vice-royauté, pendant trois siècles, ne fut pas plus heureuse que les Incas dans la lutte contre les *Maricones*. Il devait être donné à l'irruption des idées et des mœurs européennes, au début de l'éman-

---

[1] Gentillesse.

cipation, de déchirer en quelque sorte le voile qui cachait à la nation les égarements et les débauches de la société tant de fois poursuivie. De nos jours, l'étrange société des *Maricones* n'est pas détruite, mais elle est agonisante : nous avons souvent pu voir sur la plaza Mayor ses derniers représentants. L'un d'eux surtout jouissait à Lima d'une éclatante popularité ; c'était un *tamalero* (marchand de comestibles), gras, imberbe et fleuri comme un *soprano*. Cet individu portait un chapeau de paille de Guayaquil et le large tablier blanc du cuisinier. Bien qu'il fût constamment en exercice du matin au soir, comme certains pâtissiers de nos boulevards, son bavardage, encore plus intarissable que sa marchandise, charmait un auditoire qui, sans cesse arrêté devant lui bouche béante comme devant un grand orateur, grossissait de façon à intercepter le passage. Sa voix de femme claire et vibrante disait avec un esprit fort vif l'anecdote du jour, critiquait les mœurs et se permettait même parfois des incartades politiques. Les *tapadas* étaient particulièrement le point de mire de ses mordantes allocutions, il les interpellait au passage et les poursuivait de ses railleries ; mais souvent aussi elles lui ripostaient avec succès : elles trouvaient, pour soutenir ces luttes frivoles, une vigueur et une originalité de repartie qui arrachaient aux spectateurs de bruyantes et sympathiques manifestations. Cette guerre d'épigrammes, où brillait l'infatigable fécondité du *tamalero*, se prolongeait d'ordinaire jusqu'au moment où un autre spectacle venait attirer les curieux et laisser dans l'isolement les parties belligérantes. Le commerce du *tamalero* était fort intéressé, disait-on, à ces brillants tournois qui appelaient l'attention sur sa marchandise. Cet industriel devait même à sa verve d'improvisateur deux ou trois fortunes que le *monte*[1], dont il poussait la

---

[1] Jeu de hasard fort en vogue à Lima.

passion jusqu'à la frénésie, avait successivement dévorées.

Nous ne passions jamais devant l'étalage du *tamalero* sans faire de tristes réflexions sur la fâcheuse influence qu'exerce au Pérou la fièvre du jeu. Nulle part on ne poursuit avec un aveuglement plus opiniâtre la déesse aux yeux bandés ; — les jeux de hasard, les paris et la loterie engloutissent la paye péniblement acquise de l'*arriero* déguenillé, du *sereno* brûlé par le soleil et du *minero* pâli dans les ténèbres, sans compter le butin du *salteador*. Dans les hautes classes, les ruines et les fortunes dont le jeu est l'origine sont si communes, qu'on en parle avec indifférence. Les femmes elles-mêmes ne sont pas à l'abri de ce mal endémique, mais pourtant le jeu ne semble leur être accessible que dans des circonstances exceptionnelles : en temps ordinaire, elles se bornent à poursuivre les faveurs de la *suerte*. Aussi quelles prières aux saints, quelles invocations aux âmes des morts, quelles fallacieuses promesses aux esprits célestes ne trouve-t-on pas inscrites sur les registres des courtiers de loterie, qui parcourent les maisons de la ville, et font apposer en regard des numéros choisis une phrase quelconque destinée à servir de contrôle en cas de similitude de noms! — *Mi padre santo Domingo,* — *el alma del azobispo,* — *para festejar a un santo,* telles sont les devises que reproduit le plus communément chaque mois le journal officiel vis-à-vis des numéros sortants. Le tirage de cette loterie hebdomadaire n'est pas lui-même sans intérêt; il se fait avec un certain appareil, en pleine plaza Mayor, sur un théâtre élevé assez semblable à ceux que l'on construit pour nos réjouissances publiques. Le premier plan est occupé par trois immenses sphères auxquelles une manivelle imprime un rapide mouvement de rotation. Sur le second plan se tient un bureau composé de notables et présidé par un officier civil. Quand arrive l'heure du tirage, la foule se presse autour du théâtre. La femme en robe de soie se soucie fort peu en cet instant du nègre sordide qui la coudoie ; l'importante affaire est de conserver une bonne place ; les campagnards à cheval dans la mêlée se dressent pour mieux voir sur leurs larges étriers maures ; bourgeois, militaires, gens de toutes les conditions, de toutes les couleurs, sont pêle-mêle, attendant le signal. On le donne enfin : bien des mains blanches font le signe de la croix, bien des lèvres murmurent des patenôtres intéressées, un effort suprême resserre encore la foule, chacun peut sentir battre le cœur de son voisin. Tous les regards se fixent vers ce théâtre, qui, pour douze heureux (c'est le nombre ordinaire des lots), va faire naître de si nombreuses déceptions. Au milieu d'un silence plein d'anxiété, trois enfants font tourner les sphères, puis, au moment où elles s'arrêtent, ouvrent un guichet à ressort, y plongent le bras, et tous trois en même temps, comme des automates, élèvent au-dessus de leur tête, pour n'être pas soupçonnés d'escamotage, un billet pris dans chaque sphère, et le déposent sous les yeux du bureau, qui proclame le numéro et la devise du gagnant. L'opération se termine au milieu d'un brouhaha général : celui-ci fait part au public de sa bonne fortune, celui-là ne réussit guère à cacher sa piteuse mine, un autre enfin accuse tout haut l'injustice du sort, ce qui ne les empêche pas les uns et les autres d'aller déposer entre les mains du premier courtier venu le *real*, prix d'un numéro, pour le tirage du mois suivant.

La plaza Mayor est le rendez-vous des Liméniens oisifs. Veut-on surprendre quelques traces d'activité, c'est dans un petit nombre de rues voisines de cette place qu'il faut les chercher. Ici encore mille aspects pittoresques attendent le voyageur. L'architecture de ces maisons à un étage et à toit plat, bien qu'uniforme en apparence, est diversifiée, pour qui l'observe de près, par mille gracieux détails. Ici ce sont des *miradores* (belvédères) et des clochers qui se découpent sur le ciel; là, des balcons en saillie qui projettent sur les murailles des ombres vigoureuses, et dont les angles, étagés par la perspective, ressemblent aux gradins d'un gigantesque escalier. Çà et là, les panneaux des balcons à demi soulevés laissent apercevoir quelque ravissante jeune fille, la rose ou l'œillet à la tempe. Il n'est pas jusqu'aux *gallinasos* qui, pareils à de grosses houppes noires, se tenant immobiles et par troupes sur le faîte des maisons, ne semblent destinés à en couronner la bizarre ordonnance. Le milieu des rues est occupé par des canaux d'eau courante, souvent assez larges, et qu'on passe sur de petits ponts en bois. La chaussée, pavée de petits galets, est bordée de trottoirs aux dalles brisées et disjointes. Si l'on s'éloigne des rues centrales, on ne rencontre plus même ces vestiges de pavage : on marche dans une poussière infecte mêlée d'immondices et de débris sans nom; mais ce n'est point vers les extrémités de la ville que l'Européen doit diriger sa promenade : les rues des *Mercaderes* et des *Plateros*, purifiées par des *acequias*, les *portales* de la plaza Mayor, pourront seuls lui révéler le mouvement journalier et les habitudes de cette séduisante cité. Là, les rez-de-chaussée, occupés par les montres vitrées des marchands de nouveautés et des orfévres, attirent, comme dans nos capitales d'Europe, les chalands et les flâneurs. Les *cigareros* ont au coin des rues de petits ateliers où ils confectionnent avec une rapidité singulière d'excellents cigares à des prix modérés. Chaque carrefour a aussi sa *pulperia*, sorte de taverne assez mal famée, fréquentée surtout par les *cholos*, les *sambos* et les nègres. Les industries liméniennes paraissent dédaigner d'appeler l'attention par des enseignes. A part celles des barbiers, qui semblent avoir conservé le monopole de certaines opérations chirurgicales et qui exposent sur un panneau peint à l'huile une main armée du scalpel dans le voisinage d'un bras et d'une jambe d'où le sang jaillit à flots, on ne rencontre guère d'enseignes que sous les *portales*. Ce sont quelquefois de prétentieuses allégories : un troubadour de pendule arrache le voile d'une femme rouge couronnée de plumes et accroupie à ses pieds : c'est Colomb découvrant l'Amérique. — Une bande de rhinocéros met en fuite des éléphants (l'enseigne d'une boutique rivale et voisine représente une compagnie d'éléphants). — On en voit enfin qui sont d'une impertinence manifeste : un brigand, le poignard à la ceinture, la carabine au poing, s'apprête à détrousser les passants.

Les principales artères de la capitale, surtout celles qui aboutissent aux marchés, sont, aux jours non fériés, le théâtre d'une activité qui tourne parfois à l'encombrement. Les campagnards y conduisent des troupeaux de vigognes et d'alpacas aux longues soies brunes, portant du fourrage dans des réseaux et des légumes ou des fruits dans des paniers de joncs tressés. — Des troupes de mules, fuyant à fond de train sous le fouet des *arrieros*, les parcourent, renversant çà et là quelques piétons surpris et impuissants à se garer. Des *aguaderos* nègres circulent tout le jour par la ville, juchés sur la maigre échine de leurs mules, dont le bât est disposé de façon à recevoir deux barils pleins d'eau qui se font contre-poids ; ils s'en vont le nez au vent, les jambes pendantes, le bâton ferré sur l'épaule, interpellant à haute voix les Indiens ou les gens de leur couleur, et accompagnant leurs quolibets d'un bruit de clochette qui indique que l'eau est à vendre.

C'est toujours à la plaza Mayor qu'il faut revenir pourtant lorsqu'on veut prendre sur le fait toutes les étrangetés de la vie liménienne. L'un des marchés les plus curieux de Lima se tient sur cette place. On y vend à peu près de tout, mais, entre autres choses, des fruits, des fleurs et des légumes. Les marchands sont assis sous des châssis de roseaux, formant avec la terre un angle ouvert à volonté par un bâton fourchu, et sous des nattes de joncs tressés que des montants soutiennent comme un dais. On voit aussi se dresser capricieusement de vastes parasols de paille de maïs ou de toile de couleur; traversés au centre par un long pieu fiché dans le sol, tous ces frêles abris baignent d'ombre violette les vendeurs et leurs étalages de différentes espèces de fruits, que la gueule des mannequins, renversés en cornes d'abondance, répand à torrent sur des tapis grossiers. Certaines femmes, accroupies et les bras cachés sous le châle de laine bleue ou rose dont elles se voilent le bas du visage, portent sur leur tête un vaste panier plat tout rempli d'herbes et de fleurs qui leur fait de loin une coiffure fantastique. Immobiles et impassibles sous ce fardeau durant de longues heures, elles semblent subir une mortification volontaire à l'instar des fakirs indous. Partout on aperçoit d'énormes jarres de terre rouge, des corbeilles vertes, des paniers de joncs de forme bizarre, remplis de légumes secs, de piments et de *coca*, feuille merveilleuse que les Indiens mâchent avec une espèce de chaux, et qui fait oublier, dans les courses forcées, la faim, la soif et la fatigue. Les végétaux des deux hémisphères abondent, et sont par conséquent à bas prix. Un personnel bizarre, bruyant, affairé, va, vient, marchande, achète aux divers étalages. — Ce sont les Indiens des *cerros*, figures fauves et hâlées, le madras noué sur l'oreille et recouvert d'un chapeau de paille en pain de sucre; les *sambas* à la chevelure tressée en mille petites cordelettes à la façon des Sicambres; les prêtres séculiers, portant la coiffure de don Bazile, qui semble une pirogue renversée; les frères quêteurs des ordres mendiants, la sébile à la main, saisissant toutes les occasions d'exploiter un peuple superstitieux; les *tápadas* au pied de satin, qui sont partout où il y a des hommes; puis de galants officiers, la casquette sur l'œil, la moustache retroussée, le *poncho* blanc à longues franges sur l'épaule, l'éperon sonore au talon, qui, s'ils avaient le Pérou en poche, n'auraient assurément pas l'air plus vainqueur. —

Tout cela rit, babille, dispute et jure; les nègres surtout gesticulent et vocifèrent avec une telle véhémence, que leur voix couvre celle des *mercachifles* (colporteurs) et des crieurs de *suerte*. Des *cholitas* à cheval dominent la foule, où elles se frayent difficilement un passage; puis, sur divers points, on voit au-dessus des groupes se balancer élégante, douce et fine, sur un cou de cygne, la charmante tête empanachée des *llamas* blancs ou bruns qui font tinter leur clochette.

A six heures du soir, après la fermeture des magasins, le mouvement de la ville change d'aspect : des cavaliers et des *cálesas* se dirigent vers les *alamedas* du faubourg *San-Lázaro*, situé sur la rive droite du Rimac, tandis que les piétons encombrent, pour les voir passer, les trottoirs du pont de *Montes Claros*. On y arrive du côté de la ville par une sorte d'arc triomphal, surmonté d'une attique triangulaire, aux deux côtés de laquelle s'élèvent des campaniles enrichis de moulures et d'ornements en stuc. Le pont à cinq arches est construit en pierres; ses piles sont défendues en amont par des angles de maçonnerie qui rompent le courant du fleuve. Le parapet forme, en suivant les sinuosités de ces jetées, des espaces bordés de bancs pour les promeneurs. On trouve difficilement une place sur ces bancs ou un appui contre le parapet; car les étrangers, les *tienderos* et leurs commis viennent s'y délasser de la pratique des affaires en en faisant la théorie le cigare à la bouche. C'est là que se forgent aussi les nouvelles et que se commentent tous les commérages scandaleux.

Ce rendez-vous des heures de *far niente* est au reste parfaitement choisi : on y respire, durant les pesantes chaleurs, un air rafraîchi par les eaux du Rimac qui gronde en torrent sur son lit de cailloux, surtout à l'époque de la fonte des neiges dans la Cordillère. Un paysage plein de variété distrait et réjouit le regard. Les maisons montrent de ce côté, sur le fleuve, de légères galeries de bois à arcades cintrées ou tréflées. Leurs étages inférieurs, qui s'appuient sur des piliers enfoncés dans l'eau, ménagent au rez-de-chaussée des hangars où les *lavanderas* blanchissent et font sécher du linge. A toutes les ouvertures on aperçoit un store en toile peinte, un rideau de coutil rayé qui flotte au vent, une guenille rouge qui sort comme une langue de la bouche béante d'une lucarne; puis, dominant cette longue série de façades, jaunes, grises, chancelantes et souvent ruinées, les dômes, les clochers et les belvédères se détachent vigoureusement sur un ciel souvent pourpre à l'horizon et presque toujours vert au zénith. — C'est l'heure où les campagnards et les *mineros*, venus en ville pour affaires, regagnent leurs *chacras* et leurs *cerros*, les uns montés sur des chevaux de race andalouse, au flanc desquels battent des étriers de bois massifs et gravés au burin, les autres sur des mules portant au col des colliers de grelots et au front des franges, des houppes ou des glands rouges comme les chefs Incas. Quelques voitures appartenant à des étrangers passent emportées par un attelage élégant; mais les *calesas* liméniennes sont tirées par des mules ou par de petits chevaux dont la maigreur et la mauvaise tenue accusent d'insouciants palefreniers. Les *calesas* n'ont que deux roues; celles-ci, en revanche, sont énormes et tournent aux extrémités d'un axe qui déborde la caisse d'un pied et demi environ. Cette disposition, due sans doute à la forme et à la profondeur des *acequias*, donne aux *calesas* les garanties d'équilibre nécessaires. Le corps de la voiture, verni en vert ou en brun, est bordé de guirlandes dorées. Le *cochero* monte le cheval attelé en dehors des brancards et porte une livrée qui, toujours, semble faite à la taille d'un autre. Les femmes de la classe supérieure ont seules des *calesas*, elles s'y promènent en cheveux et vêtues à la française, car le costume de *saya y manto* ne se porte qu'à pied et jusqu'au coucher du soleil. — Des amazones se montrent aussi, coquettement coiffées d'une galette de paille couronnée de fleurs et le haut du corps couvert d'un petit *poncho* court, gros bleu, brodé en soutache et découpé en larges festons à sa partie inférieure.

Chaque fois que je me trouvais sur le pont, au déclin du jour, je voyais se renouveler un spectacle qui me surprit fort la première fois qu'il se produisit. Pendant que le mouvement et les conversations joyeuses étaient dans tout leur entrain, un coup de cloche se fit entendre. La formule magique qui frappa d'immobilité les gens de la célèbre dormeuse des contes de fées n'eût certes pas eu d'action plus irrésistible et plus soudaine. Tous les fronts se découvrirent et s'inclinèrent, toutes les conversations s'éteignirent sans qu'on achevât même la phrase commencée, les chevaux des cavaliers et des voitures s'arrêtèrent d'eux-mêmes; les hommes qui, par leur costume, semblaient appartenir au Pérou, tombèrent prosternés sur le sol; il n'y eut que les habits noirs qui restèrent debout, mais néanmoins inclinés comme à l'élévation de la messe. Un calme de mort avait remplacé la rumeur des vivants. Seuls, la cloche vibrait dans l'air et le Rimac grondait sous nos pieds. Cela dura deux minutes. J'avais machinalement ôté mon chapeau et interrogé mon voisin. Il ne m'avait pas répondu. Un moment après un carillon grêle éparpilla sa volée. Tout le monde se releva, piétons, cavaliers et voitures continuèrent leur promenade, le brouhaha des conversations reprit son essor. La vie et le mouvement venaient de renaître avec la même soudaineté. J'appris seulement alors qu'on venait de tinter l'*Ave Maria*. — Depuis ce jour je vis, quel que fût le point de la ville où je me trouvasse, le même effet se produire au premier son de la prière du soir. Cette adoration spontanée et collective de soixante mille âmes était empreinte d'une majesté solennelle et vraiment saisissante; il semblait y avoir en ce moment dans l'air une sorte d'électricité de foi religieuse. Pour moi, j'éprouvais une de ces émotions douces, tendres, indicibles qui vous ramènent aux époques de jeunesse toutes fleuries de saintes croyances, et vous font descendre dans l'âme comme une rosée de pensées consolantes et suaves. — J'aimais surtout à entendre tinter l'*Ave Maria* aux heures d'abattement, quand les regards de mon imagination, tournés vers la patrie, ne l'entrevoyaient que dans les plus fabuleux lointains.

V

Les salons. — Hospitalité. — Liméniennes dans leur intérieur. — Dîner populaire. — La Ascencion. — El picanti. — Artifices de coquetterie.

Quand on est las de tout ce bruit, de tous ces spectacles de la rue, il y a quelque charme à se reposer au milieu d'une famille liménienne, à rechercher si la vie intime a gardé dans la capitale du Pérou quelques traces de cette couleur mauresque imprimée aux monuments et aux costumes de Lima par les premières immigrations andalouses. Les traces de cette civilisation presque orientale des émigrants espagnols ne se sont guère conservées, il faut le dire, dans les mœurs péruviennes. La famille à Lima ne connaît point les susceptibilités farouches que la tradition prête aux Maures et aux Espagnols de l'Andalousie; elle n'y est point mystérieuse : la femme y jouit d'une entière liberté, et si l'un des deux sexes courbe le front sous le joug conjugal, ce n'est assurément pas le plus faible et le plus timide.

La maison liménienne est en quelque sorte ouverte à tout venant; rien de plus simple et de plus facile que l'introduction d'un étranger; le premier venu à peu près l'y présente sans autorisation préalable, et, à partir du moment où, selon l'énergique formule espagnole, « la casa a été mise à sa disposition, » le visiteur à peine connu arrive de prime-saut à y avoir ses entrées aussi franches que le plus ancien ami de la maison. Qu'il s'y présente matin ou soir, la cordialité de l'accueil ne se dément jamais, et le sans-façon de ses hôtes, que sa présence ne semble jamais distraire de leurs habitudes et de leurs occupations accoutumées, l'engage vite à mesurer ses relations bien plus à l'intérêt et au charme qu'il y trouve qu'aux scrupules de nos convenances européennes. Cette grâce hospitalière est tellement invétérée à Lima, que nombre de familles, en voie d'adopter les usages et les formes de nos civilisations française et britannique dans ce qu'elles ont d'égoïste et d'étriqué, ne sont pas sensiblement parvenues à tempérer une vertu dont les étrangers connaissent tout le prix.

L'ameublement liménien est en général d'une extrême simplicité : quelques canapés de crin, des chaises, des tabourets, un tapis ou des nattes de joncs tressés, un piano, un guéridon supportant un bouquet fraîchement cueilli ou un plat d'argent rempli d'un mélange de fleurs effeuillées, forment tout le luxe de la pièce principale, qui est élevée et dont les ouvertures sont disposées de façon à combattre, par des courants d'air, les ardeurs du climat. Les fenêtres basses sont fermées par de légers treillis, quelquefois aussi par une série de petits barreaux peints en vert. La chambre à coucher renferme ordinairement toutes les élégances du mobilier. Les glaces sont rares et de petite dimension ; les tentures, les draperies et les mille superfluités qui transforment en bazars nos demeures françaises, sont peu communes à Lima, où elles sembleraient au reste une anomalie avec le climat et les habitudes du pays. Les femmes mariées et les jeunes filles indistinctement reçoivent les visiteurs, et l'introduction d'un étranger, bien qu'inattendue, ne semble jamais ni les surprendre ni apporter parmi elles la moindre contrainte ; elles lui font un accueil avenant et simple, et l'autorisent presque, dès le début, à laisser de côté les fadeurs gourmées du cérémonial, de sorte qu'à la fin de la première entrevue il se trouve aussi à l'aise que parmi d'anciennes connaissances. Pour compléter l'illusion, son nom de baptême, que l'euphonie liménienne revêt d'un charme tout particulier, réjouit son oreille à chaque interpellation. Le visiteur, de son côté, qu'il ait devant lui une jeune fille ou une matrone de l'âge le plus avancé, ne doit jamais manquer d'appliquer à son interlocutrice les substantifs de *señorita* (mademoiselle) et de *niña* (petite). Les Liméniennes sont d'autant plus sensibles à cette flatterie exagérée, que jamais femmes au monde n'ont, on l'assure, supporté avec moins de résignation l'implacable envahissement des années. Aussi, pour en dissimuler l'*irréparable outrage*, ont-elles souvent recours aux cosmétiques les plus exceptionnels, et quelquefois même aux plus ridicules stratagèmes.

L'épithète espagnole *bonita* (jolie) est généralement consacrée, quand on parle des Liméniennes. On en voit peu, en effet, qui atteignent à la *hermosura* (beauté complète). Plutôt petites que grandes, elles sont sveltes et bien proportionnées. Dans leur visage aux traits réguliers et fins éclatent, au milieu d'une pâleur qui n'a rien de maladif, et sous l'arc régulier des sourcils, des yeux noirs d'une mobilité fiévreuse et d'une puissance d'*ojeadas* sans rivale. Leurs mains et leurs pieds, qui font leur orgueil, ont toute la perfection désirable. La Liménienne a conservé pour son pied une sollicitude qui, au commencement du siècle, était poussée jusqu'à l'idolâtrie. Les femmes alors, dans leur intérieur, ne portaient ni souliers ni bas; on se fardait le pied absolument comme chez nous le visage. Aujourd'hui, pour peu que la nature ait étourdiment donné à cette extrémité chérie une longueur un peu exagérée, une femme n'hésite pas à sacrifier la forme à la dimension, et se torture dans un soulier trop court, à la manière des Chinoises.

Les Liméniennes ont un renom d'*hechiceras* (enchanteresses) qui semble proverbial dans les républiques environnantes; jamais un étranger ne dira : « J'ai été à Lima ! » sans faire dresser cette interrogation immédiate : — *Y de las Limeñas?* — (Et que pensez-vous des Liméniennes?) Les réponses sont unanimement favorables à ces sirènes de l'Amérique du Sud. Les voyageurs de tous les pays, dans le portrait qu'ils en tracent, célèbrent à l'envi leur grâce, leur élégance, leur gentillesse, et surtout la fécondité et la souplesse de leur esprit, aussi inépuisable en verve railleuse et sarcastique pour les inimitiés qu'en paroles caressantes et en prévenances ingénieuses pour les affections. — Il n'est point de flegme, pour britannique et rebelle qu'il soit, point d'organisation réfractaire capable de résister à l'assaut que leur livre un groupe enjoué de Liméniennes gazouillant leur doux idiome.

On a souvent mis en doute les sympathies des créoles pour les Européens et particulièrement pour les Français. Il serait possible qu'à une autre époque, s'inspirant de traditions espagnoles peu favorables à ces derniers surtout, et plus souvent encore humiliés par le faste outrageant de certains parvenus, dont la fierté et l'insolence ne réussissaient point à faire oublier une basse extraction, les Péruviens aient quelquefois épanché avec amertume leur dégoût et leur mépris. Aujourd'hui ces causes de mésintelligence se sont considérablement amorties. La multiplicité de nos relations avec le Pérou y a vulgarisé les idées françaises, et l'on n'y voit plus guère s'élever ces fortunes scandaleuses si communes à une autre époque. Les rares commerçants étrangers qui s'enrichissent doivent leurs succès à un travail consciencieux et opiniâtre. Ce ne sont plus ces *industriels* sans aveu, exploitant une population confiante, raillant leurs dupes et se glorifiant avec cynisme de leurs méfaits. Si la race n'en est pas encore complétement éteinte, elle devient au moins de jour en jour plus

6.

rare ou plus pudibonde ; le bon sens des Péruviens d'ailleurs en fait justice et n'enveloppe pas la masse des immigrants dans sa réprobation. — Nous devons dire pourtant qu'il existe parfois entre les actes et les paroles des Liméniens certaines contradictions qui sembleraient justifier le reproche de manque de sincérité dont on les soupçonne ; mais cette nuance de leur caractère, fort spirituellement indiquée par un écrivain de Lima, tient surtout à une puérile manie de *nacionalismo* (c'est l'expression dont il se sert) éclose depuis l'indépendance. — Il n'est pas rare de voir tel individu vivre en rapports fréquents et intimes avec des étrangers, affecter de se produire avec eux dans les cercles et dans les lieux publics, se parer à tout propos de ses nombreuses amitiés transatlantiques, et professer, suivant la disposition d'esprit ou l'intérêt du moment, un suprême dédain pour les objets de sa fréquentation et de sa sollicitude ordinaires. Les femmes surtout, qui, plus qu'ailleurs, recherchent l'intimité des étrangers, ne manquent pas, au moindre froissement, d'exhaler leur humeur d'une façon fort vive. Avec quelle joie maligne et railleuse ne s'écrient-elles pas alors en branlant la tête : *Ay niña, extrangeros ! yo, con que no puedo verlos ni pintados ; con que hasta me parecen animales !* (Ah ! ma fille, des étrangers, moi ! je ne puis les voir même en peinture ; c'est tout juste s'ils ne me semblent pas des animaux !) Nous le répétons cependant, le *nationalisme* des Liméniens ne repose sur aucun principe arrêté et n'existe qu'à l'état de manie.

Comme dans tous les pays espagnols, la musique et la danse sont les arts qui trouvent à Lima le plus d'adeptes parmi les femmes ; leurs dispositions naturelles se joignent au sentiment le plus exquis pour suppléer aux maîtres qui leur manquent. Il en est peu dans la société qui ne sachent jouer fort convenablement du piano, et on en compte un certain nombre qui se sont élevées à un talent du premier ordre. Les partitions de toutes les écoles leur sont familières, mais leurs préférences sont toutes pour la musique italienne. L'opéra italien établi dans la capitale du Pérou depuis plusieurs années devait naturellement développer le goût des Liméniennes pour les mélodies de Rossini et de Bellini. Les voix fraîches et limpides ne sont pas rares à Lima, et nous avons entendu des femmes du monde aborder avec un succès légitime les morceaux les plus difficiles des œuvres en renom. — Quant à la chorégraphie, elle ne jette que de furtives lueurs; la *samacueca*, la *resbalosa*, la *zapatea*, et autres danses nationales pleines de caractère, trouvent à peine aujourd'hui des interprètes dans les salons. Cela tient sans doute aux triviales exagérations que les basses classes leur ont fait subir. Les jeunes danseuses, voyant poindre sur les lèvres des hommes un sourire équivoque, ont fini par soupçonner qu'on attachait à leur innocente pantomime un sens suspect, et dès lors elles ont dû renoncer à ces occasions de produire en public des trésors vraiment incomparables de grâce et de souplesse. L'historien voyageur Stevenson constatait déjà, il y a vingt ans, avec une satisfaction fort réjouissante, que notre monotone quadrille, qu'il nomme « l'agréable contredanse, » commençait à détrôner au Pérou les danses nationales; le progrès est maintenant presque accompli. A part la contredanse espagnole, sorte de valse à mesure lente avec un grand nombre de figures, les bals du beau monde liménien ne diffèrent pas sensiblement des nôtres, et si l'on veut recueillir en ce genre quelques bribes de couleur locale, il faut les chercher surtout dans les classes populaires.

Les femmes du monde sont, dans leur intérieur, vêtues à la française, avec une élégante recherche. Les modes parisiennes ont des ailes pour franchir l'Atlantique et les Cordillères; aussi s'implantent-elles à Lima peut-être avec plus de facilité que dans certaines provinces de France. Le chapeau seul s'y introduit avec difficulté, et en cela les femmes font preuve de goût, car rien ne saurait valoir le trésor naturel de leur chevelure, dont elles varient à l'infini les ingénieuses combinaisons, et dont une fleur est toujours le coquet et indispensable accessoire. Cet amour immodéré des bouquets et des parfums s'étend à toute la population. Il faut qu'une maison soit bien pauvre pour qu'on n'y puisse rencontrer une corbeille de fleurs et un flacon d'*agua rica* [1]. C'est une politesse fort usitée dans le peuple que de fleurir la boutonnière et de parfumer le mouchoir d'un visiteur. — Dans les grandes circonstances, aux époques de baptême ou d'anniversaire, le luxe suprême consiste à distribuer aux invités de petites pommes vertes où des incisions remplies de poudre d'aloès forment des arabesques élégantes, entrecoupées çà et là de clous de girofle. Ces divers ingrédients, dont le suc du fruit entretient l'humidité, dégagent une senteur des plus agréables; puis ce sont encore des oranges dans un réseau de filigrane d'argent, et surtout de longues pastilles d'encens recouvertes de papier métallique couleur de feu, où la cannetille et les perles de différentes nuances figurent de gracieuses spirales. A l'une des extrémités s'épanouit une gerbe étincelante de petites lames d'or et d'argent, parsemées de grains de verre qui simulent des saphirs, des rubis et des émeraudes. Souvent aussi des fils métalliques retiennent des *escudites* de dix francs, qui concourent à l'ornement de ces colifichets et leur donnent une valeur plus sérieuse. Les couvents de femmes ont le monopole de ces coûteuses inutilités, dont le travail précieux va s'engloutir dans quelque *brasero* en jetant un peu de fumée odorante. Les esclaves fouillent alors les cendres pour en retirer les *escudites*, si leurs maîtres, se conformant au bon ton, ne les ont pas détachées. Chez les Liméniens, le

---

[1] Eau de senteur.

nécessaire, toujours à peu près sacrifié au superflu, n'existe guère que dans des limites fort restreintes. Quant au confort, c'est tout au plus s'il a pénétré dans quelques demeures exceptionnelles. Les habitudes de sobriété particulières à ce peuple s'accordent au reste merveilleusement avec son besoin de luxe et d'ostentation. En général, le seul repas sérieux que l'on fasse dans la journée se compose d'un ou deux plats, et l'on y boit rarement autre chose que de l'eau : un potage, sorte de coulis épais où la viande tient lieu de pain, le *puchero* et l'*olla* classiques de la cuisine espagnole sont demeurés les plats de résistance dans les classes aisées. Sur les tables plus modestes apparaissent les mets nationaux, où les condiments jouent leur implacable rôle. On voit quelquefois chaque membre d'une famille manger à sa guise et à ses heures, l'ordre et la règle n'étant pas les vertus dominantes des ménages péruviens.

Quelques circonstances bizarres ont gravé dans ma mémoire le souvenir d'un dîner où l'on m'offrit une place, sans préméditation, je dois l'avouer. L'un de ces hasards que font naître sous vos pas les habitudes liméniennes me mit en rapport, au cirque *del Acho*, avec une *tapada*, et j'obtins de sa grâce l'autorisation de l'escorter jusqu'à sa demeure. Nous entrâmes dans une maison de modeste apparence, et ma charmante conductrice me présenta à sa famille assemblée, une mère, deux frères et deux sœurs, en tout six personnes. On m'accueillit avec une cordialité presque obséquieuse. C'était l'heure de la *comida* : bon gré mal gré, il fallut me mettre à table. Les différents mets se composaient de *masamora*, de *tamal* étendu sur des feuilles de maïs, et d'une sorte de pâte épaisse formée de *garbansos*, de pommes de terre, de maïs et de viande hachée. Au centre de la table se dressait un immense, mais unique verre plein d'eau. — Où donc est la Ascension? dit la mère, quand nous eûmes pris place. — Me voici, répondit ma compagne. Je jetai les yeux au fond de la chambre, et je vis la Ascension en robe blanche : sa *saya*, couleur de smalt, dont elle avait lâché la coulisse, venait de s'abattre sur ses pieds ; en ce moment, elle laissait glisser de la même manière son crêpe de Chine. L'ange se dépouillait de ses ailes ; mais en son lieu restait une charmante mortelle, qui vint, le sourire aux lèvres, s'asseoir en face de moi. Le dîner commença ; chacun prenait avec les doigts, qui la *masamora*, qui le *tamal*, et, à tour de ronde, buvait une gorgée dans le verre commun.

Sous le spécieux prétexte que je n'avais pas d'appétit, j'avais voulu refuser une portion de *picanti*, mais je dus céder aux instances de mes hôtes, qui poussaient jusqu'à la tyrannie leurs prévenances hospitalières. J'eus à peine avalé cette composition que sa perfidie, voilée sous un goût assez agréable, se révéla tout entière. Le *capsicum* dont elle était chargée m'incendia en un instant le gosier et l'estomac. Je voulus boire, mais la vue du verre me remplit de découragement. Je le saisis pourtant en fermant les yeux avec un geste désespéré, et je le vidai d'un trait. Jamais, mieux qu'en cet instant, je n'ai compris l'exploit de Bassompierre buvant aux treize cantons. — J'étais à peine remis de ma mésaventure, qu'une boulette de mie de pain vint me cingler le visage. Je fis d'abord une assez bonne contenance ; mais un second projectile vint presque aussitôt me crever à peu près l'œil. Cette fois je bondis, et dus faire, à ce qu'il paraît, une grimace assez grotesque, car la Ascension éclata d'un fou rire, qui trahissait la coupable. Mes hôtes, remarquant ma surprise, m'invitèrent à riposter, en m'assurant que la boulette était le trait d'union dont se servaient pour se joindre à table les couples sympathiques. Une telle explication ne me laissait rien à dire, et je l'acceptai de fort bonne grâce. Nous nous levâmes enfin : les hommes roulèrent des pincées de tabac dans des feuilles de maïs et lancèrent à l'envi des jets de fumée ; les jeunes filles, couchées dans un hamac qui joignait en diagonale les extrémités de l'appartement, chantèrent des romances en s'accompagnant d'une guitare, et la soirée se termina par des *samacuecas* qu'elles exécutèrent, à ma demande, avec une désinvolture toute péruvienne.

Sous le régime espagnol, au temps de la plus grande prospérité de Lima, les goûts de luxe et de plaisir de la classe oisive et opulente avaient gagné comme une fièvre les derniers rangs de la population ; chez les femmes surtout, ils étaient devenus un impérieux besoin. On cite encore aujourd'hui à Lima nombre de fortunes dissipées au souffle de leurs caprices. Les Liméniennes se glorifiaient de leurs exploits en ce genre comme les guerriers du nombre de leurs victimes. Ces traditions de coquetterie et de folle prodigalité n'ont point perdu tout à fait leur empire. Le désir de plaire, les fantaisies coûteuses et la misère, entretiennent dans les basses classes un commerce de galanterie que favorisent la liberté des femmes et le précieux auxiliaire du costume ; les lieux publics ne sont pas les seuls endroits exploités par ces vierges folles ; elles se prévalent encore de mille prétextes pour entrer dans les *fondas* et se mettre en rapport avec les étrangers, moins accessibles à la défiance que les enfants du pays et plus faciles aux entraînements d'amour-propre et à l'attrait pittoresque d'une aventure imprévue. Le respect de la vieillesse, les joies de la famille qui pourraient combattre cette extrême légèreté de mœurs, sont malheureusement inconnus aux Liméniennes. Leur vie, tout extérieure, se passe dans les plaisirs et s'achève au milieu d'une triste indifférence. Si dans une maison un étranger se lève avec respect à l'approche d'une femme âgée, il n'est pas rare d'entendre une jeune fille lui dire d'un ton léger : *No se incomoda usted, esta es mi mamita* (ne vous dérangez pas, c'est ma mère). La mère ne souffre nullement de cette façon d'agir, elle n'a qu'une ambition, celle de voir sa fille entourée et courtisée : aussi se prête-t-elle volontiers à remplir l'humble office d'une servante auprès de l'enfant qu'elle n'a pas su élever.

Dans cette classe, au reste, les vieilles femmes se soucient peu d'attirer l'attention. Aussitôt que l'âge cruel les a touchées de son doigt implacable, ne pouvant user des accessoires et des artifices que donne la fortune pour prolonger leur jeunesse au delà de ses limites, elles l'abdiquent courageusement, vivent au fond de leur demeure et deviennent indifférentes à tout, même à la mort, même à la misère. Comme ces utilités de théâtre, on les voit traverser la scène en deuxième ou troisième plan, conversant avec elles-mêmes, tout en vaquant aux soins du ménage. Le succès de leur fille, nous l'avons dit, peut seul, dans le calme de leur tombe anticipée, faire tressaillir leur cœur de joie et de jeunesse, et illuminer leur mémoire d'éblouissants souvenirs; souvent alors l'auditeur bénévole que l'intimité donne à leurs épanchements s'étonne des effluves passionnées que peuvent dégager encore ces foyers éteints en apparence.

Malgré le cordial accueil qui attend l'étranger dans toutes les maisons de Lima, la vie intérieure et journalière des habitants est bien loin d'offrir l'intérêt qui s'attache aux scènes de leur vie extérieure, surtout quand une fête religieuse, un mouvement politique, viennent en animer les aspects. Je me lassai donc assez vite de mes études sur le côté intime des mœurs liméniennes. D'autres spectacles m'attiraient, et le souvenir des fêtes de la *buena noche* me faisait désirer une nouvelle occasion de me mêler à quelques divertissements populaires. A Lima, de semblables occasions ne se font heureusement jamais attendre, et je pus bientôt observer sous une nouvelle face cette singulière civilisation péruvienne, toujours si séduisante à contempler dans ses splendeurs comme dans ses misères, dans les gloires du passé comme dans les difficultés du présent.

LIVRE II

LES THÉATRES. — LES FÊTES POPULAIRES. — LES MOEURS
RELIGIEUSES ET POLITIQUES.

I

Vivanco.—El Acho.—Programme. — La Silla.—La Lanzada.— Catastrophe — Le taureau sellé. — Casa de Gallos. — Coliseo.

A la suite de ces tristes équipées anarchiques si communes au Pérou, — Lima, semblable aux buissons mornes qui se remplissent tout à coup de battements d'ailes et de chansons joyeuses, sous un rayon de soleil, entre deux ondées, — Lima la turbulente, mettant à profit l'éclaircie qui sépare deux révolutions, se livre avec emportement à ses fêtes et à ses spectacles préférés. — Alors, dans un nuage d'encens, sur une litière de fleurs, au bruit des carillons, des fanfares et du tonnerre de l'artillerie, le flot d'or et d'émail des processions roule à travers la ville; l'enthousiasme gronde au cirque des taureaux pour l'*espada* en renom, ou au Colisée pour la prima donna en faveur; et de folles cavalcades se portent à ces fêtes champêtres, où les filles du soleil, éclair à l'œil, perles et rubis au sourire, chevelure au vent, épanchent leur fougue en *samacuecas* et en prouesses hippiques. — Je me trouvais à Lima durant l'une de ces périodes de calme, où la population se repose complaisamment des agitations politiques au milieu des fêtes populaires. Le directeur suprême de la république, le général Vivanco, personnifiait en lui la civilisation de son pays dans ce qu'elle a de plus aimable. — Jeune, élégant et de manières distinguées, il ne négligeait aucune occasion de se produire en public et de prendre sa part des solennités ou des divertissements de toute espèce auxquels sont conviés si fréquemment les Liméniens. J'avais à peine passé quelques jours dans la capitale du Pérou, que je compris l'intérêt qui s'attachait à ces fêtes populaires. C'était là surtout que le caractère national se révélait dans la pleine indépendance de ses allures, et cette vie exceptionnelle devait m'en apprendre plus sur la société péruvienne que la vie de chaque jour.

Une grande fête se préparait en l'honneur de dona Cypriana Latorre de Vivanco, femme du directeur suprême, qui venait d'arriver à Lima. On annonçait pour cette occasion un combat de taureaux au cirque del Acho. Le cirque est situé sur la rive droite du Rimac, près d'une fraîche *alameda* côtoyée par la rivière, et c'est là que tous les lundis, pendant la saison des courses de taureaux, se presse une foule avide. Je me promis de ne pas manquer à un si curieux rendez-vous de toutes les classes de la société liménienne. Quelques jours avant la fête, un cortége à la fois éclatant et grotesque avait parcouru les rues de Lima : c'était des taureaux chargés de guirlandes et de clinquant, des mannequins à figure étrange revêtus d'étincelants oripeaux, des cavaliers enfin suivis d'une bande de *muchachos* en guenilles. Les notabilités du cirque paradaient ainsi devant les badauds et préludaient à leurs exercices par une cavalcade qui rappelait l'appareil des sacrifices païens avec leurs idoles, leurs holocaustes parés et leurs victimaires. Jamais le cirque del Acho n'avait recouru à un déploiement plus complet de tous les artifices propres à piquer la curiosité publique. Le programme, galamment imprimé sur papier rose et répandu à profusion par les *asentistas* (entrepreneurs), promettait des merveilles, et en regard des principaux exercices on pouvait lire, suivant l'usage péruvien, une foule de petits vers qui ne manquaient pas d'originalité dans leur entrain pittoresque. On en jugera par le sonnet suivant[1] où l'opéra italien, alors en vogue à Lima, était opposé spirituellement au cirque des taureaux.

« Que d'autres chantent Norma et Juliette, — qu'ils chantent Bélisaire et Roméo, — je me soucie de leur roucoulement comme d'un radis, — et je ne dépense pas une piécette pour les entendre.

» Moi, je suis un poëte *canaillocrate*. Je chante les taureaux, je me complais en eux, — et c'est avec orgueil et enthousiasme que je vois — un spectacle aussi philanthropique et aussi convenable.

» Et ils l'appellent atroce!... quelle sottise! — Mais que l'infortuné Roméo en finisse, — que l'on accommode Marino, — et que sa femme, pauvre enfant! — soit aussi victime de sa destinée, — on ne trouve à cela rien d'atroce, et la chose paraît irréprochable. »

Le même programme contenait plusieurs strophes de vingt-quatre vers chacune, où respirait le plus vif enthousiasme pour le général Vivanco et doña Cypriana. Le préambule, destiné à amener l'éloge du directeur suprême, donnera une idée de ce que sont à Lima ces poëmes de circonstance, qui, sous le voile de l'anonyme, cachent souvent des écrivains distingués du pays.

« Plaise à Dieu que je puisse — en vers pleins de miel — déposer sur le papier — des sentiments *comme il faut*, — et sur un mode harmonieux, — avec un esprit élégant, — don-

[1]
  Canten otros a Norma y a Julietta,
  Canten a Belisario y a Romeo,
  Un rabano me importa su gorgeo,
  Y no gasto en su canto una peseta.
   Yo que soy canallocrata poeta,
  Canto toros, en ellos me recreo, etc.

ner l'essor à ma voix — pour chanter comme chante — le chardonneret ou le serin! — Mais moi qui jette un cri — qui excède en extravagance — le premier que l'on pousse, — moi pour qui le *do, ré, mi* ne diffère pas plus du *sol, fa* — que le *sol, fa* — du *do, ré, mi;* — moi qui, bien que poëte, — suis un homme aventureux et résolu, — qui marche toujours la veste sur le dos — et la *navaja* à la main ; — moi qui... mais chut! — l'*impresario* me persécute. — Je dois écrire quelque chose. Ce qui importe, c'est l'intention.

» Invoquer les muses est passé de mode.—Le dieu Apollon, le Parnasse — et le bouillant Pégase même — sentent le moisi. — Au dix-neuvième siècle, — nul ne s'émeut — aux récits mythologiques. — Aujourd'hui la véritable logique — est le *cum quibus* métallique. — Le poëte est proscrit, — parce que dans ce siècle positif — on ne vend guère d'autres ouvrages — que le guide de l'année ou le calendrier. — (Hélas! cette idée me dévore, — si personne ne me lisait!) — Malgré tout, l'*impresario* — fait auprès de moi la grimace — et s'écrie le regard en feu : — Qu'importe tout cela à notre programme? — Vous avez mille fois raison. — J'écrirai quelque chose. — Ce qui importe, c'est l'intention. »

Le grand jour célébré d'avance par ces boutades poétiques se leva enfin, et la population se rua tout entière vers l'*alameda* qui conduit au cirque des taureaux. Il ne resta dans la ville que les *gallinasos,* pacifiques gardiens des maisons désertes. La course ne devait commencer qu'à deux heures, et dès midi, la foule encombrait de ses flots pressés toutes les issues du faubourg. Dans l'*alameda*, où l'on respirait un peu plus à l'aise, tous les bancs étaient envahis par des *tapadas,* blasées sans doute sur les émotions du cirque, et venues là pour assister seulement à l'entrée des spectateurs. De cette longue guirlande rieuse, turbulente et fleurie, s'échappaient tour à tour, à l'adresse des cavaliers qui traversaient les allées, des interpellations, des saluts, de bruyants éclats de rire, des épigrammes, ou de gracieux compliments accompagnés du don de quelque fleur significative dans le *Sélam*. Vers le milieu de l'*alameda*, on débouchait enfin sur la place del Acho, devant un immense pâté de maçonnerie qui servait d'enceinte au cirque, et dont la foule obstruait les portes. C'était là le but commun ; c'est là que je dus pénétrer, non sans force coups de coude donnés et reçus, pour aller m'asseoir dans la loge où quelques amis exacts et prudents avaient bien voulu me garder une place.

L'étrange spectacle auquel j'allais assister devait se distinguer par une physionomie toute péruvienne des combats de taureaux tels qu'on les a mille fois décrits. On jugera par quelques incidents caractéristiques, les seuls que je veuille noter ici, de la fête donnée au cirque del Acho. Le cirque, plus remarquable par ses dimensions que par son architecture, peut contenir plus de vingt mille personnes. On connaît l'ordonnance de ces théâtres populaires de l'Espagne et des pays espagnols. Autour de l'arène, un rang de sombres baignoires ; au-dessus, un cordon de maçonnerie, sur lequel les *espadas* ou les *capeadores de a pie* peuvent, en cas de poursuite trop périlleuse, s'élancer pour se soustraire au taureau furieux ; plus haut, des gradins qui s'élèvent en amphithéâtre jusqu'aux loges ; au milieu de l'arène, un groupe de colonnettes supportant un pavillon mauresque nommé *templador*, refuge des utilités du combat ; enfin, du côté du *toril*, trois portes, — l'une destinée aux taureaux, l'autre au gardien, celle du milieu, la plus grande, aux acteurs de la lutte, — voilà quelle était la disposition du cirque del Acho, disposition dont le principal mérite était de grouper le public dans un ordre des plus pittoresques. Rien ne peut donner une idée du spectacle éblouissant qu'offrait ce vaste amphithéâtre le jour où le président Vivanco et sa femme devaient venir assister à la représentation solennelle si pompeusement annoncée dans les rues de Lima. Dès notre entrée, nous fûmes éblouis par l'éclat du soleil, par le mouvement de cette multitude dont les orbes multicolores et mobiles allaient en s'élargissant des gradins contigus à l'arène jusqu'aux hauteurs du cirque, semblables aux fantastiques créations d'un kaléidoscope gigantesque. Comment donner une idée de cette cohue turbulente où se pressaient tous les costumes du Pérou, depuis l'élégante *saya* des Liméniennes jusqu'au simple vêtement des femmes de la campagne ou des petites villes voisines, dont un ample chapeau de paille fleuri et enrubanné ombrageait le visage bruni par le soleil? Comment donner une idée surtout de la confuse rumeur qui arrivait à nos oreilles, mêlant dans un contraste étrange les plaintes aux éclats de rire, les jurons aux sifflets, et dominée de temps à autre par le cri bizarre des marchands de *dulces* ou de *cigarros*? Mais tout à coup un grand silence succède à tout ce bruit; des fanfares ont annoncé l'arrivée du directeur suprême. Le président Vivanco est entré avec sa femme et les officiers de sa suite en grande tenue dans une loge magnifiquement tendue de velours cramoisi. Une détonation a retenti sur le *templador*, dont la girouette est mise en mouvement par une fusée qui pousse des sifflements de couleuvre effarouchée sous la lumière sans rivale du soleil. C'est le signal de la fête. La porte de l'arène s'ouvre, et alors se succèdent dans l'ordre accoutumé tous les épisodes sanglants ou bouffons promis à la curiosité des *aficionados* liméniens. D'abord, c'est tout le personnel du cirque qui défile en bon ordre; six chevaux pomponnés, aux jambes grêles, à la brusque et vive allure, sont attelés à un châssis garni de courroies et de crochets destiné à entraîner les victimes. Derrière eux viennent quatre *capeadores* à cheval, deux *capeadores* à pied, trois *rejoneadores*, trois *espa-*

das, trois *puntas*[1] : le cortége est complet. Presque tous ces personnages portent la veste et le pantalon de velours vert-bouteille, la ceinture sang de bœuf et le chapeau noir à larges bords, comme les bouchers de certaines provinces de France. Ils s'inclinent devant le directeur suprême et se retirent ; puis, comme lever du rideau, un bataillon de chasseurs (*el glorioso batallon de cazadores*, dit le programme) vient exécuter une série d'innocentes manœuvres dont l'ordre et la précision ne rachètent malheureusement pas l'ennui souverain. Aussi le public impatienté demande à grands cris les taureaux, et le *glorieux bataillon*, sur un signe de l'intendant de police, fait sa retraite au milieu de huées assourdissantes. La comédie terminée, le drame commença.

Les premières courses reproduisirent sans grande originalité tous les incidents ordinaires. Des mannequins terrassés et faisant partir entre les cornes du sauvage agresseur des pièces d'artifice dont les ardentes morsures l'exaspèrent, des chevaux éventrés, des cavaliers poursuivis et déroutant l'animal furieux à force d'adresse et de légèreté, enfin le coup mortel donné à la bête par le *desjarretador* au bruit des fanfares, la distribution des récompenses faite séance tenante[2], tout cela eût pu se passer en Espagne aussi bien qu'au Pérou. Ce qui nous parut plus essentiellement marqué d'un cachet national, c'étaient les raffinements étranges qui vinrent çà et là varier la monotonie un peu classique du combat. Je cite au hasard quelques-uns de ces épisodes caractéristiques.

---

[1] On sait que la fonction des *capeadores* à cheval ou à pied est d'exciter le taureau en agitant leur manteau ; celle des *rejoneadores* est de lui lancer le javelot ; les *espadas* le frappent de l'épée ; les *puntas* lui décochent de loin des javelines.

[2] Les *capeadores* viennent, après chaque course, se ranger devant la loge des juges, qui leur jettent des rouleaux de piastres. Le public témoigne alors sa satisfaction en demandant par le cri *otro! otro!* qu'on double, triple ou quadruple la récompense.

Pendant la première distribution des piastres, un nègre était venu déposer une chaise dans l'arène. Un *espada* mexicain devait s'y asseoir à vingt pas de la loge du taureau, attendre l'animal à sa sortie et le frapper sans quitter son siége. Quelques instants se passèrent sans que le Mexicain parût, et un mouvement général annonçait l'impatience mêlée d'anxiété avec laquelle la foule attendait sa venue. Enfin, il se présenta fièrement dans l'arène comme un premier sujet devant la rampe. Il se fit un profond silence. Une cape rouge s'enroulait autour de son bras gauche, qui, semblable à l'anse d'une urne, s'appuyait solidement à sa hanche; un petit chapeau noir à bords ronds, orné d'un ruban de velours et de quelques houppes de soie, ombrageait son visage jaune comme le santal, et où brillaient des regards d'aigle. Le Mexicain semblait dans la force de l'âge; svelte et cambré, il s'avança en se dandinant avec insouciance, comme un homme sûr de lui. Après avoir salué la loge d'honneur, il prit une large épée, en appuya la pointe contre une des colonnettes du *templador*, la fit ployer dans l'un et l'autre sens, comme pour en essayer la trempe, puis il vint à la chaise, l'examina et l'assura avec un soin méticuleux sur le sol. Cette précaution prise, il s'assit, le pied droit avancé, l'autre sous lui et en dehors des montants antérieurs de la chaise. Il porta le buste en avant, empoigna de la main gauche placée derrière son dos l'un des barreaux du dossier, posa sur son genou sa main droite armée, et, l'œil fixe, immobile, il attendit. Comme lui, tous les spectateurs semblaient pétrifiés. Le seul homme peut-être qui fût tranquille était celui-là même qui causait une si douloureuse inquiétude dans le cirque del Acho. L'impassibilité du Mexicain ne se démentit pas, quand le taureau, d'un terrible coup de tête, chassa violemment contre le mur la porte qu'on venait d'entr'ouvrir. Il vit fondre au grand galop sur lui son farouche adversaire, sans paraître plus ému que le joueur qui s'apprête à enfiler la bague; seulement, son regard avait une fixité effrayante au moment où, abaissant la pointe de son épée, il tendit le bras en renversant le poignet. Le taureau, dans son élan furieux, emporta le fer dont on ne voyait plus que la garde, ornée d'une dragonne rouge. La main qui tenait la chaise lui avait à peine fait décrire un quart de conversion. L'homme ne se releva que pour éviter une nouvelle attaque; mais l'animal était si grièvement blessé, qu'il trébuchait à chaque pas; aussi s'agenouilla-t-il au second coup d'épée pour attendre le coup de grâce du *desjarretador*. — Un immense hourra avait salué cette audacieuse et brillante estocade, le cirque tremblait encore sous les trépignements, et les mouchoirs flottaient au-dessus des têtes comme l'écume sur une mer furieuse, quand le Mexicain s'avança pour toucher la récompense, cette fois bien méritée; aussi la fit-on doubler et tripler d'une voix unanime.

Cependant, deux hommes armés de lourdes masses frappaient déjà à coups redoublés sur un pieu carré, dont les trois quarts disparurent bientôt dans le sol. Dès qu'on jugea que le pieu pouvait offrir un point d'appui d'une grande résistance, on cessa de frapper. Un *sambo* vint alors, et déposa sur le sable un arbre équarri qui, long de douze à quinze pieds, allait s'amincissant comme un cierge de sa large extrémité à son autre bout, qui s'emmanchait dans un fer acéré. Cette pique énorme et pesante était ce que le programme appelait la *lanzada*. Le *sambo* la coucha sur l'arène, la base appuyée contre le pieu, la pointe tournée vers la porte du *toril*; puis, s'agenouillant et prenant la hampe à deux mains, il en souleva l'extrémité aiguë de façon à ouvrir avec la terre un angle dont il élevait ou abaissait à volonté le côté mobile, comme il eût fait de la branche d'un compas. Après s'être ainsi familiarisé avec son instrument, il se releva, quitta son *poncho*, lança son chapeau de paille à dix pas derrière lui, et

7.

disposa sur son épaule et autour de son bras droit, de façon à ne gêner en rien ses mouvements, la cape rouge du *matador*. Nous suivions avec intérêt ces préparatifs : il était facile de comprendre ce qui allait se passer, et nous frémissions pour le taureau; mais un de nos voisins nous expliqua que si, par malheur, la *lanzada* était mal dirigée, c'en était fait de l'homme.

Le moment était venu, les cuivres se turent; un silence inquiet et solennel plana de nouveau sur l'enceinte. Le *sambo* mit un genou en terre, fit un signe de croix, souleva la pointe de la *lanzada* à peu près à la hauteur du fanon d'un taureau ordinaire, et fit signe d'ouvrir le *toril*. Soudain un coup de tête fit tonner la porte, et le taureau, tourmenté, aiguillonné, furieux jusqu'à la rage, courut avec une rapidité folle vers l'homme au manteau rouge; mais il fut arrêté dans cette course foudroyante par le fer de la *lanzada*, qui, lui pénétrant à la hauteur de l'aisselle avec un bruit sinistre que nous ne pûmes entendre sans frémissement, vint, déchirant le cuir, rompant les nerfs et les os sur son passage, sortir vers les reins. Le choc fut si terrible, que l'animal, reculant de plusieurs pas, entraîna avec lui cet arbre, qui le traversait comme une broche. Son arrière-train se soutenait à peine sur ses jarrets chancelants. Il resta quelques secondes stupide, inondé de sueur et grelottant; l'on voyait passer sous ses yeux, couleur de lapis-lazuli, de vagues teintes d'opale; il ouvrit la bouche pour beugler, mais il ne fit entendre qu'un râlement suprême, en vomissant un flot de sang noir; puis il tomba pesamment sur l'arène et ne se releva plus.

Cette fois, l'enthousiasme de l'assemblée ne connut plus de bornes; on trépignait, on vociférait; les mouchoirs et les chapeaux fouettaient l'air. Je n'étais pas encore remis de l'impression pénible que m'avait causée ce dernier exercice, quand une autre émotion vint succéder à celle qui m'agitait :

un groupe d'imprudents curieux, parmi lesquels figuraient
les pauvres chasseurs dont les manœuvres avaient servi de
prélude aux courses, avait escaladé la toiture qui abritait une
partie du cirque, fragile rempart de plâtre qui n'avait pu résister longtemps à la pression de cette masse humaine, et venait de s'abîmer, entraînant dans sa chute les malheureuses
victimes d'un excès de curiosité. Le cri *temblor* s'éleva aussitôt : la crainte des tremblements de terre pèse toujours
comme une triste menace sur les divertissements des Liméniens. L'alarme heureusement n'avait rien de bien sérieux. La
première surprise dissipée, on commença à se reconnaître ; le
calme se rétablit dans la partie du cirque restée intacte ; seul,
le théâtre du sinistre conservait une physionomie pleine de
douloureuse agitation. — Le mal, pour grand qu'il fût, était
pourtant loin d'être au niveau de l'impression ressentie : —
vingt ou trente pieds de la toiture s'étaient affaissés, d'abord
avec lenteur, laissant rouler sur le mur une avalanche humaine. Parmi les curieux ainsi précipités, un petit nombre
avaient reçu de cruelles blessures : la plupart, cramponnés aux
roseaux et aux lattes, étaient descendus plutôt que tombés
sur les spectateurs des gradins, qui, se croyant à peu près
étouffés, avaient poussé des cris lamentables. — Grâce à la
promptitude des secours, l'on parvint à rétablir l'ordre ; les
blessés furent transportés hors de l'arène ; les spectateurs
effrayés se rassurèrent ; des milliers de voix se mirent bientôt
à hurler : *Sigua la fiesta ! sigua la fiesta !* en accompagnant
ce chœur formidable d'un tonnerre de trépignements. Il eût
peut-être été imprudent de résister à la volonté de cette foule
exaltée jusqu'à la fureur : le président, qui allait se retirer,
céda donc au vœu général ; il sortit, mais en donnant l'ordre
de continuer la fête. On oublia vite le déplorable intermède,
et la course reprit tout son entrain. Quelques prouesses d'un
nouveau genre destinées à soutenir et à raviver l'intérêt s'y

produisirent. On vit, par exemple, un enfant de sept ans manœuvrer un cheval plein d'ardeur et, avec le savoir-faire et le sang-froid d'un *capeador* consommé, éviter à plusieurs reprises un taureau furieux. — Il fut remplacé par un jeune Colombien qui s'élança sur un taureau sellé à l'avance et lâché dans l'arène. Le visage de l'étranger, au moment où il se mit en selle, était couleur de cuivre; mais les fantaisies gymnastiques auxquelles se livra incontinent sa sauvage et farouche monture, les bonds terribles et les brusques écarts qui le repoussaient comme s'il eût été assis sur des ressorts violents, l'eurent bientôt fait passer de l'orange à l'écarlate et de l'écarlate au pourpre. Quand surtout il mit le feu à un artifice fixé aux cornes de l'animal, celui-ci, effrayé par les fusées, se démena avec tant de rage, que, pour résister à cette équitation fougueuse, brusque, inégale, désordonnée, il fallait assurément que le Colombien eût des muscles d'acier dans un corps de caoutchouc. Au plus fort de cet exercice endiablé, comme il lançait à pleine main des fleurs qu'il puisait dans une corbeille, il se tourna vers nous, et nous crûmes qu'il vomissait du sang : c'était un énorme dahlia qu'il venait de se mettre entre les lèvres. Sa corbeille une fois vidée, il la changea contre une guitare dont il faisait vibrer les cordes, et couronna ses excentricités en piquant avec adresse, malgré les difficultés de la situation, une banderille enflammée à un second taureau qui faisait son entrée en scène.

Deux hommes furent grièvement blessés, plusieurs chevaux furent encore mis hors de combat; treize taureaux agonisèrent sous nos yeux. Quand nous quittâmes le cirque, le jour touchait à son déclin; il manquait encore pourtant trois victimes à l'hécatombe de seize taureaux promise par le programme [1]. Je m'en revins par les rues, brisé de fatigue et en

---

[1] Le nombre des taureaux tenus en réserve pour chaque *function*

proie à mille émotions ; tout semblait rouge à mon regard ébloui, mes oreilles étaient pleines de rumeurs. Je croyais voir des lueurs sanglantes errer sur les façades dorées par le soleil couchant ; il me semblait que le Rimac n'avait jamais secoué avec plus de rage les cailloux de son lit ; mais, rentré dans ma chambre, sous le coup d'une névralgie violente, je sentis que les éblouissements et le vacarme de la journée étaient en moi. Toute la nuit j'entendis gronder sans relâche les formidables bruits du cirque, avec des fracas de foudre et de torrent.

Les combats de coqs partagent, avec les combats de taureaux, le privilége d'attirer la population liménienne. Toutefois la *casa de gallos* (théâtre de coqs) nous a paru plus particulièrement fréquentée par les dernières classes de la société. Ses *aficionados* sont des *cholos*, des *sambos* et des nègres, qui viennent y chercher surtout les émotions du jeu, car on est vite blasé sur celles du combat. Un public où l'on compte trois *ponchos* pour un habit et dix faces de couleur pour un visage blanc remplit le plus souvent l'enceinte, charmant petit cirque avec gradins et galeries. Quelques *tapadas* de sang mêlé se montrent çà et là sur les banquettes supérieures. — Un arbitre impartial comme Minos règle les paris et juge les cas difficiles. Tout individu a le droit de produire le coq sur lequel il fonde des espérances. Les *asentistas* lui opposent un adversaire élevé dans l'établissement. Les parieurs sont en présence. Dès qu'on a mis une couple des futurs athlètes sous les yeux de l'assemblée, chacun s'évertue à désigner le champion à qui il confie sa fortune. Durant ces étourdissants préliminaires, il n'est pas rare de voir des nègres sordides tirer de la poche

(on nomme ainsi tout spectacle) ne varie jamais que de seize à dix-huit, et le programme a soin d'annoncer que les *matadores* s'arrangeront de manière à les *dépêcher* (despachar) tous avec leur dextérité accoutumée.

d'un pantalon en guenilles une brillante poignée d'onces qu'il est fort permis de regarder comme le produit de quelque croisière sur la route de Callao. Enfin les paris sont fermés : deux hommes tiennent les coqs armés en guerre, c'est-à-dire la lancette chevillée à l'ergot ; on les fait se becqueter réciproquement, ce qui ne tarde pas à les mettre en fureur. A peine ont-ils pris pied sur l'arène, qu'ils s'abordent avec rage, griffant le sol, la plume hérissée, l'œil sanglant comme le rubis, l'aile traînant en bouclier jusqu'à terre. Le premier choc est terrible : chaque coup de bec fait voler un nuage de plumes, le sang jaillit sous les poignards d'acier. Parfois, exténués, ils s'arrêtent, les poumons en mouvement et fouillant du bec la poussière ; puis ils reviennent à la charge avec une furie que semblent exciter encore les épithètes et les exhortations de la galerie. Un des coqs tombe enfin sur le flanc ; le vainqueur s'approche alors, pose la griffe sur le cadavre, dresse fièrement la tête, jette sur l'assemblée un insolent regard, et, superbe comme un héros de l'Iliade, il pousse un cri de victoire.

C'est un singulier contraste que celui des spectacles favoris des Liméniens avec la douceur qui fait le fond de leur caractère. Malgré l'absence presque complète de police, rien n'est plus rare qu'un assassinat dans la capitale du Pérou. Les vols à main armée sur les grandes routes et les filouteries dans les villes sont les seuls délits qu'on ait à y réprimer fréquemment. Les terribles spectacles du cirque sont donc bien moins pour le Péruvien un enseignement d'insensibilité qu'une école d'audace, de sang-froid et d'adresse. Nos théâtres, où souvent se produisent sous une forme attrayante les plus coupables théories, ont réveillé des instincts criminels qui longtemps encore resteront inconnus aux *aficionados* du cirque del Acho et de la *casa de gallos*.

La population de Lima n'est pas étrangère d'ailleurs à des jouissances plus raffinées que celles de ces représentations fiévreuses. Suivons-la au Coliseo. C'est un édifice qui n'a aucune apparence extérieure. On y entre par une petite porte percée dans un mur de craie et surmontée le soir d'un falot, puis l'on traverse une cour, l'on gravit un perron qui aboutit à quelques ouvertures pratiquées dans une lourde maçonnerie en forme de four à chaux. L'on traverse un couloir assez mal éclairé, mais assez large pour préserver un habit noir des frictions farineuses des murailles, et l'on se trouve dans la salle. Elle est de forme ovoïde, et la scène dans son plus grand diamètre est parfaitement en vue des coins les plus extrêmes ; son ordonnance est fort bien entendue, sa décoration assez convenable. Le parterre était divisé en stalles un demi-siècle avant qu'on eût introduit cette innovation dans nos théâtres de France. Les deux rangs de loges, dont chacune peut contenir huit personnes, sont placés sur un même plan vertical, et par conséquent en pleine lumière. La loge du président, voisine de la scène, occupe le tiers du côté droit de la première galerie ; elle est tendue de velours cramoisi frangé d'or. L'écusson de la ville, qui est d'azur, à trois couronnes d'or surmontées d'une étoile rayonnante, éclate au front du rideau ; puis, à droite et à gauche, on lit en grosses majuscules noires, sur des cartouches : *No se fuma aqui;* mais cette inscription ne semble placée là que pour rappeler les spectateurs, durant les entr'actes, à leurs habitudes favorites. Aussi, dès que la toile baisse, chacun se hâte-t-il d'allumer son *mechero*. Une troupe nationale et une troupe italienne figurent tour à tour sur la scène du Colisée. Nos drames et nos vaudevilles français ne s'y produisent que doublement travestis par l'infidélité des traducteurs et l'inintelligence des acteurs. Quant aux *sainetes*, qui servent d'intermèdes à des œuvres plus sérieuses, elles n'ont jamais eu pour nous de charme bien attrayant. Ce sont presque toujours des farces saupoudrées de gros sel et pleines de situations surannées, de lourdes bouffonneries dont le personnel hétérodoxe se compose de maris dupés, battus et contents, de vieillards stupides, libertins et ladres, d'Escalantes et de Gananciosas dévotes et rouées, de fils prodigues et chenapans, s'ingéniant de mille façons à forcer la cassette paternelle. Ces burlesques héros se meuvent avec force grimaces et éclats de rire qui trouvent un écho dans la partie *medio pelo* [1] de l'auditoire. En assistant à ces parades qui sont tout au plus dignes d'occuper les badauds à la bouche béante devant les tréteaux d'une baraque de la foire, nous nous prenions à regretter tout cet esprit argent comptant, qui, dépensé en pure perte chaque jour par des écrivains pleins de verve dans les journaux, assaisonnerait convenablement des *sainetes* dont les mœurs péruviennes pourraient, certes, offrir les thèmes piquants et originaux. *Las liricas* (c'est ainsi qu'on nomme à Lima les cantatrices italiennes) ont seules le don de faire affluer au Coliseo une foule choisie qui vient de bonne foi pour écouter l'opéra de toutes ses oreilles. Un orchestre passable, des chœurs médiocres où une douzaine de *muchachos* (cet âge est sans pitié) déchirent à qui mieux mieux les plus suaves conceptions, deux habiles cantatrices, quelques chanteurs zélés, tels sont les principaux éléments de succès de l'opéra italien. — L'installation de ce spectacle, aujourd'hui en pleine vogue, mit dans le principe en émoi toute les consciences timorées de la capitale du Pérou. Leurs hésitations ne tinrent pas contre le succès de la première audition. La curiosité, cette magicienne toute-puissante sur l'esprit féminin, ouvrit à deux battants les portes du théâtre ; dès lors la foule élégante y afflua, et pendant notre séjour à Lima, l'engouement était dans toute son ardeur. Nous passâmes plus d'une soirée agréable au Coliseo. Si notre *dilettantisme* eut parfois à souffrir, nous trouvâmes quelques

---

[1] Sang mêlé.

dédommagements dans les distractions que nous causait le personnel de la salle. L'élite de la société occupait les loges, et les femmes se montraient le visage découvert et costumées à la française avec une recherche pleine de goût et de distinction. Dans chaque compartiment s'épanouissait un riant bouquet de gracieux visages qui empruntaient parfois un charme particulier à l'arrangement original et bizarre d'une chevelure blonde ou brune torturée de mille manières, chaque Liménienne se coiffant à peu près à sa guise et consultant bien plus en cela l'avantage de sa physionomie que les exigences de la mode. Dans la salle du Coliseo, aux représentations de *las liricas*, on ne remarquait pas une femme sur douze à laquelle on pût refuser sans sévérité l'épithète de *bonita* (jolie).

Le Coliseo est surtout le rendez-vous de l'aristocratie: les Liméniens d'origine espagnole. C'est dans les fêtes populaires que l'on rencontre les Indiens, les métis et les noirs, dont il nous reste à parler pour compléter autant qu'il est en notre pouvoir cette étude de la société péruvienne.

II

Les gens de medio pelo. — Balsas. — Soldats et rabonas. — Les Amancaës.

Par une de ces anomalies communes à certains États démocratiques du nouveau monde, il existe au Pérou, en dépit des constitutions égalitaires, de fortes démarcations entre les races qui composent la société. Le mépris du créole blanc pour la peau rouge, et la haine de l'Indien pour l'homme au sang d'azur (*de sangre asul*), étaient la tradition fondamentale de la conquête; plus tard, les nègres importés dans le pays pour être disséminés sur les *haciendas* des grands propriétaires, vinrent ajouter de nouveaux et plus solides ferments de mépris et de haine à ceux préexistants, et la fusion de ces trois races donna lieu à une foule de classes et de castes, toutes animées entre elles d'une antipathie virulente, qui n'est pas le moindre élément du désordre auquel semble vouée la république péruvienne.

Ce sont ces différentes catégories de gens de couleur que les fils des conquérants enveloppent avec dédain de cette qualification : *gente de medio pelo*.

Je ne prétends pas décrire les mœurs des gens de *medio pelo*, ni celles des noirs, n'ayant point été à même d'étudier assez sérieusement leur vie intime ; mais j'essayerai de faire partager au lecteur l'impression que j'ai reçue de leurs étranges habitudes, lorsqu'il m'a été donné de les rencontrer sur différents théâtres de leurs travaux ou de leurs ébats.

Parmi les gens de *medio pelo*, on distingue surtout le *cholo*, fils de l'Indien et du blanc, et le *sambo*, fils de l'Indien et du noir, à différents degrés. Le premier est de petite taille, sa face est quelquefois jaune comme le santal, ou vermeille comme l'orange. Des yeux posés en virgules, un front étroit, des pommettes très-saillantes, des cheveux roides et noirs, composent un ensemble assez peu agréable ; mais la physionomie du *cholo* est empreinte d'une sorte de mélancolie mystérieuse, qui, chez les femmes surtout, devient une séduction. Ces dernières sont loin d'avoir la véhémence et la fierté des créoles blanches ; leur physionomie couleur de santal, où s'épanouissent deux yeux d'un noir de jais légèrement relevés aux coins, reflète la timidité, la résignation, et cette étrange expression vaguement inquiète qui trahit des souvenirs douloureux ou des pressentiments funestes. La douceur et l'indolence sont les principaux traits du caractère *cholo*. — Le *sambo* est souvent vigoureux et de haute taille ; ses cheveux crépus descendent sur un front bas où brillent des yeux vifs et intelligents, entre ses lèvres épaisses, toujours entr'ouvertes, éclatent des dents blanches et bien rangées ; sa physionomie n'a rien de sympathique, elle est expressive et animée, souvent aussi elle est dure et railleuse. Quant aux femmes *sambas*, leur front rétréci que couvre une chevelure rebelle en dépit de la sollicitude de leur mère qui la tresse en mille cordelettes faute de pouvoir l'assujettir à d'autres formes élégantes, et qui depuis leur tendre jeunesse la relève avec effort dans la vaine espérance d'augmenter d'une ligne le front étroit qui accuse le sang africain ; leur regard provocateur ; leur bouche sensuelle ; leurs narines aux ailes mobiles : tout chez ces femmes respire la passion dans ce qu'elle a d'impétueux et de farouche.

Depuis la conquête du Pérou, la race blanche ne s'est guère écartée des côtes, c'est elle qui peuple les villes du littoral. Les gens de couleur habitent la montagne, où ils sont mineurs, bergers, cultivateurs et quelquefois tisserands. Les *cholos* s'occupent plus spécialement de la conduite des mules et des *llamas* qui transportent les marchandises étrangères et les denrées à travers le pays. Il existe pourtant aussi, çà et là, au fond de quelques criques perdues de la côte, quelques pauvres hameaux dont le misérable personnel vit de la pêche, s'occupe, s'il y a lieu, de l'embarquement et du débarquement des marchandises, et se prête volontiers le reste du temps à certaines opérations de contrebande. Mais le batelage est la condition indispensable de ces diverses industries, et l'on ne trouverait pas sur une grande partie du littoral péruvien le bois nécessaire à la construction d'une simple pirogue. Les Indiens ont donc été forcés d'avoir recours à un mode de navigation fort primitif, et qui sera encore longtemps en usage dans le pays : c'est celui des *balsas*. — Plusieurs peaux de veaux marins, cousues ensemble, forment de vastes outres que l'on gonfle en y insufflant l'air au moyen d'un boyau tordu ensuite pour empêcher la sortie de l'air introduit. Chacune de ces outres devient alors semblable à un cône brusquement terminé en pointe à ses extrémités. Une *balsa* est faite de deux de ces cônes rapprochés à leur sommet pour ouvrir plus facilement le flot ; ils supportent une sorte de plancher triangulaire en lattes, recouvert de peaux ou de nattes grossières. L'Indien qui conduit est armé d'une pagaie à deux pelles ; assis à l'angle aigu du plancher, il frappe vivement l'eau à droite et à gauche, et imprime à la *balsa* un rapide élan en sens contraire. Les *balsas* supportent des poids assez considérables, et leur peu de tirant d'eau leur permet de traverser le ressac sans difficulté. C'est mélancoliquement accroupis sur ces embarcations couleur de cuivre rouge, que m'apparurent pour la première fois les *cholos* du Pérou. Notre navire avait jeté l'ancre à quelques encâblures d'Iquique, où nous devions passer un jour ; aussi, dans mon impatience de descendre à terre, me confiai-je à ces étranges bateliers qui me déposèrent sur le rivage, plus sec que je ne l'espérais.

Iquique est un petit port péruvien, situé dans le sud de Lima ; la ville, assise dans un sable gris et fin, se détachait à peine sur le fond cendré des hautes montagnes qui bornent l'horizon à l'est. Il faisait une chaleur torride, et tout ce morne paysage paraissait trembler, comme si j'en avais été séparé par un voile incandescent ; aussi le *guano*, qui couvre de son manteau de neige les rochers noirs du rivage, formait-il avec ces terres calcinées un singulier contraste. Ce spécimen des villes du littoral dit assez ce que doivent être les hameaux indiens à moitié enfouis dans le sable, à la base des marches arides de la Cardillère, et séparés des terres fertiles par vingt ou quarante lieues de désert.

La ville d'Iquique était dans la stupeur, un mouvement militaire venait d'avoir lieu et la *presse* avait enlevé tous les hommes en état de porter les armes. Une demi-douzaine de *cholos*, qu'un chef de parti débarqué de la veille avait achetés à sa cause, y tenaient garnison.

L'armée péruvienne est presque entièrement composée de gens de couleur, qu'à défaut d'une noble vocation, la presse, mode de recrutement militaire en usage dans le pays, rassemble à l'improviste sous les drapeaux. Là, ils reçoivent une paye, sinon fantastique, au moins fort irrégulière, un équipement misérable, et sont soumis à un régime alimentaire que leur sobriété peut seule endurer. Les femmes des nouveaux enrôlés, emportant leurs enfants et leurs ustensiles de ménage, les suivent alors dans leurs garnisons, et même dans leurs campagnes de guerre. Aussi la marche d'une armée péruvienne a-t-elle tout l'aspect de ces tribus primitives en quête d'un nouveau territoire. Ces femmes de régiment, ces *rabonas*, comme on les nomme au Pérou, tiennent au soldat par un lien qui, bien qu'illégitime souvent, n'en est pas moins solide ; elles supportent ses brutalités et partagent ses fatigues et ses misères, sans partager toujours le repas qu'elles ont préparé, après se l'être procuré à grand'peine. — L'escorte des *rabonas* est déjà une garantie contre la désertion. Un soldat qui peut emmener avec lui la femme qui lui est chère n'est point tourmenté par le désir d'aller la rejoindre. Malheureusement les douceurs qu'apporte à la vie des camps la compagnie des *rabonas* ne tempèrent pas toujours le dégoût du soldat pour le triste métier qu'on lui impose. Aussi une armée péruvienne compte-t-elle dans ses rangs bon nombre d'individus prêts à déserter à la première occasion. Un jour de bataille est surtout favorable à leurs desseins. Dès que la fusillade s'engage, — à portée de canon comme de coutume, — le désordre se jette dans ces bandes indisciplinées. Les partis ennemis se rapprochent, le tumulte et la confusion augmentent, et servent à merveille les fuyards, qui se débarrassent de leurs armes et de leurs munitions, et retournent à leurs anciennes habitudes. Dans ces rencontres de guerre civile particulièrement, on voit l'esprit militaire se conformer aux pacifiques allures du caractère national. L'odeur de la poudre n'enfièvre guère les Péruviens, et l'héroïque ivresse dont parlent leurs bulletins ne les emporte jamais bien loin. Fort différents des peuples plus avancés, ils se soucient médiocrement d'abreuver leurs sillons avec le sang de leurs ennemis, le *guano* leur semble un engrais infiniment préférable. Le champ de bataille appartient d'ordinaire au parti qui a l'audacieuse curiosité de s'avancer pour voir si d'aventure les coups n'auraient pas porté dans le vide. L'animosité des combattants n'est guère sérieuse. Ils savent trop bien qu'ils servent d'instruments à des ambitions mesquines ou à des colères d'étourdis, pour risquer leur vie dans ces folles équipées. L'action n'est donc presque jamais meurtrière. Une bataille durant laquelle une douzaine de guerriers *mordent la poussière* fait au parti victorieux entonner les fanfares les plus triomphales ; puis il fraternise avec les vaincus, qui toujours viennent grossir ses rangs. Il est ici question, je le répète, des rencontres de guerre civile si fréquentes au Pérou. Les gens de couleur qui se sont montrés durant les glorieuses luttes de l'indépendance courageux, infatigables et sobres, retrouveront ces vertus du soldat pour les mettre au service d'une cause vraiment nationale.

Si l'on veut saisir sous un plus curieux aspect le caractère des gens de *medio pelo*, il faut les suivre dans les fêtes champêtres. La nonchalance et l'apathie qui leur sont habituelles ne résistent pas aux mets épicés, aux boissons fermentées ou spiritueuses et à l'entraînement des danses péruviennes. Sous l'empire de ces divers excitants, leur physionomie triste et résignée prend une expression de gaieté presque sauvage. — Une fête célèbre à Lima, celle des Amancaës, le Longchamps des gens de couleur en quelque sorte, peut surtout faire apprécier cette transformation.

Comme notre Longchamps, le lieu où l'on se réunit a aussi sa légende : un ermite y mourut en odeur de sainteté, et,

dans le principe; ce fut à son tombeau que la foule se porta
en pèlerinage. Aujourd'hui l'on ne songe guère à l'ermite,
et le prétexte pieux de la réunion est remplacé par un prétexte pastoral plus spécieux encore. — Vers la Saint-Jean, une
riche moisson de fleurs d'un jaune d'or couvre presque à l'improviste les montagnes arides qui avoisinent Lima, comme si
les trésors de la terre surgissaient à sa surface. Cette fleur,
que l'on nomme *amancaës*, a donné son nom à la fête. La
foule se porte pour la cueillir vers un point de la montagne
où d'ordinaire elle croît en plus grande abondance. Mais, pour
y arriver, il faut traverser une plaine couvertes de tentes et
de *ranchos* d'où s'échappe, mêlé au concert grésillant des
poêles et des casseroles, le son des guitares et des tambours.
Cholos, *sambos* et nègres s'arrêtent dans la plaine. Là, ils
donnent carrière à de robustes appétits et se livrent aux chorégraphies les plus extravagantes. Les nègres surtout travestissent les danses gracieuses et passionnées du Pérou, en y introduisant les postures grotesques et les élans désordonnés, de
leurs *bamboulas* africains. Plus tard, la turbulente cohue se
disperse sur les collines pour cueillir l'*amancaës*; puis, au coucher du soleil, toute cette population enfiévrée par les excès de
la journée remonte à cheval; les femmes, jambe de ci, jambe
de là, *al uso del país*, découvrant jusqu'au genou le moule
irréprochable de leur bas de soie miroitante. Il faut voir alors
sambas et *cholitas*, ivres de *samacueca* et d'eau-de-vie de
Pisco, le front baigné de sueur, les cheveux épars, les narines
dilatées, enfoncer l'éperon aux flancs de leurs chevaux; les
faire cabrer ou tourner brusquement sur eux-mêmes pour
épargner un piéton maladroit, puis les lancer de nouveau et
passer comme le vertige à travers une mêlée où cent chevaux,
obéissant à des volontés différentes, témoignent par leurs manœuvres inoffensives de l'habileté de ceux qui les dirigent.

Quand, au coucher du soleil, les cavaliers des deux sexes

rentrent en ville, luttant à l'envi de prouesses d'équitation, ces joyeux pèlerins tiennent à honneur de montrer le butin qu'ils ont récolté sur les *cerros*.

Les amancaës décorent les boutonnières, s'enlacent aux chapeaux en couronnes, s'épanouissent à toutes les mains en gerbes d'or, et la bruyante cohorte, qui semble porter la livrée du printemps, se déroule et défile, la chanson ou l'éclat de rire aux lèvres, sur l'*alameda*, entre deux haies de curieux accourus pour assister à son pittoresque défilé.

III

L'alameda Viejo. — La Perricholi. — Les cofradias d'esclaves. — Une version de la Genèse.

L'Alameda Viejo, que les gens de couleur remplissent ainsi d'animation joyeuse le jour des Amancaës, est encore palpitante des souvenirs d'une cholita, qui fut comédienne de talent, favorite d'un vice-roi, et qui est restée célèbre à Lima sous le nom de Perricholi. La maison qu'elle habitait, placée à l'entrée de la promenade, se distingue par une charmante galerie mauresque, fenestrée dans sa partie supérieure comme ces branches d'éventail découpées à l'emporte-pièce. Près de cette maison, et dominant la muraille élégamment dentelée d'un vaste enclos, on aperçoit, semblable à un arc de triomphe, une sorte de portique chargé d'ornements en stuc et accosté d'une série d'arcades. Ce monument, construit sous la vice-royauté d'Amat, devait être affecté à un vaste bain de femmes. Des tuyaux disposés avec art devaient conduire un cours d'eau voisin vers différents point de l'architecture, d'où, retombant en cascade, il serait venu remplir un vaste réservoir. Ce bel ouvrage, connu sous le nom de Bains de la Perricholi, ne put être achevé sous la vice-royauté d'Amat, et son successeur, suivant une coutume fort répandue parmi les vice-rois du Pérou, se garda bien de terminer une œuvre dont il n'avait pas eu l'idée, et qui eût pu contribuer à la gloire d'un de ses prédécesseurs.

Quelques mots de cette Perricholi, la Péruvienne la plus populaire après sainte Rose, trouvent naturellement leur place dans une esquisse des gens de *medio pelo*.

L'enfance de Mariquita Villegas, — c'est son nom chrétien, — est perdue dans les brouillards qui enveloppent d'ordinaire les débuts d'une vie de bohême. On sait seulement qu'elle apparut sur la scène du Coliseo vers 1760, dans le radieux éclat de la jeunesse, de la beauté et du talent, et que le public l'entoura de sa plus enivrante idolâtrie. Le vice-roi de cette époque, l'un de ceux qui ont le plus contribué à la magnificence de Lima, don Antonio Amat, qui, malgré sa maturité avancée, avait une de ces âmes d'artistes fatalement dévolues à une impérissable jeunesse, vit la belle Mariquita, sentit fondre aux ardeurs tropicales de sa prunelle les glaces de son âge, et déposa à ses pieds son cœur, ses trésors et sa fierté d'hidalgo. Mariquita prit en vraie Liménienne tout ce qu'on lui offrait, et remplit la ville des rois de son faste insolent et de ses folles prodigalités. Jalouse de venger sur la personne du plus grand dignitaire de l'État le mépris et les insultes dont l'orgueil espagnol abreuvait ceux de sa caste, chacune de ses faveurs devenait le prix des plus capricieuses exigences. — Une nuit, elle obligea son royal amant à descendre dans un négligé des plus simples (*de camisa*) vers la plaza Mayor pour puiser à la fontaine un verre d'eau, la seule qui pouvait en ce moment étancher sa soif. — Une autre fois, soupçonnant, entre deux baisers, que ses mules favorites n'avaient point eu leur provende accoutumée, elle se hérissa des farouches résistances de la vertu, et, cette fois encore, Amat dut se rendre aux écuries du palais pour contrôler le service des palefreniers... — Ce fut sans doute à la suite d'une fastidieuse promenade nocturne de ce genre que le vice-roi formula son dépit sous cette brève et injurieuse épithète : *Perra* [1] !

Mais l'enchanteresse eût converti le fer en or ; en l'approchant, l'injure se modifia d'un diminutif, et fut prononcée avec une tendre euphonie qui lui enleva toute son aigreur ; il n'en resta plus dès lors qu'une de ces caressantes niaiseries métaphoriques de l'amoureux tête-à-tête. Fréquemment employée par Amat, elle transpira de l'alcôve dans l'antichambre qui la mit en circulation, la ville l'adopta, et c'est sous le sobriquet de *Perricholi* que Mariquita conserve encore aujourd'hui sa popularité. — Les fantaisies toutes-puissantes de la favorite eurent cependant aussi de nobles et généreux mobiles : elle soulagea un grand nombre d'infortunes, guida la clémence de son amant vers des condamnés dignes d'intérêt, et obtint même la grâce d'un patient au moment où, sur le lieu de l'exécution, il allait subir sa peine. Puis, le démon de l'orgueil lui remettant au cœur cet insatiable besoin d'éclat et d'ostentation communs à ses pareilles, elle se signalait par de nouvelles excentricités dont se rendait complice celui qu'elle enveloppait d'un réseau de séductions. — Aux approches d'une solennité où le vice-roi, les grands de l'État, et toute la noblesse espagnole devaient se produire dans un cortége et y étaler les splendeurs de leur luxe, une triomphante idée traversa le cerveau de la Perricholi. L'occasion s'offrait encore de faire saigner l'amour-propre chatouilleux des conquérants de son pays en prenant le pas sur eux durant la cérémonie prochaine. Elle mit donc incontinent en pratique auprès du vice-roi ses cajoleries les plus irrésistibles pour obtenir la fa-

---

[1] *Perra*, chienne ; *perrita*, petite chienne, d'où *perri-choli*, petite chienne indienne.

veur de monter dans son carrosse. Mais le caprice était cette
fois gros de tempêtes. Il s'ébruita, et ce fut chez la noblesse
un *tolle* général. Une peau rouge, une *cholita*, une fille de ce
peuple mortaillable, allait avoir la préséance sur la noble race
au sang d'azur. Plutôt que de subir un pareil affront, on se
fût brûlé sur un auto-da-fé de blasons et de parchemins. Tout
conspira contre la Perricholi. L'inquisition même, on l'assure,
s'émut dans son antre, et s'occupa de l'affaire; de telle sorte
que le vice-roi, inquiet, dut composer avec sa volontaire maîtresse. Celle-ci voulut bien se décider à transiger, toutefois à
cette condition qu'elle assisterait à la cérémonie dans un élégant carrosse dont on lui ferait présent pour la circonstance.
L'affaire conclue, elle reçut le carrosse, et quand vint le grand
jour, elle se pavana, arrogante de luxe et de beauté, dans les
rangs aristocratiques; mais comme elle regagnait sa demeure,
tout entière encore aux diverses émotions de la fête, elle fut
arrêtée au tournant d'une rue par un prêtre qui, précédé
d'une clochette et suivi d'une foule recueillie, s'en allait porter le viatique à un moribond. Une résolution soudaine s'empare de cette âme versatile : elle renvoie sa voiture, suit à
pied le lugubre cortége, s'agenouille avec lui sur le seuil de
l'agonisant, et, toute honteuse du contraste que cette humble
scène religieuse vient d'opposer à son luxe de pécheresse,
elle offre le lendemain son carrosse à l'église pour y être uti-
lisé aux sorties du saint sacrement. Le sentiment chrétien qui
de temps à autre se réveillait, comme on le voit, dans l'âme
de la Perricholi, devait bientôt l'envahir entièrement. Fut-
elle, à l'improviste, touchée de la grâce? On ne sait, mais il
lui restait à égrener au sein des voluptés profanes bon nombre
d'années encore dans leur fleur, quand on la vit abdiquer ses
triomphes, vivre pieusement dans la retraite, et consacrer
une fortune, fruit de ses coupables faiblesses, à des œuvres
de charité. Cette fin exemplaire atténua les erreurs de sa vie;

elle mourut en 1812 dans la petite maison de l'Alameda Viejo, couverte de bénédictions, emportant des regrets unanimes, et laissant des souvenirs chers au peuple liménien.

Pour en finir avec les dernières catégories de la population au Pérou, il nous reste à parler de la race africaine, qui se multiplie d'une façon considérable. Ici, comme partout, la nature semble avoir traité les nègres en véritable marâtre, en leur refusant ses dons physiques, et en ne leur accordant ceux de l'intelligence qu'avec une extrême parcimonie. Ce sont toujours les mêmes chevelures laineuses, les mêmes nez écrasés, les mêmes bouches lippues et avancées en museaux. Pourtant, loin de s'être abâtardie, tout annonce que leur race s'est fortifiée sur la terre d'esclavage. Presque toujours les nègres créoles sont plus robustes que leurs parents africains. Au point de vue moral, la somme de leurs vertus n'équilibre point celle de leurs vices. Plus ils sont libres, plus ils se montrent cruels, vindicatifs, voleurs et paresseux. Au contraire, ceux qui habitent les villes et vivent sous l'œil du maître deviennent presque toujours affables, honnêtes et dévoués. Ces conversions tiennent sans doute à la mansuétude avec laquelle les Péruviens en général traitent leurs esclaves. A cet égard, leurs ancêtres andalous leur ont légué les traditions de douceur et d'humanité qu'ils puisèrent eux-mêmes au long séjour des Maures dans le sud de l'Espagne ; elles se sont si bien perpétuées jusqu'à la génération actuelle, qu'on est tout surpris de rencontrer, dans la vie intérieure de certaines familles, des rapports de maître à esclave qui remontent, par les Arabes, aux temps primitifs de la Genèse. Une maison liménienne n'est en quelque sorte que la tente d'Abraham ou de Jacob solidifiée. L'on y voit les fils de Bilha et de Zilpa, servantes de Lia et de Rachel, recevoir à peu près la même éducation que les enfants légitimes. — La loi n'est pas non plus restée en arrière des mœurs, elle protége le serviteur contre la tyrannie du maître, et lui donne le droit, soit de se racheter directement, soit de chercher un acquéreur de sa personne. Le délai dans lequel il doit se pourvoir est de trois jours; passé ce délai, il subit de nouveau l'autorité de son maître légal. — Cette loi si sage a donné lieu à des assemblées d'esclaves dites *cofradias*. Ce sont des sortes de clubs où les nègres s'assemblent le plus souvent par groupes de la même nation, et forment, au moyen de cotisations volontaires, un pécule destiné à supporter l'association et à assurer à chacun de ses membres le libre exercice de la faculté que lui reconnaît la loi. — Un nègre se révolte-t-il contre d'iniques traitements, il se présente à la *cofradia*, où il étale ses griefs, et s'il n'est pas assez heureux pour trouver par ses propres moyens, ou par les démarches de ses coassociés, un nouveau maître, il est rare que le trésor commun ne puisse lui fournir la somme nécessaire à son rachat. Il devient alors l'esclave de la *cofradia* jusqu'à ce qu'il puisse se libérer envers elle.

Si la société blanche au Pérou a conservé l'empreinte des mœurs de la mère patrie, celles des Africains y sont aussi fort originales. On peut s'en convaincre en visitant les *cofradias* le dimanche. Durant ce jour, consacré au repos par la religion, les esclaves profitent des heures de loisir que leur laisse le maître pour bannir de leur pensée les tristesses et les ennuis de la vie réelle et la livrer tout entière aux souvenirs et aux rêves illusoires. Reprenant alors le rang qu'ils occupaient dans leur patrie avant que, trahis par le sort des armes ou victimes de quelque drame où l'amour a joué un rôle terrible, ils fussent venus expier sur une terre étrangère, l'un sa défaite, l'autre ses doux larcins; ils deviennent, qui empereur, qui roi, qui prince ou grand de telle ou telle classe. — Des fresques grossières peintes sur les murailles des *patios* attestent seules pendant six jours de la semaine les gloires du monarque. Ses batailles, ses chasses, ses aventures galantes y sont reproduites avec un pinceau qui, à la vérité, n'a rien de la touche des Vouvermans, des Vander-Meulen ou des Vernet, mais qui atteste suffisamment combien la fortune est capricieuse dans la répartition de ses faveurs, et combien surtout sont vaines et éphémères les grandeurs humaines. — Dans ces confréries, qui recèlent des membres des diverses sociétés africaines, l'intérêt est souvent enchaîné par des récits étranges, merveilleux, originaux. Le savant Mandingue, voyageur, l'homme caucasique de l'Afrique, par exemple, vous révélera des versions oubliées ou inédites du Coran ou de la Bible. — Un jour que je m'étais laissé aller à cet esprit de curiosité, un vieux marabout, sans doute, me raconta de cette façon la dispersion des fils de Noé, dont il faisait un homme de race noire et le père du genre humain : — Donc le premier homme naquit noir. Au nombre de trois furent ses fils, qui noirs étaient comme leur père. Le patriarche, tirant vers sa fin, assembla sa progéniture, et dit : « Enfants, ma vie touche à son terme, et bientôt nous serons séparés; l'heure est donc venue de vous révéler la merveilleuse puissance d'une citerne que je viens d'ouvrir. Celui de vous qui s'y plongera doit en sortir avec une complète transformation. Vous êtes dès ce moment libres d'en faire l'expérience. » Il dit; les trois frères se consultèrent, et l'aîné, Cham probablement, se décida à vivre sous la même forme et avec la même robe que son père. — Sem imita l'exemple de son aîné; mais Japhet, qui déjà sentait fermenter dans son sein l'audace qu'il a transmise à ses descendants, plongea résolûment dans la citerne miraculeuse. La métamorphose fut immédiate; il reparut aux yeux étonnés de ses frères sous la forme d'un bel adolescent caucasien. Un duo de récriminations s'éleva aussitôt contre Noé, durant lequel l'onde se mit à décroître avec une étrange rapidité. Sem alors se ravisa, et, laissant Cham faire tout seul sa partie, il descendit à son tour vers l'eau presque tarie, prit à poignée le limon humide, et s'en frotta tout le corps. Cette simple lotion suffit à changer en ocre le noir d'ébène de sa peau. A cette vue, Cham, interrompant sa plainte, se précipita d'un bond sur les pieds et sur les mains au fond de la citerne, et s'épuisa en efforts pour boire une goutte de l'eau mirifique. Douleur! la terre sécha sous ses étreintes, et, seules, la plante de ses pieds, la paume de ses mains et ses grosses lèvres retinrent la couleur si enviée de Japhet. « Père barbare! s'écria-t-il en son patois, ne pouvais-tu me dire, à moi ton premier-né, quelle vertu recélait cette onde et quels avantages résulteraient pour moi de son contact? Comment vivrai-je maintenant à côté de mes frères pour qui je vais être un objet de dédain? » — Ainsi Cham exhalait sa douleur, qui semblait prendre une nouvelle recrudescence chaque fois que son regard piteux s'arrêtait sur le peu de surface que l'humidité de la terre venait de blanchir. Les entrailles paternelles furent émues, et Noé dit encore : « Tu vas une autre fois être l'arbitre de ta destinée; Dieu m'a donné le pouvoir de distribuer entre vous trois dons, savoir : la richesse, l'indépendance et le génie, je te laisse le choix comme à mon premier-né. » — Hélas! qui s'égara de nouveau? ce fut le pauvre Cham; il choisit l'or, Sem l'indépendance, et Japhet joignit à ses belles formes le génie qui lui permit de dominer ses aînés. — N'est-ce pas là une originale paraphrase de ce verset de l'Écriture, qui, après la malédiction de Cham, dit : — « Que Dieu attire en douceur Japhet, qu'il loge dans le tabernacle de Sem, et que Chanaan leur soit serviteur. »

IV

Les couvents. — San-Francisco. — El Milagro. — La madone de Guapulo. —
San-Pedro. — Le musée. — Tombeaux indiens. — La huaca de Truxillo.

Depuis les joutes sanglantes du cirque del Acho jusqu'aux danses joyeuses de la fête des *Amancaës*, les fêtes populaires de Lima nous avaient permis d'observer la société péruvienne dans toute la bizarre mobilité de ses goûts; mais si d'aventure on s'est activement mêlé à ces tumultueux ébats au grand soleil, en pleine poussière, surtout à l'époque où le vent du sud, rasant de l'aile les sables brûlants du désert, passe dans l'air comme une haleine de fournaise, un jour arrive enfin où l'on sent un irrésistible besoin de repos, et où l'on recherche le charme voluptueux de l'ombre, du silence et de la fraîcheur dans les seuls endroits qu'il ne déserte jamais, dans les vastes couvents de la ville.

Que de fois j'ai demandé aux cloîtres de San-Francisco un refuge contre les agitations populaires, un abri contre les dévorantes ardeurs du soleil, et l'oubli de cette existence vagabonde qui m'apparaît aujourd'hui si pleine d'enchantements! Là, ma rêverie a souvent revêtu d'un attrait indicible les souvenirs heureux du pays natal que j'évoquais alors, et que j'ai retrouvés depuis insipides et décolorés, tant il est vrai que notre esprit inquiet aspire sans cesse aux lointains horizons, et que le rayon d'or de l'idéal n'éclaire de ses magiques lueurs que les souvenirs du passé ou les espérances de l'avenir. — Tout entier à cette ineffable mélancolie, qu'un illustre écrivain appelle — la tristesse du bonheur, — j'ai passé bien des heures charmantes dans ce dédale de galeries, dans ces enceintes où les eaux jaillissent des fontaines de bronze, où les arbres et les fleurs des deux hémisphères croissent pêle-mêle, et jettent aux environs leur ombrage et leurs parfums. — Je n'essayerai pas de faire partager des impressions qui tenaient sans doute à une disposition d'esprit particulière ; je ne veux pas non plus conduire le lecteur dans les cent maisons religieuses de la ville : je ferai donc un choix parmi mes notes et je me bornerai à lui faire connaître les églises et les monastères qui plus particulièrement témoignent de l'ancienne splendeur de la capitale du Pérou.

Les édifices religieux de Lima furent bâtis dans les différents genres de la renaissance ; mais le style mauresque se mêlait toujours plus ou moins à leur composition, et cette architecture hybride fut encore altérée plus tard par les travaux de réparations qui suivirent les tremblements de terre. Les églises ont presque toutes deux clochers, reliés par une façade, dont un fronton en segment de cercle couronne l'entrée principale. La cathédrale *la Caridad* et *l'ancienne Inquisition* offrent le spécimen le plus ordinaire des monuments religieux de l'Amérique espagnole. Souvent un badigeon multicolore, aux violentes nuances, les couvre entièrement. — D'autres conservent leur couleur naturelle, et leur aspect ne diffère point alors de nos constructions. La pierre n'est pourtant employée parmi les matériaux que là où elle est indispensable. Des charpentes et des claies de roseaux forment la carcasse de ces hautes murailles, qui peuvent, grâce à leur extrême légèreté et à l'intime liaison de toutes leurs parties, supporter victorieusement quelquefois les terribles secousses du sol. L'ornementation des façades est souvent compliquée, le stuc dont elles sont revêtues se prêtant plus volontiers que la pierre aux capricieuses fantaisies du décorateur : ainsi ce sont des moulures imitées de l'antique, des guirlandes, des fleurons, des têtes ailées, des statuettes ; par places, le stuc est fouillé comme certains madrépores, et de larges anneaux vermiculés alourdissent les colonnes, toutes choses qui constituent un ensemble un peu chargé, sans être pourtant désagréable à l'œil.

Le couvent de San-Francisco possède une église, deux chapelles et plusieurs cloîtres bâtis les uns dans le style mauresque, les autres dans celui de la renaissance. L'on bâtirait une ville dans son enceinte, tant il est spacieux. La façade de l'église principale est un assemblage de statuettes et de moulures d'un aspect général assez lourd sans être pourtant désagréable à l'œil; l'intérieur ne contient en fait d'œuvres précieuses que les boiseries du chœur placé au-dessus de la porte d'entrée. L'un des autels a ceci de particulier, que toutes les figures du *retablo* sont noires. Les nègres tiennent cet autel en grande vénération, parce que, disent-ils, agenouillés sur ses marches, ils n'ont point à craindre la partialité du saint chargé de transmettre leurs prières à l'Éternel. La plus riche des chapelles, si l'on tient compte de la quantité des ornements et non de la qualité, est celle qu'on nomme *del Milagro* (du Miracle). Ce ne sont partout que cristaux suspendus aux voûtes, fleurs, rubans, ornements clinquantés, cages de filigrane d'argent pleines de serins et autres oiseaux chanteurs, tous objets sans valeur sérieuse, mais qui pourtant causent à première vue un certain éblouissement. Cette chapelle fut nommée *del Milagro*, parce que la madone de pierre qui ornait sa façade et qui, les mains jointes, priait depuis un siècle pour les vivants, pivota sur elle-même durant le tremblement de terre du 16 novembre 1630, tendit vers l'autel des mains suppliantes, et parut conjurer la colère du Seigneur en appelant sa miséricorde sur la ville. Un pays aussi fécond en tremblements de terre que le Pérou, devait être un champ inépuisable de miracles et de légendes merveilleuses. Parmi ces traditions populaires, il en est une qui est consacrée par une singulière coutume. Quito, l'une des villes les plus considérables de la vice-royauté, ayant été ruiné par un tremblement de terre sans que le village voisin de Guapulo eût souffert de la secousse, on se perdit en conjectures sur les causes de cette préservation miraculeuse. Tout à coup, avec cette spontanéité électrique qui se révèle souvent chez les masses et dont on cherche en vain le secret, la voix populaire attribue le salut de Guapulo à l'influence d'une madone de ce village. Pèlerins, prières et offrandes abondent aussitôt dans son église; des fêtes sont instituées en son nom, l'on décide qu'elles se célébreront à Quito, qu'elles dureront huit jours par année, et que la madone, conduite processionnellement jusqu'à la cathédrale de la ville, y restera exposée pendant les huit jours désignés pour la fête aux hommages des fidèles. Ce n'est pas tout. Il fallait que le cortége déployât une pompe, une magnificence inaccoutumée. Pour atteindre ce but, on songea à la garnison de la ville, à son attirail militaire et aux moyens qu'elle tenait à sa disposition; mais une permission spéciale du roi devenait nécessaire, la fête du *Corpus* ayant eu seule jusqu'à ce jour le privilége d'augmenter son éclat du concours de la force armée. Une requête fut donc adressée à l'Escurial par les habitants de Quito. La concession royale fut immédiate et complète : non-seulement le roi catholique accorda aux Quiteños ce qu'ils sollicitaient, mais il conféra à la vierge de Guapulo le grade de capitaine général de ses armées. Ce titre, qu'elle partageait avec le vice-roi, lui donnait la faculté de jouir des honneurs, des priviléges et du traitement attachés à son grade durant les huit jours qu'elle passerait à Quito. A l'époque des fêtes, la vierge, qui se trouvait naturellement de service, portait l'uniforme de capitaine général; elle se montrait en public vêtue de l'habit chamarré, les talons battus par une rapière, le front ombragé d'un tricorne galonné d'or avec la cocarde aux couleurs espagnoles. L'enfant Jésus participait aux honneurs décernés à sa mère : il revêtait à peu près le même uniforme, et, la tête couverte du chapeau militaire, il se tenait à ses côtés, l'épée à la main, durant la procession, remplissant l'office de son aide de camp.

Je prenais volontiers le couvent de San-Francisco pour but de mes promenades matinales ; j'y cherchais un refuge contre les agitations de la ville et un abri contre les tropicales ardeurs du soleil. Que d'heures charmantes j'ai passées dans ce dédale de galeries, dans ces immenses cloîtres qui recèlent des ombrages remplis de fraîcheur, de parfums et de murmures! Ce qui m'attirait surtout au couvent de San-Francisco, c'était une des enceintes intérieures qui conserve presque intact le caractère de son ancienne magnificence. Deux rangées de galeries superposées encadrent cette cour transformée en jardin anglais et dominée par les deux lourds clochers jumeaux de l'église. L'intérieur du cloître est lambrissé de carreaux de faïence ; les plus ingénieuses arabesques y entrelacent leurs méandres multicolores, et les plafonds se composent d'une infinité de compartiments séparés par des moulures ; le tout est agencé avec un goût parfait. Une série de tableaux empruntés à la vie de saint François décore la partie supérieure des galeries qui s'ouvrent sur des corridors bizarrement éclairés, ou se perdent dans de mystérieuses profondeurs. Une grille de bois tourné ferme les arcades de la partie inférieure et met le jardin à l'abri des déprédations des jeunes novices et du vandalisme des employés subalternes.
— Au centre de cette émeraude de verdure, s'élance de son chandelier de bronze à triple étage un jet d'eau qui, fier encore dans sa décadence comme un hidalgo du bon temps, cherche à dépasser du front quatre grands cyprès géants, ses voisins. Aux angles du jardin, quatre jets d'eau plus petits sanglotent tristement sous les ombrages. Le génie familier de ce petit monde était, à l'époque de mon séjour à Lima, un vieillard aussi doux et aussi inoffensif qu'on peut l'être, quand on a vécu toute sa vie parmi d'aussi innocentes choses. Ce

brave homme s'appelait Martin, il s'était pris d'affection pour moi, parce que *je peignais des images*, et je devais à cette affection mes libres entrées dans le parterre. Je profitais largement de la permission qui m'était accordée. Le bon vieillard se plaisait à me montrer toutes les richesses de son humble empire : le *suché* aux fleurs jaunes ou aux fleurs roses, le *melocoton*, l'*aroma* aux parfums pénétrants, le *floripondio* dont les larges calices blancs versent des torrents de senteurs. Les noms espagnols dont il baptisait les fleurs, ses filles bien-aimées, ne m'empêchaient pas de reconnaître, dans leurs larges vases de terre rouge, les œillets, les balsamines, le thym, la citronnelle, les mauves odorantes, la *flor del sol* chère aux Incas, les roses surtout qui font songer à la douloureuse exclamation du poëte Quintana :

Ay! inféliz de la que nace hermosa!

C'est auprès du jet d'eau de San-Francisco, sous un berceau de jasmin dont les étoiles blanches remplissaient l'air de suaves émanations, que j'aimais à m'asseoir dans un vieux fauteuil où s'étaient assis à la fleur de la vie des moines qui, plus tard, y avaient reposé leur décrépitude centenaire. Le bruissement des eaux se mêlait, autour de moi, au chant des oiseaux, et quelquefois aux harmonies lointaines de l'orgue, pendant que ma pensée se reportait avec un charme mélancolique vers le pays natal et vers les chers absents.

La première fois que je visitai le couvent de San-Francisco, m'étant presque égaré dans le dédale des galeries, j'étais en train de monter un escalier sombre, quand j'aperçus, debout sur les marches supérieures, et posté comme pour me barrer le passage, un grand moine encapuchonné et vêtu d'un froc bleu. Une lucarne jetait un vif rayon de lumière sur son visage osseux et livide, et l'éclairait d'une façon tellement sépulcrale, qu'on pouvait le soupçonner d'avoir déserté une toile de Zurbaran. J'allais néanmoins poursuivre mon ascension, quand tout à coup le franciscain se mit à me faire des gestes et des grimaces. A chacun d'eux, je redescendis une marche, croyant avoir affaire sinon à un fou, du moins à un maniaque[1]. Il n'en était rien : ce bizarre personnage était tout simplement un franc-maçon, qui, espérant trouver en moi un frère, essayait en gesticulant de provoquer une reconnaissance. Bien que trompé dans son espoir, il m'offrit de diriger ma promenade à travers les cloîtres, ce que je m'empressai d'accepter. — Il me fit visiter, tout au fond du couvent, une chapelle sombre et sévère; des toiles d'assez grande dimension, et médiocres pour la plupart, occupent son pourtour. On nomme cette chapelle, *de los Ejercicios*, parce qu'elle avoisine un endroit spécialement affecté aux Liméniens qui veulent pendant l'année consacrer un temps de retraite à des exercices de piété. Les cellules mises à la disposition des pénitents volontaires ont un mobilier uniforme qui se compose d'un lit de sangle, d'une table et d'une chaise. A la tête du lit, se trouve un crucifix de bois; sur la table, une tête de mort couverte d'inscriptions, chaque reclus y déposant le cri de douleur ou l'action de grâce de sa plus constante pensée. Durant le carême, ces cellules sont ordinairement hantées; alors, à certaines heures, ont lieu des prières suivies de flagellations, qui, remplissant les cloîtres de gémissements et de clameurs, autoriseraient presque à prendre au sérieux le rôle des lanières et des disciplines.

Nous entrâmes ensuite dans un enclos bien ombragé, dont les murailles sont couvertes de fresques grossières qui représentent des moines à la face terreuse et décharnée; la plupart

---

[1] Ce mot sert à désigner à Lima un état maladif voisin de la démence, ou les maladies du genre de la danse de Saint-Guy.

tiennent entre leurs doigts roidis une tête de mort qui semble, tant ils paraissent terrifiés, leur révéler, avec l'expression railleuse qui leur est particulière, les terribles mystères de l'autre vie.

Cet enclos conduit au *Panthéon* du couvent. — Nous dûmes, pour y pénétrer, traverser un poulailler, où tout un essaim de poules, de pigeons et de pintades effarouchés s'envolèrent à tort et à travers, égratignant les murailles et nous fouettant de l'aile. — Le Panthéon est un rectangle dont le milieu est occupé par un élégant pavillon octogone qui est l'ossuaire. Ses murs, épais comme ceux d'une citadelle, sont percés d'une foule de petits casiers uniformes et symétriques où l'on introduisait, la tête la première et comme dans une gaîne, le moine défunt revêtu des habits de l'ordre. Plusieurs de ces casiers avaient été ouverts je ne sais trop dans quel but. L'on y pouvait voir, sortant d'une étoffe en lambeaux et grises comme d'épaisses toiles d'araignées, des jambes de squelettes qui conservaient encore une enveloppe de peau desséchée.

Les franciscains avaient le privilége exclusif de vendre l'habit de leur ordre aux moribonds de Lima. Ceux-ci espéraient, à l'aide de ce saint travestissement, tromper la vigilance du portier céleste et conquérir par ruse, à défaut de moyens plus légitimes, une place au paradis. Cette vente constituait pour le couvent, il y a quelques années, une source de revenus d'autant plus sérieuse, que l'habit mortuaire était toujours payé en raison de la fortune de l'acquéreur. Or, celui-ci n'hésitait jamais à être magnifique dès qu'il s'agissait de *faire hériter son âme*. C'était l'expression consacrée. — Il faut dire à la louange des ordres religieux que si les abus auxquels ils devaient leur prospérité s'éteignent de jour en jour, les bonnes traditions s'y maintiennent encore en dépit de la misère. Ici, par exemple, on distribue plusieurs fois par semaine des vivres aux indigents, et certains pauvres honteux sont souvent admis au réfectoire, où ils partagent le modeste repas des moines.

San-Pedro est surtout remarquable par ses autels : ils sont splendidement dorés et chargés de sculptures. Leur *retablo* se compose de colonnes torses géminées, autour desquelles serpentent, s'enroulent, s'entre-croisent des pampres, des lierres, des festons qui laissent pendre, semblables à des stalactites d'or, des vrilles, des fleurs, des grappes de fruits et de clochettes épanouies. L'un de ces autels a conservé la couleur de son bois; on le considère comme un chef-d'œuvre de menuiserie. Les murailles et les piliers de cette église disparaissent sous une foule de cadres dorés et sculptés de toutes les dimensions, et renfermant des toiles médiocres en général, mais qui du reste ne peuvent être sérieusement appréciées, les unes faute de jour, les autres à cause de la sombre épaisseur du vernis écaillé qui les couvre. Dans la longueur de la nef, des banderoles d'étoffes légères et de différentes couleurs, suspendues à la voûte, entre-croisent symétriquement leurs festons, et s'élèvent ou s'abaissent au moindre souffle d'air. A l'entrée de la sacristie, on remarque un tableau d'Annibal Carrache, représentant saint Philippe de Néri en extase devant la Trinité, le saint est soutenu par un ange laissé dans un clair-obscur du plus merveilleux effet. Plus loin, un évêque coupé à une toile de l'école vénitienne attribuée à Véronèse; une sainte Gertrude et une sainte Thérèse, en assez mauvais état, mais remarquables surtout par la façon dont a été comprise et rendue l'individualité des deux saintes, nous semblent des œuvres de valeur.

Cette église appartient au couvent de San-Felipe de Neri, et communique avec son principal cloître. Celui-ci est petit, ses arcades sont à plein cintre, et ses murailles sont revêtues de la chemise de chaux, dont l'épaisseur constate le degré de sollicitude accordée aux monuments. Des jarres de terre rouge, pleines d'œillets et de basilics, séparent les arcades de la galerie inférieure. Le centre de la cour est occupé par un bouquet de verdure, d'où s'élancent les pistils de cristal d'une gerbe d'eau, qui répand sa bruine aux environs.

Le couvent, devenu trop vaste, a été séparé en deux parties, dont l'une, actuellement affectée au musée et à la bibliothèque de la ville, s'ouvre sur la rue *de los Estudios*. Le musée ne contient en fait de tableaux que les portraits en pied des vice-rois du Pérou et ceux des généraux marquants de la guerre de l'Indépendance. Les vice-rois forment une série de quarante-quatre toiles de même dimension, qui n'ont aucune valeur artistique. Le portrait d'Abascal est pourtant supérieur aux autres; tout porte à croire qu'il est dû au pinceau d'un artiste attaché à l'expédition de la Condamine. Si les premiers gouverneurs du Pérou avaient posé devant un peintre aborigène, témoin des terribles scènes de la conquête, assurément son pinceau consterné n'aurait rien ajouté à l'expression farouche et inflexible de leur physionomie. Ces teints olivâtres ou blêmes, ces regards sévères ou soucieux, ces nez en becs d'oiseaux de proie, ces lèvres tranchantes, ces vêtements noirs, donnent à la plupart d'entre eux tout l'inquiétant aspect du tyran ou de l'inquisiteur de mélodrame. La tête de Pizarre surtout est l'idéal du genre. Quelle énergie et quels sinistres mystères devait renfermer l'âme d'une pareille tête! — Les trente-trois premiers vice-rois sont presque uniformément vêtus de noir. Le prince d'Esquilache en costume de guerre, deux ou trois évêques en rochet et en camail, rompent seuls cette monotonie; mais le marquis de Villa-Garcia, arrivé d'Espagne avec les modes de la cour de Louis XIV, qui sous Philippe V venaient de franchir les Pyrénées, étale dans son cadre un splendide vêtement chamarré de broderies. Ses successeurs, rivalisant avec lui de luxe et d'élégance, semblent avoir déposé, en même temps que le costume, la mine rébarbative de leurs devanciers; ils ont des figures fleuries et débonnaires, qui révèlent des mœurs plus paisibles et plus civilisées. Un Christophe Colomb, beau et honnête visage imberbe, où s'épanouissent les roses de la prospérité, ce qui n'est guère en rapport avec l'idée que nous nous étions faite du célèbre Génois; deux portraits peu agréables, l'un de Bolivar, l'autre de San-Martin, complètent cette galerie de tableaux, consacrée aux hommes qui ont joué un rôle au Pérou.

L'unique intérêt du musée appartient à une réunion d'objets recueillis dans les *huacas* (tombeaux indiens) : ce sont des figurines d'or et d'argent, des ustensiles souvent des mêmes métaux, des ornements et des bijoux, tels que colliers et bracelets, anneaux et minces coupes d'or, qui servaient de pendants d'oreilles; monnaies et médailles, que l'on plaçait dans la bouche des cadavres, sans doute aussi pour acquitter certains droits perçus dans l'autre vie. Les vases de terre, d'une forme étrange et d'un usage mystérieux, y sont en grand nombre, et donnent une idée complète de la céramique indienne. Quelques-uns de ces vases, d'un vert noir comme le bronze, représentent un animal de l'espèce du sarigue; d'autres ne diffèrent point pour la couleur de nos poteries; mais leur forme est celle d'une corbeille close, dont le couvercle serait orné d'arabesques rouges; ils sont ordinairement munis d'un tuyau long et pointu qui peut servir de sifflet. Un personnage grotesque ou indécent est parfois appliqué contre le corps du vase. On voit encore des pots sphériques ornés de reliefs grossiers, et mis en communication par un petit tube. Ces différents modèles ont une étroite ouverture, et l'introduction d'un liquide y est presque toujours accompagnée d'un bruit qui varie avec la forme du vase : les uns sont disposés de façon à imiter de joyeux éclats de rire; les autres une lamentation particulière, en usage, assure-t-on, durant les funérailles indiennes. Il en est enfin où l'on ne saurait introduire une seule goutte de liquide, ce qui rend leur usage complétement énigmatique. Près de ces différents objets, on voit sous des verrières les corps de leurs anciens possesseurs, tels qu'ils furent inhumés, c'est-à-dire accroupis, appuyant leurs coudes sur leurs genoux, et tenant entre leurs mains crispées, semblables à des serres, une tête que les siècles n'ont pas encore dépouillée de sa chevelure épaisse et rude, qui, rebelle à son bandeau, retombe et s'éparpille sur une face grimaçante et hideuse. Ces cadavres conservent une peau jaunâtre, ridée en mille plis, trouée, déchirée comme un vêtement en loques ; ils sont drapés d'une étoffe teinte en écarlate, qui a résisté au séjour destructeur du sépulcre. Parfois on trouve encore dans les *huacas* des objets de valeur et des vases remplis de parcelles d'or, ce qui autorise à croire que des fouilles dirigées avec habileté ne demeureraient pas stériles. C'est à de pareilles trouvailles que les traditions de trésors enfouis avec les morts empruntent tout leur charme : elles sont sans nombre ; mais l'une des plus curieuses remonte à la fin du seizième siècle, la voici.

Un Espagnol sans sou ni maille, qui s'expatriait pour venir chercher fortune au Pérou, débarqua dans un petit port voisin de Truxillo, où il dut à une circonstance dont l'histoire ne fait pas mention, d'être accueilli par un cacique indien, père d'une fille unique. Cette hospitalité cordiale, encore enracinée dans les mœurs du pays, fut le principe d'une amitié que vinrent resserrer chaque jour davantage des soins affectueux et des services réciproquement rendus. Bref, l'Espagnol s'éprit de la fille du chef, l'épousa et vécut près de son beau-père durant plusieurs années sans qu'un nuage vînt altérer leurs relations. L'Indien un jour tomba malade, et fit approcher son gendre : « Mon fils, lui dit-il, tu m'as fait le plus grand honneur que puisse faire à un Indien un homme au sang d'azur : tu as épousé ma fille chérie ; tu t'es montré en outre pour elle plein de sollicitude et de dévouement, et je t'ai dû la joie de mes dernières années. L'heure de la récompense a sonné : ma fille va te donner une dot digne de toi. » Puis, appelant sa fille, il prononça à voix basse quelques paroles. Celle-ci vint alors à son mari, le prit par la main, le conduisit sur un monticule du voisinage, et lui indiqua le point du sol qu'il devrait fouiller. Il se mit incontinent à l'œuvre, et rencontra une *huaca* qui renfermait une assez grande quantité d'or pour faire monter à dix mille onces environ le cinquième que la loi lui enjoignait de déposer au trésor royal de Truxillo. Le premier soin de l'Espagnol devenu riche fut d'affranchir de la taxe royale, moyennant une forte somme, les habitants du pauvre bourg qu'il habitait : généreux début, qui remplit de joie le cœur du vieux cacique, en lui faisant connaître qu'un aussi brusque changement de fortune n'aurait aucune influence pernicieuse sur les qualités de son gendre. Le temps justifia cette opinion. L'Espagnol semait autour de lui les bienfaits, et prodiguait à son bienfaiteur les soins de la plus vive reconnaissance. Une seconde fois le cacique tomba malade, et sentant approcher la froide mort, il appela de nouveau son gendre et lui fit d'une voix presque éteinte cette confidence des *Mille et une Nuits :* « Un homme tel que toi pourrait sans inconvénient posséder les trésors de la terre; aussi vais-je, avant de mourir, te rendre plus riche que le roi d'Espagne : je t'ai déjà indiqué une précieuse *huaca;* mais j'en sais une autre qui surpasse en valeur la rançon d'Atahualpa. Mon père, qui travailla, sous nos anciens rois, à l'enfouir, m'a révélé le secret du lieu où elle se trouve, et j'ai reconnu à des signes certains que jamais un grain du sable qui la recouvre n'a été dérangé par la main des hommes. Tu la trouveras... »

La grandeur de la révélation qu'il allait faire impressionna si vivement le vieux chef, que sa langue se paralysa; son visage prit alors l'expression du désespoir; en vain il fit pour continuer un effort suprême, la voix expira sur ses lèvres en sons confus; il retomba sur sa couche et rendit l'âme. — Nul depuis n'a découvert la *huaca* dont il voulait parler; on s'est perdu en conjectures de toutes sortes; des fouilles ont été même tentées dans une colline de sable, qui, voisine de Truxillo, paraît être l'œuvre des hommes; mais les travaux dirigés sans entente ont été entravés par des éboulements. — Un jour viendra peut-être où quelque obscur citoyen de la république découvrira d'un coup la fortune d'un empire.

V

Santo-Domingo. — La madone du Rosaire. — La sainte Rose de Mazza. — — Le voyageur Rugendas. — L'escalier de la vie.

Un autre couvent de Lima, Santo-Domingo, m'offrait aussi un curieux sujet d'études. La vie religieuse au Pérou s'y montre sous sa face la moins connue peut-être, dans l'influence qu'elle a exercée sur l'art national. Ce couvent possède plusieurs *patios*, dont une fontaine de bronze occupe le centre, et qui tous sont entourés de deux rangs superposés de cloîtres à arcades cintrées. Seul, le premier de ces cloîtres, c'est-à-dire le plus voisin de l'église, est entretenu avec soin. Ses murailles sont lambrissées de carreaux de faïence coloriée représentant des sujets de piété et des arabesques, et son plafond de bois de cèdre est composé de compartiments symétriques, où des rosaces élégamment sculptées scintillent encore, radieuses dans leur robe d'or, sur un firmament d'outremer qui a moins bien résisté aux attaques du temps. Quelques fresques grossières et symboliques sont éparses sur les murailles, ou placées au-dessus des portes pour indiquer le genre d'occupation auquel on se livrait dans les diverses salles. Ainsi un livre dévoré par les flammes rappelle que l'ordre religieux de Saint-Dominique était spécialement chargé d'épier l'hétérodoxie des ouvrages introduits dans la vice-royauté, afin de les détruire, et que l'inquisition frappait de châtiments sévères, non-seulement les détenteurs de livres prohibés, mais encore les personnes qui, soupçonnant leur existence chez des particuliers, reculaient devant une délation. On trouve aussi d'autres fresques d'un sens énigmatique comme celle-ci : un chien aboie à une chandelle allumée près d'un vase renversé au-dessus duquel s'envole un dragon vert en forme de raquette. — Cette chandelle ne figurerait-elle point la foi se dressant sereine et victorieuse, en dépit des efforts de ses ennemis?

L'église de Santo-Domingo, appartenant à l'ordre le plus riche de la ville, est ornée avec profusion. L'autel de Notre-Dame du Rosaire en était, il y a peu d'années, la merveille; les métaux précieux y remplissaient l'office du marbre et du bois. Des candélabres d'argent de six pieds de hauteur, des lampes suspendues à des chaînes massives et des urnes du même métal, où brûlaient des essences précieuses, des fleurs à foison, des cierges et des lustres, forêt de cire et de cristal où dans des cages de filigranes rossignolaient serins et chardonnerets; chérubins d'argent portant au poing des torches embaumées: tels étaient les riches accessoires de cet autel. A sa partie supérieure, dans une sorte de chapelle mystérieusement éclairée par le demi-jour que tamise un transparent, apparaissait la madone, vêtue comme une princesse des contes orientaux, traînant des flots de brocart et de dentelles clinquantes, portant au front une couronne de brillants et tenant à la main un rosaire de perles du plus bel orient. Cette image de la sainte Vierge était chaque jour revêtue d'un costume particulier; mais pour la fête de l'Assomption on étalait toutes les richesses de son vestiaire et de son écrin : alors les lumières que l'on pouvait compter par milliers, les pastilles d'encens, d'aloès, les gommes parfumées du Pérou, sans cesse incandescentes, remplissaient l'espace d'une vapeur à travers laquelle cette orfévrerie et ces joyaux, entrevus, semblaient prendre des proportions fabuleuses. Mais la splendeur des solennités religieuses va s'éteignant avec les revenus des couvents, et Notre-Dame du Rosaire, qui pendant toute l'année ne portait jamais deux jours de suite le même habit, se montre avec des costumes dont un long usage a terni l'éclat. — Les autres images de saints sont aussi revêtues d'étoffes surannées brochées d'or. Leur laideur désagréable s'augmente encore de l'application d'une barbe hirsutée et d'une chevelure postiche dont les mèches longues et roides pleuvent en désordre. Toutes sont douées de physionomies qui fatiguent le regard tant elles reproduisent cette expression grimaçante, particulière aux masques de carton peint et verni en usage durant le carnaval. Si le saint a subi le martyre, il devient hideux, car son supplice ne saurait manquer d'être reproduit avec cette vérité brutale qui caractérise l'art espagnol. — Ainsi, l'on voit à droite du maître-autel, appuyé contre un pilastre de la nef, un san Pedro, dans le crâne duquel une hache est enfoncée comme dans le billot d'un étal un large glaive, en outre, lui traverse la poitrine et semble repoussé par le sang, qui jaillit avec fureur et descend à tort et à travers en cascade de cinabre. — On oublie heureusement bien vite ces divers épouvantails, devant un groupe de marbre blanc d'une grâce exquise, placé dans une nef latérale sur un autel dédié à sainte Rose, la seule femme qui dans les colonies hispano-américaines ait été canonisée; ce qui donne toute la couleur d'un paradoxe à cette parole de Montalvo : *Tiene traza el Perù, de dar mas santos al cielo, que a dado plata à la tierra.* - Clément IX était loin de partager cette confiance, si l'on peut ajouter foi à la parole qu'on lui prête : — « Sainte et Liménienne ! » se serait écrié le pape au sujet de cette première fleur de sainteté éclose dans les Indes; « sainte et Liménienne! j'y croirai quand il pleuvra des roses ! » — Rose s'était de son vivant vouée à santo Domingo, et portait l'habit de l'ordre; c'est ce qui explique la présence, dans cette église, du coffret ciselé et orné de pierres précieuses qui contient ses reliques, comme aussi celle du groupe dont nous allons parler.

La sainte est couchée sur le roc ; ses lèvres entr'ouvertes exhalent leur dernier soupir; sa main droite pendante semble chercher encore le rosaire qu'elle a laissé choir. Il y a tout à la fois en elle de l'extase de l'ange et du sommeil de la femme; son visage resplendit d'une double beauté : beauté plastique et précise, que détermine une adorable pureté de lignes; beauté idéale, reflet de toutes les divines perfections d'une nature aussi exceptionnelle. A son côté se tient, les ailes ouvertes, la chevelure légèrement soulevée par l'air, le pied effleurant à peine le sol, un chérubin dans une attitude pleine de douce mélancolie; sa main soulève, avec une hésitation pieuse, délicate, craintive, un pan de draperie qui lui voilait le visage de la vierge : tant de calme et de sérénité semble le tromper lui-même, il méconnaît la mort, et il hésite à guider vers Dieu la belle âme qui s'envole. Sur une aspérité du roc et à la hauteur du visage, gît un rameau brisé où s'épanouit une rose irréprochable. L'âme immaculée de la sainte et le doux parfum de la fleur montent ensemble vers le ciel au midi de leur existence; elles ont toutes deux vécu leur vie, la vie des roses! — Bien des fois je m'étais arrêté devant cette œuvre suave ; je brûlais de l'apprécier dans tous ses détails, et surtout d'en connaître l'auteur; mais la verrière qui la couvre, la tient dans un demi-jour assombri encore par la disposition de l'autel.

Une fois pourtant, semblable à ce rayon, qui dans un temple égyptien descendait une fois par an caresser les lèvres du grand Sérapis, une échappée de soleil, reflétée par je ne sais quelle glace de Venise, vint entourer d'un pâle nimbe de lumière la tête de la sainte. L'église était déserte, l'occasion favorable, je m'aidai d'une banquette, et je parvins à contempler de près cette délicieuse composition. Sous un pli du capuchon dérangé par l'ange, j'aperçus alors une couronne d'épines qui, avec une cruauté inouïe, enfonçait mille dards acérés dans ce front délicat, dans ces tempes où les veines croisaient leurs fils d'azur ; — mais l'expression de béatitude ineffable répandue sur les traits de la mourante dit assez qu'elle entrevoit déjà les cieux. — Toute la draperie est fouillée avec une vérité parfaite, on dirait d'une étoffe pétrifiée à l'improviste. J'ose à peine remarquer que la main qui a laissé échapper le rosaire me semble un peu longue, tant le galbe en est correct et élégant ; j'ose encore moins reprocher au chérubin sa pose un peu maniérée, tant elle est gracieuse. — Au milieu de mes observations je me sentis toucher au bras, et j'entendis en même temps une voix me dire : — Ce groupe charmant est d'un sculpteur italien nommé Mazza, élève de Bernini, ou, si vous l'aimez mieux, du chevalier Bernin : le nom du statuaire se trouve sur le côté du socle. — Je me retournai et je me trouvai en présence d'un personnage très-grand et drapé à l'espagnole dans un ample manteau noir, qui me tendait un album tout ouvert. — Tenez, monsieur, continua-t-il, voici un croquis de ce groupe, et ce n'est pas sans peine, je vous le jure, que je suis parvenu à le faire. — Je pris le croquis, j'y jetai les yeux ; il révélait un crayon plein d'énergie et d'habileté.

On ne saurait en pays étranger se tenir trop sur ses gardes avec des compatriotes inconnus ; mais quand il s'en présente un sous des auspices tels que la politesse, la distinction et le talent, on peut sans courir trop de risques modifier ses principes de circonspection. Je sautai donc à terre, j'entrai en conversation avec celui-ci, et je n'eus certes pas lieu de m'en repentir. — Ma nouvelle connaissance avait un de ces visages qui commandent l'attention et inspirent la confiance. Son front chauve, large et bombé, était sillonné au-dessus du sourcil par une cicatrice blanche qui lui donnait un caractère martial, augmenté encore par une contraction presque constante des muscles de la face. Il avait le regard spirituel et légèrement ironique, il était svelte, mais un peu voûté comme les gens qui vivent à cheval, et on l'eût certes bien plutôt pris à première vue pour un officier de cavalerie que pour un artiste. — Ma casquette à galons et l'ancre couronnée de la marine royale lui avaient indiqué la position sociale que d'aventure j'occupais alors; l'album que je portais aussi, et mon examen obstiné de la statue de sainte Rose, ne lui laissant en outre aucun doute sur la conformité de nos goûts, il devait au moins établir l'équilibre en montant ma confiance au niveau de la sienne; il n'eut pour cela qu'à me dire un seul mot, son nom: Maurice Rugendas.[1]

A partir de ce moment, j'eus l'avantage. En effet, au Chili déjà, plusieurs de ses tableaux m'avaient permis d'apprécier son talent de peintre; des amis communs m'avaient souvent renseigné sur son caractère et sur sa vie aventureuse, enfin nos noms s'étaient déjà plus d'une fois rencontrés sur des albums. Aussi, quand il me tendit la main, il me sembla que je serrais celle d'un vieil ami.

De retour à Lima depuis le matin, c'était aux couvents qu'il venait demander ses premières impressions. Nous continuâmes ensemble la promenade commencée.

---

[1] M. Rugendas a, pendant quinze ans, exploré l'Amérique du Sud, il en a rapporté des albums d'un puissant intérêt. (Voyez l'appendice.)

En traversant une galerie, nous nous arrêtâmes devant deux toiles jumelles, œuvres honnêtes et patientes, où quelque Péruvien zélé raconte les différentes phases de la vie humaine. — Dans celle de l'homme, les costumes appartiennent au dernier siècle; dans celle de la femme, aux modes liméniennes de notre époque, couleur locale qui naturellement lui donne assez de titres à nos sympathies pour nous autoriser à dire un mot de sa composition. — Une grande arcade, qu'un arbre divise en deux parties égales, s'ouvre au milieu du tableau : l'arbre porte à son sommet une sorte de Janus femelle dont un des profils est florissant de jeunesse, et l'autre, maussade, rechigné comme celui d'une méchante vieille. D'un côté la nature étale, sous un ciel bleu, sa robe couleur d'espérance, les arbres poussent des rameaux droits et feuillus, et sur une pelouse émaillée de fleurs une femme enceinte, escortée d'un caniche, se promène au bord d'une mer agitée : rapprochement qui, s'il fait songer aux tempêtes de la vie, rappelle un peu aussi ce mot de Shakespeare : — Perfide comme l'onde! — Le paysage voisin est sombre, aride, désolé. Des branches mortes jonchent le chemin, et deux hommes portant un cercueil traversent une eau dormante. Un profil d'escalier monte du côté de la vie, atteint au sixième degré le point culminant de l'arcade, d'où ses marches redescendent en nombre égal du côté de la vieillesse et de la mort. Sur chacune des marches, on retrouve la même femme avec les transformations successives que l'âge opère dans sa forme et dans ses penchants. Ainsi, à peine débarrassée des langes de la nourrice, elle commence son ascension, et nous apparaît sur la première marche jouant avec un oiseau; à dix ans elle tient une guitare, qu'elle remplace, à vingt ans, par les armes de son sexe et de sa profession, qui sont un costume coquet, un bouquet de roses et un éventail; à trente ans nous la trouvons en parure de mariée, à quarante ans sa jeunesse lance, sous la forme d'une œillade, son dernier éclair, puis elle gravit la dernière marche pour redescendre le versant opposé, celui de la morne saison de la vie, triste, sévèrement vêtue, le missel à la main d'abord, plus tard la bourse, plus tard les béquilles, enfin le corps plié en deux, la face parcheminée, l'œil éraillé et sanglant; elle met le pied dans un cercueil qui, placé au bas de la dernière marche, porte le numéro 100. — L'artiste, comme on le voit, fixe à un siècle la durée de la vie humaine : ce chiffre paraîtrait fort raisonnable à notre espèce dégénérée, surtout s'il ne fallait pas descendre le versant des misères, des laideurs et des infirmités, si semblable à la fusée qui s'envole droite et pure jusqu'au terme de son ascension, où elle éclate en gerbe étincelante pour s'évanouir dans toute sa gloire; la vie pouvait aussi toucher à sa limite dans toute sa richesse d'illusions, de force et d'intelligence, et finir enfin par le bouquet!

VI

Le sanctuaire de sainte Rose. — Sainte Rose patronne de toutes les Amériques.

En quittant les cloîtres, mon compagnon m'offrit de visiter le sanctuaire de sainte Rose, qui dépend de l'ordre de Santo-Domingo. Nous descendîmes donc deux *cuadras* de la même rue, et nous touchâmes à la porte du sanctuaire. Un grand mulâtre, portant une dalmatique de bure noire sur une robe de laine blanche, nous reçut, et nous fit traverser une galerie. J'y heurtai du pied une plaque de fonte scellée dans le carreau, et je m'arrêtai pour la lire. Elle raconte que des ouvriers, occupés à creuser les fondations du sanctuaire, furent suffoqués par une violente odeur d'essence de roses qu'exhalait ce point du sol, où, le jour de la naissance de la sainte, comme cela fut constaté depuis, l'on avait enterré ses premiers langes. Au bout de la galerie, notre guide nous introduisit dans une cellule où se trouvaient déjà quatre personnes qui formaient un groupe plein d'intérêt. — C'était d'abord le maître de ce modeste réduit, un vieillard plus qu'octogénaire, qui disparaissait, tant il était cassé, entre les bras d'un grand fauteuil de chêne garni de cuir fauve ; son crâne lisse, brillant et vigoureusement tourmenté, conservait à peine une légère couronne de cheveux blancs ; ses sourcils sortaient droits du front, se recourbaient comme une moustache, et voilaient presque deux yeux intelligents, qui seuls accusaient la vie sur ce visage émacié et couleur de buis. Ce vieillard était le P. Zéa, chapelain du sanctuaire. — Devant lui se tenaient debout, dans tout l'éclat de la vingtième année, deux jeunes filles, deux sœurs sans doute, vêtues de satin noir, et portant sur la tête, suivant la mode espagnole, une mantille de dentelle qui laissait scintiller le corail d'une fleur de grenadier. Leur chevelure descendait en longues spirales noires dans l'ombre, bleues dans la lumière, et encadrait un visage de cette pâleur mate qui n'a rien de maladif, et qui est particulière aux Liméniennes. Des sourcils noirs d'un arc vaste et régulier, un regard de velours, un nez d'une courbure élégante, donnaient au visage de l'aînée un grand caractère de fierté. La plus jeune entourait d'un bras la taille de sa sœur, et cette pose penchée imprimait aux lignes de son corps des ondulations pleines de mollesse et de grâce. Son visage n'aurait rien eu de remarquable sans deux grands yeux noirs qui, dans leur étonnante mobilité, semblaient lancer à tort et à travers de fugitives lueurs. — Une duègne en costume de *saya y manto*, voilée, heureusement, car elle avait sans doute le physique de l'emploi, était assise près d'une fenêtre qui éclairait vivement les deux jeunes filles; le dossier élevé du fauteuil jetait son ombre sur le moine. — Nous étions restés à l'écart pour ne pas troubler l'entretien. Le vieillard ne paraissait pas, du reste, nous apercevoir; il tenait la main de l'aînée des deux femmes, et lui donnait des instructions relatives à une œuvre de charité quelconque. —Cette scène n'avait assurément rien que de fort ordinaire; mais notre esprit, encore sous le coup de l'impression produite par le drame de la vie humaine, s'étonnait d'en retrouver aussi promptement les plus violentes antithèses. — C'était encore ici, d'un côté, lumière, élégance mondaine, jeunesse florissante, beauté enchanteresse, les marches les plus triomphales de l'escalier de la vie; de l'autre, ténèbres, austérité, décrépitude, affaissement inquiet de l'homme qui descend les derniers degrés, l'œil fixé sur le sombre but. — Le vieillard cessa de parler, les jeunes filles baisèrent avec respect la manche de sa robe, nous jetèrent, avec un sourire de rubis et de nacre, ce gracieux salut liménien : *Que la Virgen le ampare a usted!* caressèrent les dalles de leur petit soulier de satin blanc, et disparurent. — La cellule s'assombrit. Le chapelain nous demanda paternellement alors à quoi il pouvait nous être utile. Je restai interdit, car j'avais, en vérité, oublié le motif de notre visite; heureusement mon compagnon se souvint, et le P. Zéa donna aussitôt des ordres pour qu'un frère nous guidât vers les précieuses reliques dont il était le dépositaire.

Le sanctuaire et une partie du cloître sont bâtis sur le terrain occupé autrefois par la maison de la sainte. On montre encore l'endroit où, le 30 avril 1586, naquit l'enfant dont les vertus sans nombre devaient éblouir durant des siècles l'Amérique espagnole, sans qu'une autre créature élue du ciel dût venir atténuer l'unique et radieuse apparition. — Son père se nommait Florès, et sa mère Oliva. Il lui fallait un nom qui pût figurer avec avantage dans ce bouquet de famille. La volonté divine se signala en cette circonstance. Oliva, s'approchant un matin du berceau de sa fille, aperçut avec stupéfaction sur l'oreiller une rose magnifique, dont les feuilles, par un merveilleux agencement, reproduisaient les traits de l'enfant. A partir de ce jour, le nom de Rose lui fut donné; mais elle comprit bientôt qu'un pareil nom devait attirer sur elle les regards dangereux du monde; aussi, le cœur plein de scrupules et d'alarmes, elle alla se jeter aux pieds de la madone du Rosaire, au couvent de Santo-Domingo, la suppliant de dissiper ses inquiétudes. La madone lui enjoignit de vive voix de porter non-seulement le nom de Rose, mais encore celui de Santa-Maria. — Ce nom de fleur permit plus tard à notre sainte d'improviser, en s'accompagnant sur la *vihuela*, cet innocent jeu de mots :

> Ay! Jésus de mi alma
> Que bien pareces
> Entre *flores y rosas*
> Y *olivas* verdes!

L'amour divin avait, à l'âge de cinq ans, illuminé son esprit et incendié son cœur de telle sorte, que, méprisant les plaisirs de son âge, Rose de Santa-Maria se livra entièrement à la prière, à la pénitence et aux macérations; puis, consacrant ses pensées les plus tendres à Jésus comme à un époux chéri, elle fit vœu de virginité perpétuelle, et marcha résolûment dans les voies du salut, en dépit de sa famille, qui mit en œuvre les injures, les menaces et les coups pour la forcer à produire dans le monde les grâces et les séductions dont le ciel l'avait comblée. Ce furent les premières épines de sa vie. La sainte en supporta les déchirements avec résignation, et s'obstina à fleurir dans la solitude, en vue des félicités éternelles. Dès qu'elle eut accompli sa vingtième année, l'idée lui vint de prononcer des vœux; mais, n'ayant de préférence marquée pour aucun des différents corps monastiques, elle résolut de vivre solitaire et retirée, mais libre, en prenant, comme l'avait fait sainte Catherine de Sienne, la robe d'un ordre religieux. Ici se présentait encore l'embarras du choix pour cette conscience pleine de susceptibilités. Un événement inattendu mit un terme à ses hésitations.—Un jour que la sainte était en prière, un papillon noir et blanc entra dans sa chambre, se posa sur son sein, et la jeta dans une extase étrange dont elle sortit la poitrine ornée d'un cœur parfaitement dessiné. Quant au papillon, elle le chercha en vain, il avait disparu. Ce miracle, qui lui sembla une manifestation de la volonté divine relative au costume qu'elle n'avait osé choisir, la fit se décider pour l'habit noir et blanc de saint Dominique, aux couleurs du mystérieux phalène. — Il serait superflu d'énumérer toutes les preuves que sainte Rose donna de ses relations avec le ciel : sa vie fourmille de miracles; ses prédictions, qui sont aussi fort curieuses, se sont réalisées jusqu'à la dernière, qui fixait le terme de la domination espagnole au Pérou. Mais ses titres les plus puissants à la vénération dans un siècle trop souvent, hélas! sceptique et railleur, sont des œuvres de charité et de dévouement sans nombre durant des épidémies désastreuses; trente années, consacrées avec une entière abnégation au soulagement des pauvres, à la consolation des affligés et à la conversion des méchants; c'est enfin une existence marquée au cachet de la plus pure morale de Jésus-Christ.

Le sanctuaire est une petite chapelle construite en rectangle. Au milieu, du côté opposé à l'entrée, s'élève un autel dominé par un tableau de la sainte Vierge tenant entre ses bras l'enfant Jésus. On a eu la bizarre idée de percer cette toile, — heureusement assez médiocre, — pour orner les oreilles, le cou et les mains de la madone, de pendants d'oreilles, de colliers et de bagues en brillants. Notre guide nous raconta en nous montrant ce tableau, qui jadis appartint à sainte Rose, l'histoire suivante : — Un jour que doña Maria Usategui, grande dame de Lima et protectrice de Rose, lui vantait dans son oratoire les hautes perfections de Notre-Dame d'Atocha, le divin Enfant du tableau, qui était suspendu au sein de sa mère, détourna la tête pour écouter cette litanie en l'honneur de la sainte Vierge. Rose fit remarquer ce prodige à sa compagne, qui, au comble de la surprise, cessa de parler. Jésus reprit aussitôt sa première position; mais dès que la noble dame, cédant aux prières de son amie, continua la phrase interrompue, le même prodige se renouvela; seulement le visage de l'Enfant-Dieu resta tourné vers le public. — Le narrateur ajouta naïvement que l'on avait, depuis, cru devoir, par chasteté, ne laisser à découvert qu'une partie du sein de la madone. En effet, la peinture de la draperie ajoutée est d'une époque bien postérieure à celle du miraculeux tableau. — Aux deux côtés de l'autel on voit les péronés de sainte Rose qui forment les tiges de deux fleurs d'or épanouies. — Deux ou trois cadres enchâssés dans la boiserie contiennent aussi : — une lettre de remercîments de la sainte à doña Maria Usategui pour un service qu'elle en a reçu; — une boucle de sa chevelure noire; — son anneau de fiançailles avec le divin Sauveur, sur le pourtour duquel on peut lire : *Rosa de mi JHS. se mi esposa;* — la couronne et la croix hérissées de pointes acérées qu'elle portait ordinairement sur le front et sur la poitrine; — le clou qui, fixé à une certaine hauteur dans la muraille de sa cellule, lui servait à nouer sa chevelure, afin de punir par la douleur sa nature débile, si, durant ses longues oraisons nocturnes, elle s'affaissait vaincue par le sommeil et la fatigue. Ces différentes reliques sont profondément enchâssées dans le bois de l'autel et défendues par des glaces. On a pris cette précaution contre les dévotes filouteries qui menaçaient de dévaliser le sanctuaire.

Notre guide nous fit visiter encore une sorte de logette qui fut habitée par la sainte, et qui renferme sa chaise et la grande croix de bois qu'elle portait durant des heures entières en souvenir du Christ au Golgotha, et nous passâmes dans un petit jardin attenant à la chapelle et laissé aujourd'hui dans le plus complet abandon. Un magnifique rosier blanc, le seul arbre au reste qui s'y trouvât, y fleurissait parmi toutes sortes de plantes parasites. Sur une des murailles, nous remarquâmes une fresque représentant la sainte en prière, et près d'elle un élégant cavalier à la tournure conquérante et portant le costume du temps de Philippe II. Ils sont séparés par une armoire étroite et longue qui se trouvait ouverte, et dans laquelle on apercevait un tronc d'arbre desséché ; la fresque étalait au-dessus de l'armoire, pour continuer l'arbre, un bouquet de feuilles vertes tout parsemé de pommes d'or. Nous demandâmes à notre guide l'explication de cette peinture, et la voici telle qu'il nous la donna :

Si les anges du ciel manifestèrent souvent leurs sympathies pour la sainte, les esprits des ténèbres tentèrent aussi, à différentes reprises, de l'intimider. Tantôt ils se présentaient à elle dans leur hideuse laideur, tantôt sous la forme de quelque bête féroce altérée de sang, ou d'autres fois encore, ils prenaient la stature des géants et menaçaient de l'enlever dans leurs bras robustes. Toutes ces simagrées échouaient devant la force d'esprit de Rose, qui flagellait de méprisantes railleries la bassesse et la couardise de ses mortels ennemis. Le diable alors, reconnaissant l'impuissance des moyens mis en œuvre, eut recours à d'autres armes : il prit la forme d'un cavalier, beau, spirituel et riche, trois forces ordinairement irrésistibles, et s'introduisit dans le jardin de l'épouse du Seigneur pendant qu'elle y priait. Celle-ci dissimula sa stupéfaction ; et, n'éventant pas dans le principe la nouvelle embûche du malin, elle se prit à considérer l'intrus en s'efforçant de deviner le motif qui l'amenait. L'inconnu ne la laissa pas longtemps dans le doute : ses paroles, ses gestes, ses attitudes, l'eurent bientôt éclairée sur ses ténébreux desseins. Elle reconnut encore l'oreille du loup ; aussi tourna-t-elle vite les talons, bien convaincue que la victoire, en semblable occurrence, tient surtout à la promptitude de la fuite. Mais, cette retraite ne lui paraissant pas de nature à confondre le tentateur autant qu'elle le désirait, elle s'arrêta à la porte de son oratoire, saisit une chaîne de fer et s'en frappa si cruellement, que le diable lui-même en fut consterné. Furieux de se voir encore vaincu, il recula jusqu'au pied d'un citronnier qui se trouvait au milieu du jardin, et s'appuya contre le tronc, où il disparut, le laissant brûlé dans toute sa hauteur. Cet arbre, néanmoins, se couvrit chaque année de fleurs et de fruits, et devint un sujet d'étonnement pour tout le monde. Le chapelain du sanctuaire affirmait l'avoir vu debout encore et en pleine fertilité ; mais renversé par je ne sais quel accident depuis cette époque, son bois fut enchâssé dans l'armoire et conservé comme une relique. — Notre curiosité satisfaite, nous quittâmes ce musée pieux, et nous rentrâmes dans la cellule du P. Zéa. Celui-ci nous confirma les derniers récits que je viens d'exposer avec une fidélité scrupuleuse, en m'abstenant de toute réflexion ; puis il nous offrit une Vie de sainte Rose, dont il était l'auteur, et une eau-forte gravée à Cadix, et représentant la sainte en extase.

Nous sortîmes du cloître un instant après, emportant les souhaits de bonheur et les bénédictions du vénérable vieillard.

VII

La cathedrale. — Les Liméniennes à l'église. — El Corpus. — Les tableaux.

Il me reste à parler du plus ancien monument de la ville, de la cathédrale fondée par Pizarre. J'ai déjà dit quel était extérieurement son aspect général. A l'intérieur, son ensemble offre peu d'intérêt, il est du reste assez difficile de l'apprécier d'un coup d'œil à cause de la situation du chœur, qui, placé en avant du maître-autel et fermé par des boiseries et des grilles dorées, occupe à lui seul toute la nef principale et ne laisse au public que l'usage des deux nefs latérales. La voûte est divisée en élégants caissons symétriques, et ses arches surbaissées reposent sur deux rangs de piliers et sur des pilastres. Le maître-autel, entièrement couvert de bas-reliefs et d'ornements en argent, est dominé par un diadème céleste en vermeil que soutiennent des colonnes corinthiennes plaquées d'argent. Les autels latéraux sont placés dans les ailes des transepts, derrière des grilles de fer doré d'élégante serrurerie; ils sont pour la plupart ornés avec plus de profusion que de goût. Le saint, qui d'ordinaire occupe dans un buisson de fleurs le milieu du *retablo,* ne se recommande que par son costume tout constellé de paillettes et lamé d'or et d'argent. On remarque aussi sur les autels ou dans leur voisinage, des pupitres, des cassettes et des reliquaires micacés d'incrustations de nacre de diverses nuances, et d'un fini précieux.

Les candélabres, les lampes, les vases sacrés de la cathédrale étaient d'argent et d'or et enrichis d'une profusion de pierreries, quand elle fut obligée d'apporter à la cause de l'indépendance une partie de ses richesses, aussi le poids de l'argent recueilli par le gouvernement dans les différentes églises durant les seules années 1819, 1820, 1821, dépasse, assure-t-on, trois mille livres pesant.

La seule œuvre artistique vraiment digne d'admiration dans la cathédrale est la merveilleuse boiserie sculptée du chœur. Ce fut certes un ciseau savant et plein de verve, celui qui, fouillant le cèdre, en fit surgir ces gracieuses statuettes et tous ces ornements agencés avec une parfaite harmonie; les guirlandes qui encadrent les panneaux, les crosses végétales et les chimères qui ornent les stalles sont disposées avec une régularité d'ensemble pleine de goût, et ciselées avec une précision de détails vraiment extraordinaire. Ce qui frappe surtout dans les statuettes, c'est un dessin correct, un modelé suave, une élégance de poses, qui semblent peu en rapport avec l'immense étendue du travail et le peu de valeur de la matière employée.

Pizarre fut inhumé le premier dans cette église, on y peut voir encore ses ossements, qu'une grille de fer protége contre la rapacité des collectionneurs de raretés; malgré tout, il est notoire que depuis des siècles, les bedeaux de la cathédrale vendent aux voyageurs naïfs les reliques du fondateur de Lima, et que, par un phénomène dont je laisse au lecteur le soin d'imaginer la cause, loin de diminuer elles augmentent.

Les confessionnaux liméniens ne sont point fermés, le prêtre et la pénitente sont en vue du public, et c'est au travers d'une étoffe de soie sombre et fixée sur un guichet que cette dernière peut converser avec son directeur spirituel. Je m'arrêtai un jour devant un confessionnal. — Une Liménienne à taille de guêpe remplissait la stalle d'un flot de satin bleu, où brillait, comme un noyau de nacre, son petit soulier blanc. La bouche collée à la frêle étoffe, elle murmurait un aveu qu'elle semblait arracher péniblement de son âme. Le visage du dominicain reflétait les impressions d'une conscience qui hésite à transiger avec le péché. C'était pourtant le cas ou jamais de dispenser des trésors d'indulgence, car cette adorable pécheresse devait assurément être de celles qui trouvent sans cesse sur leur chemin ces fatales pommes d'or que se plaît à y jeter le diable, comme s'il voulait de temps en temps se prouver à lui-même qu'il n'a pas vieilli. Près du confessionnal, une autre jeune femme, complétement affaissée sur les dalles, attendait son tour, et se traçait des quantités de signes de croix sur le visage. Un peu plus loin, un laquais dont la tête de nègre surgissait, comme une boule de laine noire, d'un cornet blanc formé par un vaste col, semblait tout fier de sa livrée, bien qu'elle dût dater au moins des vice-rois, et se tenait aux ordres de l'une des pénitentes.

Les églises de Lima présentent le dimanche, à l'heure de la messe, un curieux et ravissant coup d'œil. L'absence de chaises dans le lieu saint oblige chaque femme à apporter avec elle un carré de tapisserie, ou un petit tapis brodé qui lui sert à s'agenouiller ou à s'asseoir. Mais bientôt la fatigue résultant du contact presque immédiat de la dalle les force à chercher la pose la moins hostile à la délicatesse de leurs membres; de là naissent des attitudes délicieuses et que nous croyons naturelles, car, il faut le dire, la piété des Liméniennes nous a paru exempte de coquetterie.

A les voir ainsi, recueillies, immobiles, appuyées contre les murs ou sur le socle d'une colonne, les paupières baissées ou le regard perdu vers les voûtes, on les prendrait pour des statues de la Méditation. Le signe de la croix, qu'elles se tracent rapidement avec le pouce sur le visage, vient seul prouver leur existence. — Dans le sanctuaire, nul bruit étranger ne trouble l'harmonie du divin sacrifice : point de chaises remuantes, point de promeneurs indiscrets. L'encens, les hymnes sacrées, les soupirs de l'orgue montent avec la prière vers le Seigneur, et dans plusieurs églises, dans la chapelle du couvent de San-Francisco surtout, les serins et les chardonnerets perdus dans la forêt de cristal des lustres, unissent leurs gazouillements au chant grave des moines.

L'office terminé, la vie s'empare de tous ces corps immobiles ; un éclair illumine ces regards atones, le bruit remplace le silence. A la sortie de l'église, souvent des virtuoses nègres battent leur caisse avec furie, et arrachent des cris désespérés à leur flûte et à leur clarinette ; un prêtre assis près d'une table qui supporte une tête de mort et un crucifix flanqué de lanternes, reçoit dans un plat d'argent les offrandes des fidèles ; des membres de la confrérie de la *Buena muerte*, quêtent pour ensevelir les trépassés ; des religieux à la chevelure coupée en couronne et couvrant le sourcil, vendent l'image de quelque saint influent ; des courtiers de loterie vendent *la suerte;* des jeunes gens qui stationnent sous le portique, prodiguent gratis leurs fades louanges ; redevenue elle-même, la Liménienne, radieuse et pimpante comme le colibri au milieu d'une bande d'oiseaux funèbres, répond par une œillade à un madrigal, achète d'une main un billet de loterie, de l'autre l'indulgence qui doit lui rendre le sort favorable, puis avec ces voluptueuses inflexions, ces mouvements empreints de fantaisie musquée, de grâce mignarde et féline dont elle a seule le secret, elle reprend son essor vers sa demeure.

Les processions de Lima offrent aussi plus d'un genre d'intérêt. Ces solennités n'ont plus, à vrai dire, la magnificence qui impressionnait si vivement les navigateurs d'une époque où les marchands de Lima faisaient paver de barres d'argent sur le passage d'un vice-roi les deux rues de *los Mercaderes* et de la *Mercy*. Mais en perdant avec le progrès des lumières et une foi plus dégagée de superstitions tout ce grotesque attirail de tarasques et de géants automates, blancs, indiens, mulâtres et nègres, elles n'en ont conservé pas moins un caractère fort original, et l'avide concours du peuple montre assez que les fastueuses manifestations du culte doivent longtemps encore garder leur prestige. A part la procession de Santa-Rosa suivie d'ordinaire par des femmes qui, festonnant leurs *sayas* avec des guirlandes de roses blanches et rouges, paraissent célébrer la fête du printemps, la fête du *Corpus* résume toutes les autres cérémonies du même genre. Voici quel est sur la plaza Mayor l'ensemble de ce spectacle : d'abord, comme partout, les ouvertures des balcons sont garnies de radieux visages aux chevelures fleuries, et le sol disparaît sous une multitude diaprée où des haies de soldats peuvent à grand'peine conserver un passage libre pour le cortége. L'éclatante volée des carillons, les tintements bizarres qu'exécutent dans les clochers des enfants frappant sur les cloches, le tonnerre de l'artillerie, les fanfares militaires, saluent l'apparition du saint sacrement au porche principal de la cathédrale. Des moines et des pénitents de tous les ordres, blancs, bleus, gris et noirs, ouvrent la marche la torche en main, puis viennent des bannières clinquantées aux franges d'or, des saints de taille colossale vêtus de brocart et de dentelles, toujours portés par des individus cachés sous de longues draperies; des reliquaires enrichis de pierres précieuses, des croix, des lanternes, des dalmatiques, des chasubles, toute l'orfévrerie sacrée, toutes les étoffes lamées, fleuries, pailletées, étoilées de cannetille, resplendissantes à la grande lumière du ciel. Semblables aux canéphores antiques, des *cholitas* et des *sambas* de vingt ans, brunes ou dorées comme la Sulamite du chant de Salomon par les regards du soleil, chevelure fleurie et tressée en mille cordelettes, épaules et bras nus, s'en vont portant des corbeilles; d'autres lancent à pleine mains des fleurs effeuillées comme si elles donnaient l'essor à des nuées de papillons, et les encensoirs de vermeil, s'élevant en cadence au-dessus des têtes, soufflent des bouffées odorantes vers les dais aux blancs panaches. —

Sous le plus splendide s'avançait alors, dans tout l'éclat de la pompe archiépiscopale, Francisco de Luna Pizarro, vieillard maladif qui pouvait à peine élever pour bénir le peuple le vaste soleil d'or rayonnant autour de l'eucharistie. Immédiatement à sa suite marchait, au milieu de son brillant état-major, suivi des différents corps de l'État, le directeur suprême, Vivanco, tête nue et le cierge en main. Des épaulettes dont les larges torsades flottantes lui descendaient presque jusqu'au coude, un large ruban rouge traversé dans le sens de la longueur par un liséré blanc, qui se porte en sautoir comme le grand cordon de la Légion d'honneur et qu'on nomme la *banda*, étaient les insignes de son grade et de sa dignité accidentelle. Dans le voisinage du dais, se pressaient aussi les vierges folles et les Madeleines les plus connues de la ville, celles-ci en *saya y manto*, celles-là vêtues à l'européenne avec la mantille espagnole. L'une de ces pécheresses se distinguait surtout des autres par son air superbe et arrogant, c'était une magnifique créature à l'expression impérieuse, au regard plein d'orages et à la bouche méprisante; on eût dit une impératrice romaine sortant toute pâle à l'aurore de quelque orgie clandestine. — Elle repoussait fièrement du coude celles qui tentaient de lui enlever la première place et s'avançait à peu près sur la même ligne que le chef de l'État. Puis venaient à flots pressés les différentes catégories de nègres et d'Indiens, et les *cofradias* d'esclaves portant leurs étendards et leurs bannières, chargés d'emblèmes, de figures, de légendes bizarres et mystérieuses. Plusieurs de leurs membres chantent et dansent en faisant ronfler des tambours, frissonner des grelots, babiller des castagnettes. Certaines *tapadas* d'humeur joviale vont et viennent, interpellant avec familiarité les moines, qui chacun suivant son âge ou sa disposition d'esprit, les gourmandent ou ripostent à leurs quolibets, entre deux versets d'une litanie; le cortège se déroule et ondule comme un serpent d'or et d'émail, et jonchant sa trace de fleurs, il s'avance au milieu d'un nuage embaumé dans des rues toutes pavoisées de riches tentures, tandis que sur son passage s'éveillent de nouveaux carillons qui marquent les progrès de sa marche à travers la ville.

En terminant cette esquisse de la vie religieuse, je veux, pour compléter autant qu'il est en moi la série de mes observations dans les divers monuments de la ville, donner un aperçu des œuvres d'art qui furent employées à les orner durant une période prospère de la domination espagnole.

Ce sont les tableaux qui, surtout, faisaient le luxe des maisons consacrées au culte.

Le nombre des tableaux exportés au Pérou, sous le régime espagnol, passe toute croyance. Aujourd'hui encore, les murs de certaines églises en sont presque entièrement revêtus, les galeries des cloîtres en fourmillent, et plusieurs particuliers de Lima possèdent, sans trop paraître en tirer vanité, des collections dont feraient certainement parade nos banquiers millionnaires. Si l'on songe en outre aux toiles détruites par les tremblements de terre, lacérées durant les discordes civiles, à celles que la négligence a laissées tomber en poussière, à celles surtout qui ont été vendues aux étrangers (celles-là n'étaient sans doute pas les plus mauvaises), on comprendra quel débouché fut pour les ateliers des dix-septième et dix-huitième siècles le riche et florissant Pérou des vice-rois.

Parmi les œuvres de valeur que l'on peut encore admirer à Lima, nous noterons un saint Joseph conduisant par la main l'enfant Jésus; cette toile a tout le caractère d'un original de Murillo; elle se trouve dans le couvent de *los Descalsos*. Une autre toile, représentant la fuite en Égypte, nous semble trop sévère de style pour être de lui. La même chapelle renferme deux Ribeira d'une verve admirable, quelques grandes pages de Zurbaran et une Madone de Raphaël Mengs. L'église *de los Desemparados* possède aussi un Murillo : c'est le portrait noble et fier d'un vice-roi, dont nous avons en vain cherché le sosie au musée de San-Pedro. Des preuves irrécusables que diverses commandes furent faites à Murillo par les grands dignitaires de l'État et du clergé, jointes à l'engouement général pour les œuvres de ce maître, semblent autoriser les Péruviens à lui attribuer un grand nombre de toiles exécutées seulement sous sa direction ; mais les tableaux des autres peintres ont une authenticité moins suspecte. Ceux de Zurbaran et de son école, par exemple, abondent au Pérou. On en trouve dans presque tous les monastères et chez différentes familles liméniennes [1].

Les tableaux des maîtres italiens du second ordre y sont aussi fort nombreux, particulièrement ceux de Bassano et de Lucas Giordano, exécutés sans doute durant le séjour qu'ils firent en Espagne, où ils travaillaient pour l'Escurial. L'Italie en a même exporté directement. Nous avons déjà signalé dans le couvent de Saint-Philippe de Néri, à l'entrée de la sacristie de San-Pedro, une toile d'Annibal Carrache représentant saint Philippe de Néri en extase devant la Trinité. Dans son voisinage, quatre charmantes figures de femmes attirent l'attention : ce sont les archanges Michaël, Raphaël, Gabriel et Uriel, travestis sous le costume de Louis XIV, c'est-à-dire

---

[1] Le marquis de Santa-Maria possède une collection de tableaux qui pourrait sans désavantage prendre une place dans nos grands musées ; toutes les nuances de l'art espagnol y sont dignement représentées : l'école de Séville qui tient à celle de Flandre ; celle de Valence, qui suivait l'école romaine ; celle de Tolède, enfin, qui procédait plutôt de l'école nopolitaine. — L'école flamande originaire même s'y est introduite sous les auspices de ses noms les plus estimés ; ainsi nous croyons volontiers avec leurs propriétaires qu'ils possèdent des toiles de Van Dyck, de Gaspard Creeyers et de Rubens, en faisant toutefois cette restriction qu'elles sont loin d'appartenir à la partie capitale de l'œuvre de ces artistes. On imagine facilement, au reste, le laisser aller qui dut présider à l'exécution de commandes aussi lointaines.

portant perruques à longs anneaux bouclés, robes courtes semées d'étoiles et bottes à bourrelets relevés par un nœud de ruban. — L'on ne peut guère juger les toiles qui, posées à plat, garnissent jusqu'à une grande hauteur les pilastres et les murs de cette même église de San-Pedro : le manque de jour, l'abus du vernis, leur élévation suffisent amplement à les soustraire à toute espèce d'examen ; l'on ne peut alors que regretter tant de magnifiques cadres en bois sculpté qui semblent enchâsser des panneaux d'ébène.

La règle des couvents multipliait pour les peintres, — d'accord avec le goût national, — les occasions de se produire. Les monastères étalaient ordinairement sur les murailles de leur principal cloître l'histoire de leurs patrons conventuels. Parmi ces toiles, dont l'exécution remonte de la fin du dix-septième siècle au milieu du dix-huitième, il ne s'en trouve guère qui soient dignes d'être admirées ; néanmoins on pourrait, en dépit de la dépravation du goût et de l'incorrection du dessin, noter un certain talent de mise en scène dans la série de tableaux qui reproduisent la vie de *san Francisco, santo Domingo, san Pedro Nolasco* et *san Felipe de Neri*. — Les guerres de l'émancipation et depuis cette époque les discordes civiles ont détourné les esprits de la culture des arts, et ont privé de toute espèce de protection les artistes qu'on aimait et qu'on encourageait dans les dernières années même du régime espagnol, comme le témoignent les peintures assez récentes du chanoine Maëstre, qui décora plusieurs pans de muraille de la cathédrale. Les peintures de Maëstre révèlent un talent facile et élégant ; la couleur en est agréable et le dessin assez correct ; ajoutons qu'elles rappellent cette incomplète tentative de l'Allemand Raphaël Mengs, qui voulut ramener le goût rococo du dernier siècle à des conceptions moins compliquées.

Ce n'était pas Lima seule, c'était le Pérou tout entier qui

encourageait les artistes nationaux ou achetait les ouvrages des maîtres étrangers.

Des voyageurs compétents nous assurent avoir rencontré dans les endroits reculés du haut Pérou, même dans les misérables bourgades du lac Titicaca, des toiles fort remarquables. Maurice Rugendas citait, entre autres, deux tableaux du couvent de Santa-Catalina de Cusco qui, s'il faut l'en croire, émanent des glorieux pinceaux du Dominiquin et de l'Albane.

L'indifférence des moines pour ces intéressants débris, leur apathie, leur ignorance et leur pauvreté actuelle font qu'ils ne songent d'aucune manière à prévenir la détérioration des tableaux exposés dans les cloîtres. Les tableaux conservés chez les particuliers sont tout aussi négligés; leurs propriétaires y tiennent seulement par orgueil de caste, ou par tradition, ou quelquefois parce qu'ils sont les derniers vestiges de leur fortune. Il serait fort à désirer qu'on réunît dans un musée ces œuvres éparses; malgré leur mince mérite, restaurées et convenablement exposées, elles pourraient peut-être concourir à diriger les essais des jeunes artistes.

Les peintres du pays ne reçoivent aucun encouragement et n'ont aucun moyen de se former à Lima. Nous n'y connaissons qu'une seule classe de dessin élémentaire, dirigée par M. Ignacio Merino, élève de M. Monvoisin. — Quito, devenue la capitale de l'Équateur, est aujourd'hui la seule ville de l'ancienne vice-royauté qui soit restée fidèle aux artistes. Elle possède une école de peinture qu'il ne faut peut-être pas trop prendre au sérieux, mais enfin il y existe, on ne saurait le nier, une bonne volonté de devenir peintre; malheureusement c'est tout, car le dessin et l'imagination, ces deux qualités essentielles, paraissent manquer aux Quiteños, qui presque toujours copient leurs tableaux sur des gravures. Le coloris nous semble le mérite le moins contesté de leurs productions.

La vue constante de ces nombreux tableaux ne pouvait demeurer stérile, chez un peuple dont le goût et l'aptitude pour différents travaux d'art pleins de délicatesse, étaient manifestes à l'époque de la conquête. C'est sans doute à l'examen de ces modèles que puisèrent un vif sentiment de la peinture nombre de braves ouvriers de Cusco et de Chuquisaca, sans cesse mélancoliquement occupés à reproduire l'image de leurs anciens chefs incas. Toujours une douzaine de figures disposées sur une même toile avec l'ordonnance irréprochable d'un échiquier : elles sont uniformément revêtues d'une sorte de dalmatique, portent au front le gland rouge et la frange, marque distinctive du pouvoir souverain, et tiennent à la main le bâton de commandement commun à presque tous les caciques de l'océan Indien. Nous avons eu sous les yeux plusieurs de ces figures, elles sont convenablement conçues et agréablement peintes; mais ce qui surtout les caractérise, c'est une expression de tristesse et de découragement qui serre le cœur.

Ces Indiens zélés et patients sont en quelque sorte aujourd'hui les représentants de la peinture nationale. L'art de l'ornementation a été très-cultivé à Lima, et plus encore dans les villes de l'intérieur; quant à celui de la statuaire, rien n'indique qu'il ait eu des adeptes. — Un *saint Jean-Baptiste* et un *Christ flagellé* qui rappellent la manière de Benvenuto Cellini, sont, avec la *sainte Rose* de Mazza, les seuls bons modèles que l'on rencontre dans la ville. En revanche, les églises sont pleines d'admirables sculptures sur bois. Nous ne savons à qui attribuer les boiseries de la cathédrale, celles de San-Francisco et les autres ouvrages du même genre répandus dans les diverses églises. Ont-ils été exécutés à Lima? On l'assure, et nous avons reconnu, en effet, dans presque toutes les statuettes un caractère de physionomie particulier au pays. Malheureusement, le clergé péruvien s'acharne trop souvent ici à faire disparaître sous d'épaisses couches de vernis tout le fini du travail.

Tel est le triste état des arts au Pérou. Enfants de la paix, ils devaient cruellement ressentir l'influence des agitations révolutionnaires. Pourtant, l'amour de la peinture ne s'éteindra pas de sitôt dans la société péruvienne, si l'on en juge par la quantité de fresques qui décorent les murailles et les portiques des maisons particulières. Quand ces fresques ne sont pas la reproduction de certaines gravures médiocres, l'esprit et l'originalité qu'on y rencontre, autorisent à croire que des études sérieuses métamorphoseraient en artistes plus d'un obscur barbouilleur. Vienne donc un pouvoir solide qui fasse aux peintres péruviens les loisirs que nous leur souhaitons! Nous verrons alors, n'en doutons pas, plusieurs jeunes Liméniens, qui aujourd'hui étudient en France, regagner leur ville natale et y renouer la chaîne des traditions qui semblent désigner Lima comme le berceau de l'art américain [1]. En effet, comment l'inspiration périrait-elle faute d'aliments? Comment l'étude manquerait-elle de modèles sous ce climat favorisé du soleil, sur cette terre qui varie à l'infini ses aspects, qui déroule les plus imposantes perspectives, et où s'agite, accusant à peu près toutes les races et tous les degrés de la civilisation, cette bizarre société péruvienne dont les femmes de Lima sont la fleur? C'est dans le groupe radieux de ces dernières que l'on rencontre ce profil pur et suave des vierges, ce type noble et fier des souveraines, cette expression ardente et impétueuse des bacchantes. C'est là enfin que l'élégante

---

[1] Deux artistes péruviens, MM. Mérino et Laso se sont particulièrement distingués à l'Exposition universelle de 1855. Le dernier, surtout, a peint un potier des Cordilières d'un aspect peut-être un peu sculptural; mais cette figure, sombre, mystérieuse, qui semble porter en elle toutes les souffrances de sa race, révèle des qualités qui font honneur à M. Laso.

souplesse de la démarche, la grâce sans pareille du port, des attitudes, des gestes, s'unissent à tout ce que le regard renferme de tendre magnétisme, et la parole de caressante euphonie, pour perpétuer ce charmant dicton péruvien qui caractérise les Liméniennes : — *Limeña, cariñosa!*

VIII

Une exécution militaire. — Un pronunciamiento.

En présence des chefs-d'œuvre dus à une époque d'ordre et de paix, notre pensée se reportait involontairement vers les tristes émotions dont le Pérou semble aujourd'hui délivré. Pendant notre séjour dans la capitale péruvienne, nous fûmes témoin, sur la plaza Mayor, de quelques étranges scènes qui nous montrèrent sous un jour peu favorable la vie politique du pays. C'est là que s'exécutent les sentences capitales, c'est là aussi que se sont dénoués la plupart des drames ou des comédies militaires dont la république fondée par Bolivar a été le théâtre. Quelque temps encore avant notre arrivée, le Pérou était en pleine guerre civile. Depuis l'époque où le président Gamarra avait expié sur le champ de bataille d'Ingavi sa malencontreuse tentative contre la Bolivie, Menendez, Torrico, Lafuente, Vidal, s'étaient disputé le pouvoir, qui avait fini par tomber aux mains du général Vivanco. Celui-ci, plus sage que ses prédécesseurs, avait compris que le seul moyen d'opérer les grandes réformes attendues par le pays était de soumettre le Pérou à l'épreuve d'une dictature momentanée. Il avait pris le titre de *directeur suprême*, et il commençait à réaliser avec courage ses intentions patriotiques, lorsqu'une redoutable conspiration, qui s'était ourdie en faveur du général Lafuente, livra de nouveau le Pérou aux réactions et aux violences. Vivanco, décidé à étouffer par une répression énergique les trames qui le menaçaient, fit arrêter toutes les personnes qui lui furent signalées comme hostiles à son gouvernement. L'effet de cet acte dictatorial fut malheureusement affaibli par l'indécision qui en dénatura le caractère. Des influences puissantes firent abandonner quelques-uns des conspirateurs; la crainte de révélations compromettantes obtint grâce pour les autres. Bref, au bout de quelque temps, la justice ne garda qu'un pauvre colporteur qui, plus coupable ou plus maladroit que ses complices, ne put repousser l'accusation, et fut condamné à être passé par les armes. L'exécution de ce malheureux est restée dans ma mémoire comme un trait de ces mœurs si étrangement mêlées de douceur et de cruauté que j'avais déjà pu observer dans toute leur fougueuse indépendance au cirque *del Acho*.

C'était le hasard qui nous avait conduits sur la plaza Mayor le jour où devait être exécutée la sentence rendue contre le colporteur si tristement abandonné par ceux qui l'avaient compromis. Le peuple y affluait d'une façon inaccoutumée, et se formait de toutes parts en groupes compacts. La démarche des femmes, qui se trouvaient là, comme toujours, en imposante majorité, trahissait l'inquiétude, l'indécision, la contrainte; elles croisaient plus hermétiquement qu'à l'ordinaire le noir tissu de leur *manto*, et allaient d'un groupe à l'autre, l'oreille au guet. On devinait à mille nuances que les esprits étaient ce jour-là sous le coup d'une préoccupation sérieuse et pénible, et que l'attente d'un événement grave rassemblait en ce lieu la foule sans cesse grossissante. Malgré la circonspection que nous commandait notre uniforme, dans cette ville toujours en travail de quelque nouveau bouleversement révolutionnaire, nous allions, cédant à l'aiguillon de la curiosité, nous mêler aux conciliabules improvisés, quand un

Péruvien s'approcha pour nous demander la *faveur* d'allumer sa cigarette à notre cigare. Je lui présentai, suivant la coutume, mon *panatella* par le bout incendié : il le prit délicatement entre l'index et le pouce, s'en servit et me le rendit avec ce geste gracieux qui, dans l'Amérique espagnole, est tout à la fois un salut et un remercîment. Service pour service : nous l'interrogeâmes sur la cause de ce rassemblement extraordinaire.

— Comment ! vous ne savez donc pas, fit-il, que l'on va fusiller un conspirateur ?

— Où donc cela ?

— Ici même, sur la place, à deux pas de vous.

— Quoi ! au milieu de la foule ?

— *Commono ?*

— Mais les accidents ?

— Dame ! cela s'est vu ; mais c'est bien la faute de ceux qui en sont victimes, car personne n'ignore que l'on tire toujours du côté de l'archevêché, voyez plutôt.

Il fit quelques pas, et nous montra une muraille dont le plâtre portait, en effet, les traces irrécusables des exécutions précédentes. Tout cela nous rassurait d'une médiocre façon à l'endroit de la sécurité publique ; car dans cette foule, que le besoin d'émotions poussait à expérimenter la terrible volupté de l'effroi, il devait, certes, y avoir plus d'un imprudent. Cependant un régiment, au front duquel éclatait la fanfare, vint nous distraire ; tout le monde se porta au-devant de lui, et chacun parut délivré du sentiment pénible qui l'opprimait. Les pelotons se déployèrent devant le palais national en formant un rectangle allongé, les enseignes passaient saluées par les armes et les roulements de tambour ; le retentissement des fusils, le cuivre et l'acier que pailletait un radieux soleil, l'empressement des femmes, la tournure conquérante des jeunes officiers créés par Vivanco, qui échangeaient des saluts et des interpellations familières avec les *tapadas*, tout ce mouvement, tout ce bruit avait si brusquement donné à la place un air de joie et de fête, que nous commencions à oublier à quel lugubre drame le hasard nous avait conviés. Tout à coup, dans un groupe voisin où la conversation semblait fort animée, un homme s'interrompit en entendant sonner l'horloge de la cathédrale.

— Onze heures moins un quart, dit-il; encore un quart d'heure, et il sortira de prison.

— Oui, dit un autre; mais il y a trois églises sur sa route; ainsi nous ne le verrons guère qu'à midi.

La conversation reprit alors comme si rien ne l'avait interrompue. Cependant ce peu de mots, ramènant notre pensée vers le malheureux qui allait mourir, nous engagèrent à prendre le chemin de la prison, puisqu'il semblait que le drame auquel nous nous décidions à assister en attentifs observateurs devait avoir différentes péripéties. Nous y arrivâmes au coup de onze heures. Le cortége, ouvert et fermé par un piquet de cavalerie, était déjà en mouvement; de chaque côté du condamné, une haie de soldats contenait la foule empressée et curieuse. Un tambour, couvert de drap noir, battait une marche lugubre et lente qu'accompagnait par intervalle un fifre aux sons criards et ironiques; les glas tintaient à l'église la plus voisine, vers laquelle on paraissait se diriger. Accompagné de son confesseur qui lui lisait à demi-voix les prières de l'agonie, le patient marchait les yeux couverts et les mains liées. Il était en manches de chemise et portait un mauvais pantalon rayé; un vieux feutre noir lui couvrait la tête; sa taille était élevée, sa démarche était sûre, et, fidèle jusqu'à la fin à ses goûts nationaux, cet homme, qui allait mourir, fumait un énorme cigare. A quelque distance de lui venait un groupe d'*hermanos de la buena muerte* qui, après l'exécution, devaient se succéder pour veiller le corps et lui rendre les derniers devoirs. On s'avançait avec une lenteur extrême, qui faisait sans doute partie du cérémonial obligé ; à chaque église située sur la route, le funèbre convoi s'arrêtait ; le condamné, conduit devant le portail, s'agenouillait sur les marches et priait, tandis que les sombres versets du *De profundis*, psalmodiés par des voix creuses qui nous donnaient le frisson, sortaient des entrailles de la nef. Les prières terminées, les glas cessaient aussitôt de tinter à cette église pour recommencer à l'église suivante, et le cortége reprenait sa marche à travers la foule morne des curieux, qui affluait par toutes les rues et encombrait les portiques, s'agenouillant et priant avec le condamné, mais nulle part ne le suivant, car chacun s'empressait, — dès qu'il avait *vu*, — de regagner par les rues environnantes le lieu de l'exécution. Nous aussi nous éprouvâmes le besoin de fuir ce triste spectacle, qui n'avait plus rien à nous apprendre, et nous revînmes à la plaza Mayor, où régnaient le même mouvement et les mêmes émotions, bien que les bans battus de temps à autre par les tambours des divers régiments annonçassent qu'on lisait successivement à chaque colonne la sentence du condamné. Cette formalité durait encore, lorsqu'à l'entrée de la place s'éleva une rumeur soudaine : elle annonçait le patient.

Un courant magnétique sembla pénétrer l'assistance, qui frissonna comme une moisson sous une rafale. Tous les visages exprimèrent la stupeur, toutes les voix se turent, et le cortége que nous venions de quitter fit son entrée au milieu d'un silence de mort. Pour lui donner passage, un côté du rectangle des troupes s'ouvrit en se rabattant sur les colonnes voisines, et nous découvrit la fatale sellette où, assis et attaché, le condamné devait subir sa peine. On allait donc le fusiller au milieu de la foule, sans trop se préoccuper de ceux qui passeraient derrière lui. Habitués à cette manœuvre, les spectateurs qui se trouvaient compromis s'empressèrent de fuir; mais ni la police ni l'autorité militaire ne parurent songer à interrompre la circulation du côté de l'archevêché. Cependant le condamné venait d'être conduit près de la sellette de bois; dès lors, il concentra toute notre attention; il jeta son cigare, pria ceux qui l'escortaient de lui enlever son bandeau, et adressa à l'assemblée une allocution où il protestait de son innocence; son regard se tournait surtout vers une galerie du palais de la présidence où brillaient les uniformes d'un grand nombre d'officiers, parmi lesquels se trouvait, nous dit-on, Vivanco lui-même. On parut espérer un instant que la clémence du pouvoir interviendrait, et nos regards interrogèrent la galerie durant une minute d'attente douloureuse. Ce malheureux devait être bien coupable, car on ne put deviner la moindre parole, le moindre geste, la plus vague manifestation de sympathie dans le groupe d'où pouvait tomber le mot de grâce. — Tout était dit; nous comprîmes que la loi suivrait son cours, et nos regards se tournèrent de nouveau vers le condamné, dont les fiévreuses alternatives d'espoir et de découragement n'avaient en rien altéré la calme et fière attitude. On lui remit le bandeau qui anticipait sur les ténèbres éternelles, on le fit asseoir en l'attachant au poteau qui, formant le dossier de la sellette, la tenait en même temps fixée contre le sol, et douze hommes s'avancèrent prêts à faire feu. — Nous détournâmes alors les yeux de ces tristes apprêts et nous les portâmes sur la foule environnante. Le col tendu, l'œil hagard, les lèvres tremblantes et sans voix, bien des *tapadas*, dont la petite main blanche n'avait sans doute plus la force de tordre le *manto*, laissaient à découvert un jeune visage où se peignait un singulier mélange de curiosité et de terreur.— Une décharge de mousqueterie, qui nous fit bondir le cœur à tous, nous apprit que la sentence venait d'être exécutée. Aussitôt les tambours résonnèrent, les fanfares retentirent, et les troupes, rompant leurs colonnes, défilèrent devant la galerie du palais, les porte-étendard inclinant leurs enseignes, les officiers saluant de l'éclair de l'épée et poussant des vivat. Déjà ce bruit, ce mouvement, commençaient à chasser l'impression douloureuse sous laquelle tous les fronts s'étaient courbés, et la respiration nous revenait comme à la suite d'un cauchemar, quand une indicible épouvante vint avec une rapidité électrique s'emparer de la multitude, qui, pâle et haletante, se mit à fuir dans toutes les directions avec une agilité folle. Emportés malgré nous par le flot déchaîné, nous demandâmes en nous débattant de notre mieux la cause de cette terreur. *El muerto! el muerto!* telle était la seule réponse qu'on put nous faire. — Cependant le bruit d'une seconde décharge de mousqueterie vint brusquement arrêter les fuyards, et nous pûmes regagner le lieu de l'exécution. Nous vîmes alors le malheureux supplicié frappé de plusieurs balles, mais si maladroitement que, même après cette nouvelle fusillade, il respirait encore et se démenait comme galvanisé, ce qui faillit de nouveau mettre le public en fuite. Des soldats s'approchèrent enfin du mutilé et lui donnèrent le coup de grâce. Dans une de ces décharges à volonté, un individu, qui nous parut être un officier et qui sans doute avait oublié qu'on ne passe pas du côté de l'archevêché, venait d'être grièvement blessé; les soldats qui l'emportaient tout sanglant lui reprochaient avec véhémence de s'être fourvoyé de ce côté-là. — Les pénitents s'approchèrent du cadavre, qu'ils adossèrent et retinrent par des liens au poteau de la sellette, et, comme il devait séjourner jusqu'au soir en cet endroit, une croix et un bénitier furent placés auprès de lui. Puis ces religieux se partagèrent la veille funèbre, afin qu'il y en eût toujours un en prière jusqu'à l'heure où la tombe recevrait la dépouille mortelle. Les fidèles purent alors venir jeter l'eau sainte sur le supplicié et déposer une offrande dans son chapeau, où l'on pouvait lire une inscription préalablement écrite, sollicitant des aumônes qu'il affirmait devoir servir à payer des prières pour le repos de son âme. — Après l'*oracion* du soir, le corps fut relevé, les *portales* se peuplèrent comme d'habitude d'élégants promeneurs, le bruit et la gaieté revinrent, et tout semblait nous dire que la scène tragique dont cette place avait été le théâtre dans la matinée était déjà un vieux souvenir. Nous nous demandions comment on oubliait si vite des impressions qu'on avait paru ressentir si vivement. Quelques semaines plus tard, une singulière circonstance vint nous prouver que l'oubli n'était pas aussi profond qu'il semblait l'être. Assistant au tirage de la loterie nationale, nous fûmes tout surpris de trouver parmi les devises qui accompagnaient les numéros choisis par les joueurs, la suivante, répétée un grand nombre de fois : *El alma del hombre fusillado.* Était-ce le remords d'un complice égoïste? était-ce le souvenir d'un ami? Voulait-on doter quelque chapelle ou fonder une messe si le sort se montrait favorable, ou bien le gagnant, entrant en compte réglé avec le défunt, devait-il lui donner ses prières et garder la somme? Cette dernière supposition nous sembla la plus rationnelle, car il faut bien avouer que si, à Lima, on croit à la messe, on croit aussi beaucoup à l'argent.

Les événements politiques devaient nous offrir bientôt au même endroit de moins terribles épisodes. Un calme de quelques mois avait suivi l'exécution du colporteur. Lima commençait à espérer que le pouvoir établi allait enfin prendre des racines sérieuses. Quelques réformes utiles, avant-courrières des bonnes intentions de Vivanco, se produisirent alors et portèrent d'abord sur l'armée, dont on licencia en partie le nombreux et inutile état-major. L'administration eut aussi son tour; des magistrats improbes ou incapables furent révoqués, et de sévères remontrances vinrent inquiéter différents fonctionnaires suspects. La partie saine de la société applaudissait à ces sages mesures du directeur suprême, qui put se croire un moment soutenu par l'opinion. Malheureusement les réformes accomplies froissèrent quelques intérêts, firent saigner quelques amours-propres; quelques chefs de parti influents avaient été condamnés à l'exil; parmi ceux-ci se trouvait le général Castilla, qui résolut de faire servir la situation à la cause du principe constitutionnel. Il fomenta dans le sud une insurrection et marcha sur la capitale avec un noyau d'armée qui se grossissait de jour en jour de nouveaux enrôlés. Dès que ces événements furent connus à Lima, il s'y manifesta une agitation extrême, et l'on ne put douter, à l'enthousiasme avec lequel on se préparait à repousser l'ennemi, de la chaleur des sympathies vouées à Vivanco.

La ville revêtit en cette circonstance un caractère tout particulier qui ne manquait pas d'intérêt. Les citoyens couraient s'inscrire aux registres d'enrôlements volontaires; on organisait la résistance sur les points menacés et faibles, et l'on dressait aux issues principales de la ville des barricades défendues par de l'artillerie. Ces derniers ouvrages, exécutés sans la moindre entente, ne pouvaient être pour la plupart d'aucun secours; la barricade du pont de Montes-Claros surtout, composée de charpentes massives et fixes qui rendaient impossible le pointage d'une lourde pièce de campagne placée derrière, nous sembla destinée à jouer un rôle fort médiocre, si la tentative avait lieu de ce côté. Néanmoins c'était plaisir de voir quelle importance on paraissait attacher à ces moyens illusoires. Les officiers supérieurs, les aides de camp affairés, les ordonnances, galopaient dans toutes les directions, visitant les postes, examinant les différents travaux et portant des ordres. Des patrouilles circulaient par la ville; tout le monde jouait au soldat, et le plus pacifique *tiendero*, enrôlé dans la milice bourgeoise, faisait retentir le pavé sous quelque rapière innocente.

Cette ardeur guerrière assez burlesque, ces préparatifs assez insignifiants vus de près, eurent pourtant ce bon résultat, qu'ils parvinrent au camp ennemi avec des proportions gigantesques. Aussi, tandis que les bruits les plus contradictoires circulaient à Lima touchant l'approche de l'armée révolutionnaire, celle-ci, ne se trouvant pas assez forte pour tenter l'attaque d'une ville en aussi martiale attitude, rebroussait chemin, décidée à attendre de nouveaux renforts. Nous devons ajouter, pour être juste, que cette retraite fut attribuée à un motif louable. Le général répugnait, disait-on, à ensanglanter par un combat les rues de la capitale.

Cependant le parti de Castilla, pour avoir différé son attaque décisive, n'en devint que plus redoutable. Le directeur suprême recevait sur ses progrès des communications tellement inquiétantes, qu'il se décida à lui opposer une division dont il confia le commandement à l'un de ses généraux. Celui-ci, s'étant mis en campagne, joignit l'ennemi ; mais, dans un moment où il avait eu l'imprudence de laisser ses hommes rompre leurs rangs et déposer leurs armes pour aller se désaltérer à un ravin, ceux-ci furent enveloppés à l'improviste et faits prisonniers presque en masse. A la nouvelle de cet échec, Vivanco résolut d'aller en personne combattre l'insurrection : il quitta donc Lima en laissant, pour l'y remplacer, le préfet Domingo Élias, riche propriétaire de vignobles de la province de Cañete. La saison humide retarda outre mesure un engagement définitif entre les partis hostiles, si bien que le ridicule s'empara de la situation et que l'on accusa plaisamment les deux chefs de s'épuiser en marches et en contre-marches ingénieuses pour éviter de se rencontrer. Plusieurs mois s'écoulèrent sans amener de résultat, les affaires publiques et les transactions commerciales languissaient, et la crise semblait devoir se prolonger, quand un homme se décida à lui fixer une limite. Nous assistâmes alors à la mise en scène d'une fable bien connue. Cette présidence que Vivanco voulait garder, que Castilla voulait prendre, fut un beau jour confisquée de la façon suivante par un troisième personnage, qui n'était autre que le préfet Domingo Élias.

Rien, à coup sûr, ne faisait présager ce jour-là un événement d'une telle importance. La ville semblait dans l'atonie, les clochers étaient silencieux ; la population, faute du moindre prétexte pour affronter le soleil de midi, se résignait à passer à l'ombre les heures torrides, qui dans les contrées tropicales ne grillent, si l'on en croit un impertinent dicton, que les chiens, les nègres et les voyageurs français. Quelques rares promeneurs passaient dans l'ombre bleue des *Portales*, où les *tienderos*, bras croisés et cigare en bouche, attendaient mélancoliquement les chalands, qui de jour en jour devenaient plus rares. Au milieu de la grande place, des *aguaderos* renouvelaient à la fontaine la charge liquide de leurs mules, et s'en allaient faisant tinter leur sonnette. Les *gallinasos* semblaient plus immobiles et plus ennuyés que de coutume, et si l'on entendait par hasard braire un âne et japper un chien, nul autre bruit ne troublait la ville silencieuse. L'atmosphère était chargée de fluides énervants qui conviaient à l'ombre et aux calmes loisirs de la vie orientale. Aussi nous allions nous diriger vers un toit hospitalier, où nous avions en perspective un hamac, des cigares, des sorbets et des guitares, et où nous étions toujours cordialement accueillis, quand, à l'angle de la *casa municipal*, nous vîmes apparaître un groupe composé de cinquante personnes environ, au milieu duquel marchait un individu vêtu de noir et tenant à la main un rouleau de papiers. Vingt à trente soldats suivaient en désordre, en guise d'escorte. Nous demandâmes ce que ce rassemblement signifiait, et l'on nous apprit que le préfet Domingo Élias se rendait au palais pour s'y déclarer, par un *pronunciamiento*, président de la république. Si quelque chose avait pu nous étonner dans cette étrange ville, c'eût été assurément une aussi brusque nouvelle jaillissant tout à coup de ce calme profond ; mais, comme le sage, nous étions préparés à tout, et nous nous joignîmes d'abord au cortége, quitte à nous étonner ensuite. Les sentinelles du palais, le menton appuyé sur le canon de leur fusil, nous regardèrent passer avec un étonnement stupide. Nous traversâmes une cour, nous grimpâmes un escalier, et nous entrâmes dans une galerie à l'extrémité de laquelle se trouvait une estrade. Élias y prit place ; autour de lui se tenaient quelques individus, des fonctionnaires importants sans doute. — Il nous parut alors âgé de quarante ans au plus ; c'était un homme de moyenne taille, au visage rond, plein et régulier ; il avait le teint coloré comme un *cholo* ; sa physionomie grave et sérieuse nous sembla, quand il prit la parole, pleine de douceur et de bienveillance.

Au moment où Élias s'apprêtait à lire son *factum*, un refoulement eut lieu dans la galerie et nous porta jusqu'au pied de l'estrade. Nous luttâmes aussitôt pour nous dégager de la foule, et nous réussîmes à trouver une place sur le marchepied d'une banquette qui garnissait le pourtour de l'appartement. Nous pûmes de cette hauteur dominer l'assistance, qui tout à coup avait rempli l'enceinte. Trois cents personnes environ se pressaient dans la galerie ; les *tapadas*, qui dans ce nombre comptaient au moins pour les deux tiers, discutaient l'événement avec une telle animation, qu'à plusieurs reprises on dut réclamer le silence. Enfin Élias prit la parole, tous les regards se tournèrent vers l'estrade, et le silence se rétablit peu à peu. — Son *pronunciamiento* ne différait pas sensiblement de ceux que les années turbulentes de l'émancipation ont fait éclore en si grand nombre. Il exposa les difficultés de la situation, l'embarras des finances, la misère du pays, la stagnation du mouvement commercial, tous les désordres qu'entraînent d'ordinaire les guerres civiles, et montra combien il était nécessaire qu'un citoyen voulût bien essayer de rendre à la patrie le calme dont elle avait si grand besoin ; puis, faisant à l'auditoire un appel qui demeura sans réponse, il déclara d'une voix émue que, faute d'un individu disposé à prendre la direction des affaires, il se sentait assez de dévouement pour remplir cette tâche épineuse jusqu'au jour où la volonté nationale, en lui désignant un successeur, lui permettrait de rentrer dans la vie tranquille dont il ne sortait qu'à son grand regret.

Le discours d'Élias ne souleva pas le moindre murmure, la moindre protestation dans cette ville qui, peu de mois auparavant, nous paraissait si dévouée à Vivanco. Quand le nouveau président, pour sortir du palais, passa devant les tambours rangés sous le péristyle, on battit aux champs, et le régiment qui gardait la ville se mit aussitôt en marche, musique en tête, parcourant les rues et faisant des haltes à tous les carrefours, pendant qu'une sorte de héraut lisait à haute voix un décret qui amnistiait tous les détenus politiques. Ainsi s'accomplit cette révolution, qui ouvrit au Pérou une nouvelle ère, en y assurant, après quelques mois de luttes civiles, l'avénement du général Castilla. Personne ne paraissait s'en occuper. La ville continua de jouir d'une tranquillité parfaite ; les *tapadas* effleuraient comme à l'ordinaire le pavé des *Portales* ; les *gallinasos*, perchés sur les terrasses, regardaient impassiblement défiler les guerriers ; le peuple continuait avec indifférence son rude labeur. Quant aux esprits légers, ils se répétaient à l'envi : — *Caramba !* je voudrais bien voir la curieuse figure que fera Vivanco dès qu'il saura la nouvelle !

LIVRE III

LE MOUVEMENT POLITIQUE DEPUIS L'INDÉPENDANCE.

I

On se souvient de l'engouement que manifesta la *France libérale* pour les colonies insurgées de l'Espagne durant leur lutte contre la métropole. Chaque nouveau fait d'armes favorable à l'insurrection était accueilli comme une victoire nationale! Le nom du *libertador* Bolivar était dans toutes les bouches, et ce coryphée de la noble cause américaine se vit en possession d'une popularité que chez nous la mode accapare et déverse en portraits sur les foulards et sur les tabatières. Notre pays, qui, s'il sait être le plus sérieux du monde, semble vouloir parfois le faire oublier, alors aveuglé sur ses véritables intérêts, et dupe de ses sentiments de générosité, s'indignait contre la politique de pure neutralité qu'on lui faisait suivre : il ne comprenait même pas que dans ces luttes de l'Espagne avec ses colonies, la maison de Bourbon se fût compromise en se divisant. Aussi, que d'applaudissements pour l'Angleterre plus hardie, plus révolutionnaire, promettant déjà aux Hispano-Américains de reconnaître leur indépendance!

A cette époque, c'est tout au plus si, en France, quelques esprits justes, mais, disait-on, *arriérés*, si de vieux politiques incrédules en fait du sentimentalisme d'Albion, entrevoyaient une vérité : c'est que la philanthropie des ministres anglais, notamment de M. Canning, s'accordait, par un hasard des plus heureux, avec le mercantilisme de la nation. Il y avait là une question de marché et d'exportation manufacturière, et de plus, il y avait la bonne envie de ruiner dans ses sources la puissance maritime de l'Espagne. — Après la bataille d'Ayacucho, gagnée par Bolivar et par le général Sucre, dès qu'on vit tomber en Amérique le drapeau espagnol, on poussa un grand cri, et mille espérances s'élevèrent avec ces jeunes républiques dont le front couronné d'étoiles brillait dans le *ciel de la liberté*. On leur prédit une prospérité immense, égale à celle des États-Unis, gouvernement modèle, l'idéal du genre dans nos salons naïfs, et l'école des Béranger et des Benjamin Constant en attendit des miracles, — qu'il ne faut jamais attendre nulle part d'institutions introduites trop tôt dans un pays, même quand elles sont démocratiques!

Sérieusement, l'Amérique du Sud a-t-elle répondu à l'espoir de l'Europe? Quelle est celle de ces espérances de grandeur qu'on ait vue se réaliser?

Trente ans se sont écoulés depuis l'émancipation des colonies du joug de l'Espagne, et partout l'anarchie a régné, partout le désordre s'est accru, excepté dans un pays placé au milieu de circonstances exceptionnelles, le Chili qui semble depuis quelques années sortir du chaos démocratique. Les autres États hispano-américains, le Mexique, le Pérou, la Plata, l'Équateur, la Bolivie, sont toujours minés par ces petites révolutions du dedans qui s'appellent *pronunciamientos*, ou lancés au dehors dans des guerres avec les États limitrophes ; — enfin sans crédit et déchus politiquement, dépossédés de leur ancien bien-être matériel, ces États ont passé par toutes les misères des discordes civiles. Vainement ils essayent de se faire illusion sur leur présent et surtout sur leur avenir : les Hispano-Américains n'abusent guère plus quelquefois que certains hommes d'État de l'Europe ; mais eux-mêmes ils ne s'abusent pas sur la situation que leur crée une fausse liberté; les plus capables, les plus sincères d'entre eux regrettent aujourd'hui jusqu'au misérable despotisme colonial de l'Espagne. Il n'est pas rare de trouver au Pérou des admirateurs de l'homme qui devrait effrayer le plus, du farouche dictateur de Buenos-Ayres, de Rosas, — bien que la prétendue prospérité du pays soumis à la domination de Rosas soit encore plus factice que réelle, et que son gouvernement ne repose sur aucune institution fondamentale et destinée à lui survivre [1].

Pourquoi n'oserait-on pas l'affirmer ? Ce serait un bonheur, et le plus grand qui pût survenir dans l'Amérique espagnole, si au Pérou, si parmi tous ces petits États qui n'ont représenté jusqu'ici que la comédie de la politique, il s'élevait tout à coup un homme aussi despote, mais d'un plus noble génie que Rosas, un dictateur honnête, patriote, décidé à retirer ces républiques de l'oppression d'ambitieux vulgaires, et à y rétablir avant tout l'ordre moral et cette paix profonde ou des sociétés ou de la conscience individuelle qu'on perd dans les meilleures des révolutions et qu'on est ensuite si longtemps à recouvrer !... Par malheur, la toute-puissance, la dictature ne s'entend pas ainsi dans l'Amérique du Sud : on veut exercer l'autorité par orgueil, et on la garde presque toujours par des considérations qui sont loin d'appartenir à un ordre élevé.

Il faut tout dire, les Hispano-Américains ont ceci de semblable aux Espagnols, que ces peuples n'ont pas de génie politique sérieux. Charles-Quint disait : *Los Españoles parecen sabios, y no lo son.* Ils ont en effet la grâce, la vivacité, l'éclat chevaleresque, mais ils ont plutôt l'apparence ou le superflu des qualités que le nécessaire; aussi s'élèvent-ils rare-

---

[1] La chute de Rosas et les désordres qui l'ont suivie dans ce malheureux pays de la Plata, ont pleinement réalisé nos prévisions (1856).

ment à quelque grande idée gouvernementale : c'est pourquoi les races de cette origine vivent si facilement dans l'anarchie et s'accommodent de cette foule de conflits que d'autres nations subissent, comme la France, mais en les détestant, en cherchant toujours à rentrer dans l'ordre.

L'anarchie, qui a si complétement éclaté dans les anciennes colonies espagnoles, est donc en quelque sorte l'état naturel des Hispano-Américains ; c'est une tendance, presque un goût, et de tous les pays d'Amérique, le plus exposé aux secousses est le Pérou : il a été le théâtre d'aventures étranges et violentes, et depuis Pizarre, il s'est surtout signalé par ses catastrophes.

La vérité est qu'à bien examiner l'état ancien ou moderne de ce pays, on est frappé d'un désordre si continuel ; c'est peut-être là un mal incurable, mêlé à tout ce qui se révèle d'extraordinaire, de charmant et d'héroïque dans la race espagnole !

Je me suis souvent demandé si la découverte prématurée de l'Amérique n'a pas été une calamité, et si, faite aujourd'hui, elle n'exciterait pas autant d'enthousiasme qu'autrefois, sans toutes les barbaries des premiers conquérants. C'est en effet un malheur que rien ne compense ; rien, pas même les richesses répandues en Europe, que cette perte immense de l'ancienne société américaine, disparaissant sous le fer et le feu des Espagnols. Pizarre et Cortez sont allés détruire en Amérique la chose la plus rare et la plus précieuse du monde, une civilisation à part, sans analogie, déjà éclatante, et dont il subsiste des ruines encore magnifiques au Mexique et au Pérou. Si à ces extrémités de la terre, à l'occident, où la tradition disait depuis Platon, qu'un pays fortuné, l'*Atlantide*, était caché ; si, pendant des siècles encore jusqu'à nous, personne n'y eût abordé, et qu'enfin on eût vu apparaître tout à coup ce continent inconnu, quel spectacle merveilleux et enchanteur! Combien n'aurions-nous pas été heureux de trouver en Amérique l'empire des Incas intact à la place de ces pauvres républiques espagnoles en décadence!

En réalité, on n'éprouve aujourd'hui qu'une triste déception à la vue de ce nouveau monde gâté par les héros ou les aventuriers de l'Europe [1]. La nature seule est restée grande; elle laisse silencieuse végéter ses forêts, courir ses fleuves immenses, et monter jusqu'au ciel le pic des Cordillières... Quant à l'homme que vous découvrez dans ces espaces, qu'a-t-il donc créé depuis trois cents ans? Comment a-t-il remplacé le peuple à moitié égyptien des Incas, avec ses sciences, ses idoles du soleil, ses temples incrustés d'or et de pierreries qui enchantaient l'historien Solis? Tout s'est évanoui, même les villes gigantesques de l'Amérique ancienne, et sur les décombres de Palenque ou de Cusco errent des gens faibles et portant les caractères physiques du mélange des différentes races. — Voilà ce qui a disparu, voilà ce qui est resté.

Il est évident que l'Amérique du Sud a passé par un déclin sous les Espagnols, ou, si l'on veut, par une transition violente, et que la véritable époque, non plus de la conquête, mais de l'occupation générale et pacifique de l'Europe doit commencer. Toutefois, que de temps il s'écoulera encore avant qu'il se forme dans le sud de l'Amérique, comme dans le nord, une seule et grande nation composée de toutes les nations, avant qu'on parvienne à détruire l'une des causes de révolution dans ce pays : ce mélange de sang blanc, noir ou indien qui porte en soi quelque chose d'implacable, et qui, venant à influer sur le caractère des Hispano-Américains, les rend si difficiles à gouverner!

Cependant, on ne saurait prétendre qu'aujourd'hui ou au-

---

[1] Cortez fut peut-être un héros, mais Pizarre n'eut guère que les qualités du brigand.

trefois tout ait été au pire dans l'Amérique espagnole. La métropole n'a pas toujours gouverné ses colonies d'après la maxime barbare : « Diviser pour régner et pour opprimer. » Non ; les rois d'Espagne sont souvent intervenus par leurs ordonnances, afin de tempérer la cruauté des gouverneurs ou vice-rois ; mais, d'après l'étroit et égoïste système colonial de ce temps, les vice-rois n'avaient pour gouverner que deux idées funestes : l'une, qui naissait de la situation de pays conquis, l'esclavage ; l'autre, sur laquelle la cour ne transigeait pas, l'isolement absolu de ses colonies. De là cet abaissement des Américains, de là une ignorance à peu près générale au milieu d'un orgueil insensé !

Ainsi, la liberté donnée au nouveau monde n'a pas seule créé les maux qui éclatent sous nos yeux : elle les a aggravés, cela est évident ; mais ces maux étaient anciens, et la liberté n'a fait que mettre les plaies à nu sans les guérir. Presque tous les vices de la société américaine sont, en quelque sorte, le legs maudit du passé. — Voici ce qu'était autrefois le Pérou : la plupart des vice-rois, plagiaires de la cour d'Espagne, avaient importé dans les capitales comme Lima ces habitudes de faste et d'ostentation qui, devenant dès lors un besoin, ont mis à l'ordre du jour la corruption et les rapines. Il y eut autour d'eux des nobles, comme il se presse des généraux aujourd'hui autour des présidents, aristocratie également violente et vénale ; il y eut une magistrature qui vendait la justice ; il y eut un clergé, mais qui, au lieu de s'élever avec la religion au-dessus des passions des hommes, s'abaissa jusqu'à terre et ne sembla être qu'un acolyte du pouvoir. Enfin tout fut masqué et théâtral, comme à présent.

Mais en dehors des classes officielles, n'existait-il pas, dans le peuple ou dans les classes aisées, un esprit plus simple et plus réellement chrétien? Nullement, et il faut le répéter, dans cette société de toutes les couleurs, blancs, Européens ou créoles, Américains, métis, mulâtres ou nègres, tous étaient divisés, et se sentant nés d'un mauvais état de choses, chacun suivait ses penchants, c'est-à-dire ses vices originels de caste. Les uns, comme les gens de la classe riche, tenus d'ailleurs à l'écart de la vie publique, laissaient le travail aux mains des esclaves et leur reprochaient la paresse. Oisifs eux-mêmes, ils manquaient d'énergie partout ailleurs que dans les fêtes; et ces divertissements, auxquels ils participaient avec la populace, en faisaient des égaux dans les courses de taureaux, dans les combats de coqs, dans les danses lubriques, dans les parties de jeu effrénées, jusqu'au milieu de ces somptueuses processions et de ces messes à grand apparat qui formaient alors l'existence active de la société. C'est ainsi que Lima déborda de plaisirs et que la débauche y est restée célèbre.

Telle était la société péruvienne quand éclata l'insurrection. Celle-ci vint des extrémités au cœur du royaume, parce que, si toutes les villes coloniales subissaient le joug de la métropole, toutes ne participaient pas aux mêmes avantages que les grands centres de population, siéges des vice-royautés. Le soulèvement fut donc plus prompt au Chili qu'au Pérou, et la lutte y fut plus énergique et plus acharnée. A leur tour, cependant, les Péruviens combattirent avec courage dans plusieurs rencontres, et le triomphe d'Ayacucho vit enfin expirer le pouvoir de l'Espagne sur ses colonies. Ici, nous n'entreprendrons pas de rechercher quelles autres influences que les influences locales amenèrent ce mouvement si rapide de recomposition, — ou, selon quelques-uns, de décomposition. Ainsi, laissant de côté ce qui a été dit avec vérité du contre-coup des idées du dix-huitième siècle, qui avaient déjà produit la révolution française, contentons-nous de remarquer avec quelle habileté les Hispano-Américains saisirent l'occasion de la captivité du roi d'Espagne, Ferdinand VII, détenu alors par Napoléon, pour constituer d'abord des gouvernements ultraroyalistes, puis indépendants, enfin républicains. Le parti de l'indépendance suivit partout la même marche dans l'Amérique espagnole. Mais livrés à eux-mêmes sur les ruines du pouvoir qui les avait dirigés jusqu'alors, les Péruviens devaient faire un triste usage de cette liberté qu'ils recevaient à l'improviste. S'ils avaient secoué le joug de la métropole, son esprit imprégnait encore les mœurs, les lois; on l'avait absorbé avec l'éducation; le vieil arbre portait ses fruits. Alors s'ouvrit cette période tourmentée dont nul encore ne saurait prévoir le terme.

Dans l'imbroglio qui s'appelle l'histoire du Pérou, l'on voit se succéder d'une manière si rapide les gouvernements et les partis, les hommes et les idées, que toute idée systématique semble s'effacer de la conscience nationale. La permanence de l'anarchie, le triomphe des vaincus d'hier, la défaite des vainqueurs d'aujourd'hui, ont fini par détruire le fondement moral de tout ordre, et par éloigner de l'autorité qui s'établit l'appui de l'opinion publique. La force est devenue la vérité, celui qui peut en disposer arrive au pouvoir; l'armée se trouvant être ainsi l'instrument, ses grades sont poursuivis avec une ambition acharnée. Les grandes opinions se sont subdivisées en une multitude de sectes politiques qui, à leur tour, s'entre-déchirant entre elles, ne laissent subsister que des hommes, que des représentations; si bien que l'idée, le parti, la secte, se personnifient dans le chef. Quand on en arrive à cette triste extrémité, où l'individu est tout et où le peuple n'est compté pour rien, la marche de la société, au lieu d'être la loi de la pensée commune, n'est que le caprice de l'homme fort ou heureux. C'est précisément ce qui va ressortir de l'enchaînement des faits qui se sont succédé depuis l'indépendance, et dont nous allons essayer de présenter le mouvant sommaire.

Celui qui avait délivré les Péruviens devait être la première victime de leur versalité nationale. Investi du pouvoir suprême à Lima en récompense de ses glorieux efforts pour la liberté, Bolivar avait à peine eu le temps d'y jeter les bases d'une organisation gouvernementale, qu'il fut forcé de partir pour les provinces du haut Pérou, nommées en son honneur Bolivie. Celles-ci, après leur mouvement, étaient dans l'alternative de savoir si elles devaient se joindre à l'un des deux États limitrophes, qui sont le Pérou et Buenos-Ayres. Le premier parti prévalut, et la présidence fut conférée à Bolivar, avec le titre de père et fondateur de la patrie.

Le *libertador* touchait en ce moment au faîte de sa puissance ; véritable empereur républicain, il dictait des lois à trois États, qui en font cinq aujourd'hui, et comptent à peu près huit cents lieues d'étendue du nord au sud. Mais l'ambition jalouse de ses lieutenants, mettant à profit la difficulté de se transporter et d'agir avec promptitude dans un pays vierge encore des conquêtes de la civilisation, montra bientôt à Bolivar l'impossibilité d'exercer son pouvoir sur un aussi vaste territoire [1]. — C'est d'abord Paëz qui sépare le Vene-

---

[1] Il est un point sur lequel je crois nécessaire d'insister. Les fauteurs de troubles sont, au Pérou, favorisés par deux puissants auxiliaires qui sont le manque de voies de communication et les rivalités des villes principales de la république. Dans ces contrées à peu près telles encore aujourd'hui qu'elles sont sorties des mains de Dieu, il est extrêmement difficile de diriger une force armée sur les différents points du territoire, pour réprimer au début les tentatives séditieuses ; aussi, les agents de désordre peuvent-ils à loisir préparer et poursuivre leurs menées anarchiques, et ce qui, dans tous les pays où l'action gouvernementale peut se faire immédiatement sentir, serait à peine une émeute, devient presque toujours une révolution. — Quant aux villes principales de la république, soit que des intérêts différents les animent, soit que leur population se compose plus particulièrement de Peaux-Rouges ou de Peaux-Blanches, il est bien rare qu'Aréquipa et Cusco ne soient point favorables au mouvement qui s'élabore, chacune de ces villes poursuivant le rêve de devenir le siége du gouvernement, ou de s'ériger en capitale indépendante.

zuela de la Colombie ; à cette nouvelle, Bolivar, désireux d'aller lui-même faire rentrer ce rebelle dans le devoir, laisse à son lieutenant Sucre la présidence de Bolivie, traverse le Pérou, où il établit un gouvernement, et rentre en Colombie; mais le vent de l'insurrection, jusque-là favorable à sa fortune, lui devient contraire. La Bolivie se soulève comme le Venezuela, et pendant que Sucre, après avoir failli être assassiné, s'éloigne en fugitif, le colonel Bustamente renverse au Pérou le gouvernement établi par Bolivar (1826).

Cette révolution, la première du Pérou, avait eu surtout pour instigateur le général Santander, vice-président de Colombie, qu'animait un sentiment de jalousie contre Bolivar. Un autre ennemi du libérateur, le général Lamar, fut appelé à la présidence par le congrès péruvien (1827). Renouvelant une tentative de dislocation de la Colombie, conçue sans succès par Bustamente, il s'avança avec une force de huit mille hommes sur le territoire colombien, où il fut battu par les généraux Sucre et Florez, bien que ceux-ci n'eussent eu à lui opposer qu'une faible troupe. — Profitant du discrédit que jetait sur lui cette défaite, son chef d'état-major Gamarra s'entendit avec Lafuente, autre officier de nature ambitieuse et remuante, pour supplanter le président légitime. Le premier se saisit de Lamar, et sous prétexte qu'étant étranger (Colombien) il ne pouvait gouverner le Pérou, arguant en outre contre lui du tort qu'avait fait au pays la malheureuse expédition de Colombie, il le déporta au centre Amérique. — Tandis que ce coup d'État s'accomplissait à Piura, petit port de mer, Lafuente, à Lima, enlevait à Salazar Baquijano l'autorité que lui avait confiée Lamar en s'absentant, se déclarait chef suprême et convoquait un congrès pour élire un président. L'élection trompa son espoir, il n'avait point le prestige de Gamarra, qui fut nommé. Il dut se contenter de la vice-présidence. Madame Gamarra, belle et intrépide amazone, avait, assure-t-on, beaucoup contribué par son activité ambitieuse à la fortune de son mari. Toujours à la tête des troupes, que sa présence exaltait, on la voyait dans les marches partager les fatigues du soldat, et dans la bataille courir au poste le plus périlleux. Même pendant la paix, dédaignant les triomphes de salon, son plus grand plaisir était de visiter les casernes et de passer des revues. Gamarra, sambo dissimulé et astucieux, se laissait volontiers éclipser par une femme qui l'avait tiré du néant et dont il reconnaissait plus que personne la supériorité. La période constitutionnelle de son pouvoir s'accomplit à travers les insurrections et les difficultés de tout genre, ce qui ne l'empêcha pas, quand le terme légal en fut venu, de convoquer un congrès pour reviser la constitution et se faire réélire (1833). Il échoua contre son attente. Les votes se portèrent sur Orbegoso, qui avait eu pour lui la puissante influence des femmes, dont il était aimé à cause de sa beauté. Orbegoso arrivait au pouvoir sous des auspices plus favorables que ses prédécesseurs. Issu d'une des meilleures familles de la ville et appartenant à la race blanche, ce qui lui attirait déjà les sympathies des classes supérieures, ses dehors séduisants et ses qualités brillantes lui firent une popularité qui ne tarda pas, en se manifestant, comme on va le voir, à faire bien augurer de la nouvelle présidence.—Gamarra, aux élections, avait mis en avant le général Bermudez, sous le nom duquel il espérait gouverner. Son projet ayant été déjoué par la nomination d'Orbegoso, il fit (janvier 1834) une révolution qui contraignit le président à se réfugier dans la citadelle de Callao, tandis qu'à Lima il décernait à Bermudez le titre de chef suprême. Mais d'aventure, cette fois, le peuple trouvant mauvais que le premier venu fît ainsi plier la constitution au gré de son caprice, se souleva, battit la troupe de Gamarra et le contraignit à se réfugier dans les montagnes. Orbegoso put alors rentrer à Lima et se mettre à la poursuite des fuyards, qu'il atteignit près de Jauja. Le premier engagement fut favorable à l'armée révolutionnaire, mais le lendemain de ce succès, le colonel Echenique, qui commandait un des principaux corps de Gamarra, donna, en passant à Orbegoso avec sa division, un de ces rares exemples d'un vainqueur venant se ranger au parti le plus faible. Gamarra, se voyant alors presque réduit à l'impuissance, se retira de la scène. Son parti tenait encore pourtant à Aréquipa. Orbegoso s'y rendit pour l'anéantir. Pendant qu'il triomphait et que Gamarra allait demander asile à la Bolivie, un autre chef militaire, Salaberry, avec une force de cent cinquante hommes, qu'il commandait dans la caserne de Santa-Catalina, faisait à Lima une nouvelle révolution, et peu à peu le pays se prononça pour cet audacieux rebelle. Orbegoso put néanmoins conserver Aréquipa, d'où il demanda des secours au général Santa-Crux, président de Bolivie depuis 1828. — Nous entrerons dans quelques détails sur ces événements, qui furent l'origine d'une confédération entre le Pérou et la Bolivie sous le protectorat du général Santa-Crux.

Salaberry, dès le principe de sa révolution, avait annoncé le projet de s'emparer des républiques voisines : son caractère turbulent, son courage, son talent naturel et l'enthousiasme qu'il était parvenu à inspirer à ses partisans, donnaient de sérieuses inquiétudes à Santa-Crux, qui redoutait de le voir envahir la Bolivie. Sur ces entrefaites, Gamarra proposa à Santa-Crux de conjurer ce péril en allant entraver, dans le sud du Pérou, la marche de Salaberry ; il s'engageait en outre, si on facilitait sa rentrée au Pérou avec quelques secours, à travailler à une confédération des deux républiques du Pérou et de la Bolivie. Santa-Crux, sans trop compter sur sa bonne foi, pensa qu'il était de sa politique de le laisser aller contrarier les projets de Salaberry. Gamarra partit alors, passa le Desaguadero, limite des deux États en mai 1835, et proclama le premier la confédération qu'il devait combattre et renverser plus tard.—Après avoir obtenu la soumission des forces qui se trouvaient au sud de Desaguadero, il occupa le Cusco, et se trouva bientôt à la tête de deux mille cinq cents hommes et de deux départements importants. Salaberry restait en possession de tout le nord du pays.

Tel était l'aspect des affaires, lorsque Orbegoso envoya une légation solliciter le secours de Santa-Crux. — En ne consultant que sa convenance, la sûreté du résultat et ses précédents engagements, il était de la politique de Santa-Crux d'appuyer Gamarra, qui disposait déjà de ressources sérieuses, plutôt qu'Orbegoso, faible, vacillant, et miné à la fois par les deux partis de Gamarra et de Salaberry; pourtant, peut-être même à cause de cette faiblesse qui, dans les éventualités futures, laisserait un plus libre champ à ses desseins secrets, le président de Bolivie, se basant sur le caractère de légitimité dont était revêtu Orbegoso, se rendit à sa demande, et fit à la Paz un traité par lequel il s'engageait à lui porter secours, en prenant toutefois le commandement de leurs forces combinées; Orbegoso s'engageant de son côté, aussitôt qu'il recevrait avis de l'entrée au Pérou des troupes boliviennes, à convoquer un congrès pour élaborer la nouvelle organisation politique du pays.

Cependant Gamarra, qui, rentré au Pérou comme promoteur et soutien de la confédération, s'était érigé chef de l'État du centre, refusa son concours à tout arrangement dans lequel aurait part Orbegoso, et demanda sa déchéance, ainsi que la remise à sa discrétion du département d'Arequipa. Ses prétentions étaient d'autant plus redoutables pour Santa-Crux et Orbegoso, qu'il avait eu la bonne fortune de voir passer dans ses rangs une division de Salaberry, forte de trois mille hommes, et cantonnée au Cusco.—Salaberry, d'autre part, venait de fulminer, à la nouvelle du traité de la Paz, un décret de guerre à mort contre les confédérés, lesquels avaient riposté par un semblable décret; et Santa-Crux s'avança vers le Cusco. Pendant sa marche, Gamarra lui demanda par écrit une entrevue à Sicuani; mais le chef bolivien, prévenu qu'une machination se tramait contre lui, ne s'y rendit pas; on découvrit plus tard que le même jour, Gamarra avait écrit une lettre semblable à Salaberry : il offrait à chacun des deux généraux sa coopération pour abattre l'autre.—Ces faits, que nous nous bornons à relater fidèlement, n'ont pas besoin de commentaires. — Gamarra, voyant sa ruse éventée, prit position sur les roches escarpées de Yanacocha, et attendit les troupes confédérées, auxquelles Orbegoso n'avait pu fournir que quatre-vingts soldats, seuls débris fidèles de sa cause; Santa-Crux lui livra bataille, et Gamarra, vaincu, fut forcé de fuir. Restait Salaberry. S'il dominait toujours dans le nord, il ne s'y soutenait que par l'emploi de mesures extraordinaires. Les violences de tous genres, contributions forcées, conscriptions, exécutions arbitraires, triste cortége des guerres civiles, sont consignées dans les documents de cette époque.—Sous les auspices de la victoire de Yanacocha, Orbegoso s'était présenté à Lima, à la tête d'une division de l'armée unie, laissant au général Santa-Crux le soin de poursuivre Salaberry dans les plaines d'Aréquipa, où ce dernier, grâce à une opération qui fut combinée avec une rare entente et exécutée avec beaucoup d'audace, s'était transporté par mer avec toute son armée. Mais les Aréquipeños, hostiles à son système destructeur, le tinrent en haleine jusqu'à l'arrivée de l'armée unie dont ils lui avaient caché l'approche. Au moment où il la reconnut (26 janvier 1836), il se trouvait au nord du pont d'Aréquipa, la ville au sud lui coupait la retraite et ne lui laissait aucun moyen d'éluder la bataille. Son armée, numériquement supérieure à celle de Santa-Crux, lui était inférieure en éléments. Enfin eut lieu la bataille de Socobaya, où les deux partis combattirent, avec une égale ardeur. Après trois heures d'une lutte qui présenta diverses alternatives, la victoire resta enfin à Santa-Crux, et Salaberry, tombé en son pouvoir, fut avec huit de ses partisans passé par les armes sur la place d'Aréquipa.

Les victoires de Yanacocha et de Socobaya venaient de comprimer la révolution et d'assurer au moins pour quelque temps la tranquillité. On put alors régulariser l'action gouvernementale et délibérer sur le sort du pays. — Des congrès convoqués à Sicuani et à Huaura décrétèrent la division du Pérou en deux États indépendants qui, nommés Pérou du sud et Pérou du nord, devaient se confédérer entre eux et avec la Bolivie, dont les intentions s'étaient manifestées à l'avance; et Santa-Crux, paraissant céder plutôt aux instances des populations qu'à des intérêts personnels, accepta la direction des affaires avec le titre de protecteur.— Le Pérou lui doit une ère de calme et de prospérité dont le prestige s'augmente encore de la rapide succession des mouvements anarchiques qui l'ont précédée et suivie.— Dès son avénement au protectorat, des actes d'administration sages et importants se produisirent : on accorda au commerce certaines franchises et des encouragements à l'agriculture; on tenta de développer l'industrie nationale en offrant des primes aux étrangers qui voudraient consentir à en utiliser les éléments et à stimuler par l'exemple l'apathie des nationaux; enfin, quelques hommes d'un mérite réel, dont s'était entouré le protecteur, secondèrent activement ses vues, et l'on parvint à mettre un peu d'ordre au sein du chaos. — Son zèle et ses efforts pour assurer la tranquillité du pays ne devaient pourtant pas être récompensés comme ils le méritaient. Par une de ces inconséquences du caractère péruvien, que nous avons signalée ailleurs, un préjugé lui aliénait la classe la plus influente du pays : il n'appartenait pas à la race de *sangre azul;* le sang indien coulait dans ses veines. Cette tache originelle, qui sera peut-être un jour le blason indispensable pour prétendre au pouvoir sur la terre des Incas, fut, assure-t-on, la plus sérieuse cause de l'éloignement qu'éprouvaient pour lui les esprits mêmes qui, d'ailleurs, rendaient justice à sa droiture et à son génie organisateur. — Une guerre avec la république du Chili permit aux anciens artisans de révolutions de reprendre le cours de leurs désastreux ébats. Voici quel fut le motif de cette guerre. — Parmi les mesures prises par Santa-Crux pour favoriser l'essor du commerce, il s'en trouvait une qui blessait au vif l'intérêt chilien. Les navires expédiés d'Europe pour l'océan Pacifique touchaient presque tous à Valparaiso, qui est le premier port important de la côte ; c'est l'entrepôt où viennent d'ordinaire s'approvisionner les caboteurs des divers points du littoral. Santa-Crux, désirant faire arriver directement au Callao, port de Lima, les navires étrangers, promulgua un décret qui frappait d'une différence de droit énorme, tout navire qui aurait, en passant, fait escale à Valparaiso. A ce coup, le Chili s'émut ; un voisin comme Santa-Crux devenait inquiétant, il chercha un prétexte de guerre. — Un exilé chilien venait de débarquer sur le territoire de la république ; son expédition, préparée au Pérou, avait été sinon favorisée, du moins tolérée par Santa-Crux. On tenait le prétexte ; le premier acte d'hostilité ne se fit pas attendre. Il fut plus heureux que loyal.[1] Dans la nuit du 22 août 1836, un navire chilien, entré en ami sur la rade de Callao, s'empara par surprise d'une partie de l'escadrille péruvienne ; et, peu de temps après, une expédition, dont le général Blanco reçut le commandement, fut dirigée contre le Pérou. Le général, se trouvant trop faible pour mener à bien la lutte com-

---

[1] On peut même qualifier plus sévèrement cet acte et dire qu'il fut un acte de piraterie, car il s'accomplit en temps de paix et sans le moindre échange d'explications entre les deux gouvernements au sujet du grief dont on s'autorisait pour le commettre.

mencée par l'occupation du département d'Aréquipa, se décida à signer un traité de paix honorable qui lui permit de ramener sans pertes à Valparaiso sa petite armée d'invasion. Mais la question était vitale pour le Chili; il désapprouva Blanco de n'avoir pas tenu jusqu'à l'arrivée des renforts, ne ratifia point le traité, et arma une nouvelle expédition plus sérieuse que la première. Pendant que Santa-Crux avisait dans l'État du sud aux moyens de la repousser, Orbegoso, président de l'État du nord, opérait, d'accord avec le général Nieto, un soulèvement dans le but de le séparer de la confédération (juillet 1838). Sur ces entrefaites, l'armée chilienne, commandée par le général Bulnes, entrait à Lima et mettait le pouvoir aux mains de Gamarra, tandis qu'Orbegoso se retirait dans la forteresse de Callao, refusant de reconnaître cette présidence imposée et de s'associer à elle pour combattre Santa-Crux qui avançait à grandes journées. L'armée chilienne, ne se trouvant pas assez forte pour lui résister, rétrograda vers Huaras, point de la côte au nord de Lima. Gamarra et Lafuente y firent de nouvelles recrues; Bulnes en tira d'autres du Chili, et le 20 janvier 1839, au matin, Santa-Crux, qui s'était décidé à marcher sur Huaras avec quatre mille hommes, livra la bataille de Jungay à l'armée chilienne, dont les forces étaient supérieures. Le combat dura sept heures, et la fortune se décida enfin pour Bulnes, qui resta maître du champ de bataille. — On dit que les Chiliens ensanglantèrent inutilement un succès déjà décidé en massacrant sans pitié des fuyards désarmés. Parmi les morts, dont la moitié avaient été, assure-t-on, sacrifiés après l'action, se trouvaient les généraux Quiros et Armaza, assassinés à vingt lieues du théâtre de l'engagement.

Malgré cet échec, Santa-Crux fut reçu à Lima avec intérêt et se mit en route pour Aréquipa, afin d'y prendre le commandement de l'armée du centre, qu'il avait confiée à Ballivian. Son projet était de renforcer cette armée par celle de Bolivie, à la tête de laquelle se trouvait encore une de ses créatures, le général Velasco ; mais il apprit bientôt la défection de ses deux lieutenants qui l'abandonnaient de concert : Velasco, en s'emparant de la présidence de Bolivie, et Ballivian de la vice-présidence. C'était son coup de grâce. Il prit alors le parti d'abdiquer et d'aller dans l'Équateur demander asile au général Florès, près duquel il trouva une noble hospitalité.

La chute de Santa-Crux fut aussi celle de la confédération. Gamarra garda la présidence du Pérou, qui se tint tranquille jusqu'en 1841, où une révolution fut faite à Aréquipa, par le colonel Vivanco. Celui-ci, proclamé par ses partisans chef de l'État, sous le titre de régénérateur, fut défait à son aurore par Gamarra, qui le contraignit à fuir en Bolivie. Ici, bientôt après, éclatait une révolution en faveur du général Santa-Crux : ses deux fauteurs étaient les colonels Agreda et Goïtia, qui s'emparèrent du président Velasco pendant qu'il jouait tranquillement aux cartes chez une dame de la ville, sans soupçonner la trame qui le menaçait. Dans un dessein identique, le chef de bataillon Angulo, parti de Guyaquil à la tête d'une petite bande, avait déjà cherché à soulever la province de Payta, au nord du Pérou, mais ayant échoué dans sa tentative, il fut pris et passé par les armes. — Ces événements inquiétèrent Gamarra qui, redoutant le retour de Santa-Crux et le rétablissement de la confédération, s'empressa d'entrer en Bolivie pour écraser le parti du protecteur. Là se joua une comédie dont le dénoûment dramatique fut, comme on va le voir, la mort de Gamarra. — Ballivian, apprenant au Pérou, où il était en exil, la nouvelle de la déposition de Velasco, offrit à Gamarra de se mettre à la tête d'un parti qui, avec l'auxiliaire de l'armée péruvienne, réduirait facilement les partisans de Santa-Crux. Gamarra ayant prêté les mains à ce projet, Ballivian réussit au delà de ses espérances; si bien qu'après avoir abattu les Santa-Cruxistes, l'aide de Gamarra, qui lui avait été indispensable, lui devenant odieuse, parce qu'elle affectait les formes du protectorat et laissait percer l'intention d'un démembrement de la Bolivie au profit du Pérou, il intima au général péruvien de quitter le territoire. Gamarra, qui voulait absolument s'adjuger la province de la Paz pour prix de son intervention, n'en ayant tenu aucun compte, son armée se rencontra avec celle de Ballivian dans la vaste plaine d'Ingavi, à quelques lieues de la Paz (18 novembre 1841). Pour la première fois de sa vie, Gamarra fut téméraire; il resta sur le front de ses troupes. La fusillade s'engagea d'abord à une portée des plus inoffensives, comme de coutume; mais les deux armées s'étant insensiblement rapprochées, Gamarra fut tué dès les premières décharges sérieuses. Tous les siens aussitôt se débandèrent et prirent la fuite en jetant leurs armes. Poursuivis par les lanciers boliviens, ils furent massacrés presque en totalité. Ballivian devait naturellement songer à utiliser un triomphe des plus complets; aussi s'empressa-t-il à son tour d'envahir le territoire péruvien pour tâcher de s'en approprier une partie, en profitant des discordes civiles qu'allait probablement déchaîner la mort de Gamarra.

Le président du conseil d'État Menendez, qui dirigeait les affaires en l'absence de Gamarra, avait gardé le pouvoir et négligé de convoquer les colléges électoraux pour l'élection du chef de l'État, dans le délai voulu par la constitution. Des mesures furent prises pour s'opposer à l'invasion de Ballivian, et Lafuente reçut le commandement de l'armée du sud; mais le général San-Roman, qui commandait une division sous ses ordres, se sépara de lui et marcha vers le Cusco, protestant de sa soumission au gouvernement de Lima, et déclarant s'être séparé de Lafuente, parce que ce dernier, traître au pouvoir établi, visait à la présidence. — Dans ce conflit, Menendez, pressé de décider quel était le coupable, et redoutant au même degré ces deux chefs insubordonnés, dont les forces étaient à peu près égales, différait à se prononcer. Son but était de gagner le temps nécessaire pour composer un troisième corps d'armée qui pût absorber les deux dissidents. Contraint cependant de prendre un parti à la nouvelle d'un engagement qui avait eu lieu entre Lafuente et San-Roman, ce fut le général en chef qu'il déclara rebelle et traître à la patrie, et rassemblant les forces disséminées dans les départements restés fidèles, il mit à leur tête le général Torrico.

A peine investi de ce pouvoir, Torrico, qu'on accusait d'être d'intelligence avec San-Roman, déposait Menendez par un décret assez curieux pour être reproduit textuellement :

Lima, publication officielle.

JEAN-CHRYSOSTOME TORRICO,

CHEF DE LA NATION.

Attendu que l'empire des circonstances et l'urgente nécessité de la patrie rendent nécessaire de déposer du commandement suprême de la république, le président du conseil d'État, D.-Manuel Menendez, qui l'exerçait ; considérant, en outre, que pour donner le mouvement administratif à la nation, et conserver la marche qui y correspond, il est urgent d'organiser le gouvernement qui devra remplacer le déposé ;

Je décrète :

ARTICLE PREMIER. — Je me charge du pouvoir exécutif de la république jusqu'à l'achèvement de la guerre civile suscitée par le général D.-Antonio Gutierrez de Lafuente et jusqu'à la convocation de la représentation nationale.

Art. 2. — Ce décret sera mis à exécution et sera autorisé par le fiscal de la cour supérieure de Cusco; don Manuel del Carpio, que je nomme ministre général, en attendant que les ministères respectifs soient dûment organisés.

Donné en la maison du gouvernement à Lima, le 16 août 1842.

Jean-Chrysostome Torrico.

P. O. de S. E. : Miguel del Carpio.

Six jours après, le 22 août, la nouvelle parvint à Lima que le général Vidal s'était aussi déclaré chef suprême de la nation par un décret promulgué au Cusco, le 29 juillet, et qu'il avait été appuyé à Aréquipa, par le général Vivanco, commandant cette province. Vidal n'était qu'une sorte d'homme de paille, derrière lequel se cachait Lafuente qui voulait conserver l'apparence de la légalité, et n'arriver au pouvoir qu'après une élection qu'il espérait parvenir à diriger à son gré. — D'autres partis s'agitaient encore. — C'était Orbegoso qui, de son exil de l'Équateur, lançait une expédition d'une centaine d'hommes, sous les ordres du colonel Hercelles, pour insurrectionner la province de Payta et se faire proclamer à Lima. Cette tentative échoua à son début; Hercelles, abandonné de presque tous les siens, fut forcé de traiter avec le colonel Arrieta, envoyé contre lui à la tête de huit cents hommes. Vivanco, d'un autre côté, tendait aussi au pouvoir suprême, mais les moyens d'action dont il pouvait disposer ne lui offraient pas encore assez de garantie, pour qu'il se déclarât ouvertement; aussi, fit-il, au moment où des présomptions sérieuses s'élevaient contre lui, acte de soumission au chef de l'État et partit-il pour Aréquipa, où se trouvaient ses partisans et dont bientôt Lafuente le nomma préfet.

Cependant, Torrico et Vidal, s'étant rencontrés à Agua-Santa, le premier fut battu, et Vidal fit son entrée à Lima comme président. Il ne garda pas longtemps ce poste. Une femme jeune, belle et énergique, contribua surtout à le lui ravir. Profitant de l'absence de son mari que Vidal avait envoyé vers le Cusco, la señora Vivanco monte à cheval vers une heure du matin, se dirige sur un village situé à deux ou trois lieues d'Aréquipa; là, en quelques instants, elle décide les colonels de deux régiments qui s'y trouvaient à servir la cause de son mari; à sa demande on bat la générale, elle remonte à cheval; à la lueur des torches, elle harangue les soldats qui éclatent en cris d'enthousiasme, puis, à la tête de cette force, elle rentre à Aréquipa, met aux arrêts les diverses autorités, et, au son des cloches de la cathédrale, fait proclamer Vivanco par les troupes et les notables assemblés sur la plaza Mayor. La chose faite, elle expédie un courrier à son mari pour lui apprendre qu'elle vient de l'élever au rang suprême. Vidal ne jugea pas à propos de défendre le pouvoir qu'on lui enlevait, et Vivanco vint s'établir dans le palais des vice-rois, sans avoir eu besoin de tirer un coup de fusil.

Jamais gouvernement ne fut accueilli au Pérou avec une plus grande faveur. Les femmes et le peuple, si faciles à séduire par les yeux, étaient pleins de sympathie pour le jeune et beau cavalier qui s'entourait de ministres et de généraux jeunes encore, et animés comme lui d'une consciencieuse ardeur pour l'amélioration de la société. Les gens sérieux ne doutaient pas de leurs bonnes dispositions et leur en savaient gré, car les gouvernants qui s'étaient occupés d'autre chose que de leur propre fortune avaient été rares. On considérait déjà comme un régénérateur le nouveau chef de l'État, et chacun attendait avec confiance les réformes dont le pays avait un si sérieux besoin. La ville, pleine d'espoir, avait pris une physionomie joyeuse et animée; les théâtres regorgeaient de spectateurs; les fêtes populaires avaient un entrain qui indiquait le contentement des esprits. Vivanco, comme tous les hommes d'intelligence, connaissait la situation du pays; il voyait le mal, mais il savait combien était difficile l'application du remède; il était inutile d'ailleurs de songer à organiser l'administration sans l'énergique puissance d'une dictature : à cet effet, il avait donc pris le titre de *supremo director*, en s'affranchissant du contrôle du congrès, qu'il avait ajourné provisoirement à un an. Par malheur, il commit la faute de croire qu'il suffit d'être appuyé par le sentiment public pour opérer le bien en accomplissant des réformes utiles. Cette faute le perdit. — En Europe, les gouvernements s'arrangent de façon à enfler les recettes publiques au niveau de leurs besoins réels ou supposés nécessaires; en Amérique, où il n'existe pour ainsi dire pas d'impôt direct, foncier ou autre, on tâche de réduire les dépenses au niveau des recettes, qui se bornent à peu près au produit des douanes. L'armée était depuis longtemps le plus lourd fardeau de l'État; Vivanco, obéré dans ses finances et embarrassé pour la tenir sur pied, enfanta par un licenciement intempestif de nombreux mécontentements. — Une magistrature corrompue vendait la justice au plus offrant; il se l'aliéna en la blessant au vif par des remontrances sévères et publiques; enfin, au lieu de gagner les chefs de partis les plus influents et les plus dangereux, il les exila pour les empêcher de nuire. Tous les navires qui sortaient des ports emmenaient captifs des rebelles, qui bientôt allaient revenir armés et menaçants. De ce nombre était le général Castilla, ancien ministre de la guerre sous Gamarra, et son chef d'état-major à Ingavi. Embarqué sur un packett à vapeur anglais qui fait le service des côtes du Pérou et du Chili, il prit terre à Iquique, petit port de la côte situé au sud de Lima; trouvant là quelques affidés, il leur exposa son projet de renverser le gouvernement en réunissant tous ses ennemis sous la bannière constitutionnelle. Au moyen d'une collecte qui produisit une petite somme, on séduisit la garnison, composée littéralement de quatre hommes et d'un caporal, auxquels se joignirent quelques partisans volontaires à une once par tête (prix habituel). Tel fut le noyau de l'armée insurrectionnelle, qui s'augmenta rapidement comme toujours. Vivanco fit marcher contre les insurgés une division, qui fut faite prisonnière presque en totalité dans un moment où le général Guarda, qui la commandait, avait eu l'imprudence de laisser quitter les armes à ses soldats altérés pour aller boire à un ravin. Ces prisonniers, comme il arrive fréquemment au Pérou, vinrent grossir les rangs de l'armée insurrectionnelle ; c'est alors que Vivanco résolut d'aller en personne s'opposer à ses progrès. Il quitta donc Lima en confiant l'autorité supérieure, avec le titre de préfet, à Domingo Élias, citoyen influent par sa position sociale et par ses richesses. Le directeur suprême montra dans cette circonstance une irrésolution qui lui devint fatale. Au lieu de profiter de l'enthousiasme de ses soldats, il les épuisa par d'inutiles opérations militaires, et n'eut au bout de quelques mois sous ses ordres qu'une troupe démoralisée et affaiblie par les maladies et les défections. Castilla, au contraire, pouvait lui opposer une armée fraîche et considérablement augmentée par les déserteurs du parti contraire. Le général avait en outre cette quiétude morale que donnent de faciles et rapides progrès.

Tel était l'état des choses quand Élias fit à Lima ce *pronunciamiento* dont nous avons ailleurs donné les détails (17 juin 1844). Vivanco comprit, à cette nouvelle, qu'une victoire même serait impuissante à le garantir d'une chute, et dès lors son indécision s'augmenta encore. Enfin, les deux troupes ennemies se rencontrèrent au Carmen-Alto, près d'Aréquipa. L'action fut engagée par des compagnies de tirailleurs, et l'armée de Vivanco, sans que son chef lui en eût donné le signal, se rua sur l'ennemi ; lutte confuse et désordonnée qui se termina par la déroute complète des troupes du directeur. Vivanco, défait sans avoir réellement combattu, se rabattit sur Yslay, où se trouvaient quelques navires à bord desquels il espérait se mettre à couvert et revenir à Lima faire une tentative pour recouvrer l'influence d'Élias, mais les chefs de ces navires se soumirent au général Castilla, et Vivanco serait infailliblement tombé au pouvoir du vainqueur, s'il n'avait été recueilli par un des paquebots qui font chaque mois le service de la côte. — Castilla, rappelé par Élias, rentra dans Lima, où, pour conserver l'apparence de la légalité, Menendez, ancien président provisoire de droit depuis la mort de Gamarra, reprit le timon des affaires jusqu'aux élections. Elles appelèrent naturellement à la présidence le victorieux Castilla qui gouverne encore aujourd'hui le Pérou, grâce à la tactique habile qu'il a mise en œuvre, d'appeler aux emplois les hommes de tous les partis et surtout les anciens séides de Vivanco. Ce dernier, revenu au Callao après sa défaite, et comprenant bientôt qu'il n'avait rien à espérer d'Élias, se réfugia près de Guyaquil, dans le petit bourg de Monte-Christo, d'où il fut peu de temps après exilé au centre Amérique...

A l'heure où nous écrivons, Castilla gouverne encore le Pérou. Certaines mesures énergiques destinées à réprimer les tentatives de révolte, lui permettront, tout l'annonce, d'atteindre la limite fixée par la constitution à son mandat présidentiel. Entouré d'hommes capables et animés d'un sincère patriotisme, il a déjà pu mener à bien des améliorations de nécessité urgente, et pour peu que son pouvoir s'affermisse, nous ne doutons pas qu'il lui soit donné d'aborder résolûment les réformes que le pays exige, pour prendre un essor régulier vers le progrès.

II

Situation du Pérou. — Mouvement intellectuel. — Conclusion.

Dans les chapitres qui précèdent, j'ai essayé de montrer les réactions politiques du Pérou sous leur double aspect, tragique et bouffon, et de donner une idée de l'étrange spectacle qu'offre Lima pendant ces jours de fièvre révolutionnaire. Il y a cependant pour la république péruvienne, en dehors de la vie purement politique, des sources de prospérité et de grandeur morale qu'on a trop négligées depuis l'émancipation. La civilisation de ce pays a ses côtés jeunes et vigoureux, comme elle a ses côtés vieillis et débiles. C'est sur les premiers qu'il nous restait à fixer nos regards avant de quitter Lima. Développer à la fois la vie intellectuelle et l'exploitation des richesses naturelles du pays, telle est la tâche pacifique et féconde qui, depuis Vivanco, a constamment préoccupé et préoccupe encore aujourd'hui les chefs de la république péruvienne. Il reste malheureusement beaucoup à faire pour diriger l'activité nationale dans cette double voie.

La superficie du Pérou, à peu près double de celle de la France, est de cinquante-cinq mille lieues carrées. Ce vaste territoire compte à peine seize ou dix-huit cent mille âmes, c'est-à-dire vingt-sept à vingt-huit individus par lieue carrée, tandis qu'en Europe, en Belgique par exemple, le même terrain en nourrit dix-huit cents. Ce n'est donc point l'espace qui manque au développement de la population de ce pays, le plus beau et le mieux partagé de la terre; ce qui l'entrave, c'est l'aveugle obstination d'un gouvernement qui allie le despotisme militaire au despotisme administratif. Héritier de la politique inquiète et cauteleuse de l'Espagne vis-à-vis des étrangers, il s'est jusqu'à ce jour montré assez peu favorable à l'émigration; pourtant, malgré ses efforts contraires, le commerce passe de plus en plus entre les mains des immigrants; ceux-ci absorbent même le commerce de détail, bien qu'ils ne l'exercent que par tolérance, le Pérou n'ayant jamais voulu l'octroyer en droit par aucun traité consenti avec les puissances d'Europe. — Tous les gouvernements qui se sont succédé, à part celui de Santa-Crux, ont songé, dit-on, à l'expulsion des étrangers comme moyen de salut; aussi la moindre difficulté qui s'élève entre ces derniers et l'administration ne saurait manquer de prendre une gravité peu en rapport avec la cause qui l'a produite. L'exemple de Rosas encourage sans doute les Péruviens dans cette politique préjudiciable à leurs véritables intérêts. Pourtant, il ne faut pas être resté longtemps au Pérou pour reconnaître combien il serait nécessaire qu'on y favorisât l'immigration; c'est elle qui doit y apporter l'ordre et l'activité industrielle. Sans cette veine de sang frais et généreux, la torpeur du sang indien ou nègre s'infiltrera dans cette société, qui fera un prompt retour vers la barbarie.

La température de Lima est très-agréable, les brises régnantes d'est et d'ouest, courant sur les neiges de la Cordilière ou sur les flots du Pacifique, tempèrent suffisamment les ardeurs du climat pendant l'été; mais il en est d'autres qui traversent les déserts embrasés; celles-là soufflent parfois des bouffées torrides sur la ville et plongent la population dans la torpeur.

La sécheresse est souvent telle durant une saison, qu'un papier déposé pendant plusieurs nuits en plein air ne reçoit pas la moindre atteinte d'humidité. A cette sécheresse succèdent les *garuas*, brouillards épais qui règnent à différentes heures du jour.

Les tremblements de terre sont fréquents à Lima comme sur le reste du littoral péruvien; mais les secousses vraiment désastreuses ne se sont produites, on l'a remarqué, que tous les demi-siècles. La plus célèbre, celle de 1746, qui engloutit le Callao, détruisit aussi la plus grande partie de la capitale. Tout porte à croire pourtant qu'à l'époque on exagéra beaucoup la portée du mal, car le sinistre ne fit pas à Lima douze cents victimes sur une population de quatre-vingt mille âmes. Nous n'avons guère passé de mois au Pérou sans qu'un tressaillement du sol soit venu effaroucher notre quiétude, et il est difficile d'imaginer une impression plus désagréable que celle que l'on éprouve si, réveillé en sursaut par une cause anormale, on entend le séréno ajouter à sa chanson nocturne cette terrible variante : *temblor!* Se dresser sur son lit, prêter l'oreille, n'entendre que le bruit de son cœur qui bat à tout rompre, essuyer au bout de quelques instants son front humide et reprendre la position horizontale en se félicitant d'en être encore quitte pour la peur; cela arrive à peu près une fois par mois. Si l'on ne dort pas, on entend une sorte de hurlement qui précède la commotion; il serait bon alors d'avoir la présence d'esprit requise pour embrasser un moyen de salut, mais le plus souvent on reste comme pétrifié. Quelquefois néanmoins les maisons se vident et une population folle de terreur s'enfuit vers les places dans une tenue qui, suivant l'heure, offre mille détails bouffons; les femmes prosternées dans la poussière éclatent en cris aigus, confessent à haute voix leurs tendres faiblesses ou leurs galantes iniquités, et conjurent de leurs vœux les plus téméraires le fléau menaçant. Bien des hommes en font autant de leur côté; cette contrition dure aussi longtemps que les angoisses, une heure à peine, puis la vie avec ses impérieuses habitudes reprend son cours accoutumé.

Sous un climat dont la température extrême ne varie, à

moins de circonstances exceptionnelles qu'entre 12 et 25 degrés centigrades, le Pérou pourrait produire en même temps les denrées d'Europe et celles des tropiques. La vigne y vient à côté du café, du coton, de la canne à sucre, et, lorsque le sol est fécondé par des irrigations bien conduites, il devient d'une telle fertilité, que l'on peut obtenir jusqu'à quatre récoltes par an. L'art des irrigations était poussé à sa dernière limite sous la domination des Incas, et les Espagnols ne négligèrent pas cette source de richesse, ainsi que l'attestent les nombreux canaux qui promènent leurs méandres dans la plaine du Rimac; mais, rompus aujourd'hui, ces conduits laissent échapper leurs eaux, qui, au lieu de faire pousser le maïs ou la canne à sucre, forment des marais couverts de joncs ou de roseaux, à l'abri desquels s'embusquent les *salteadores*. — Un sentiment pénible s'empare du voyageur quand il parcourt cette plaine où tout atteste qu'une riche culture s'étalait jadis. Les ruines des *chacras* ou fermes lui disent que bien des révolutions ont passé par là, depuis que Bolivar appela aux armes des cultivateurs laborieux qui ne devaient pas être remplacés. Quelques nègres boiteux ou borgnes, jugés indignes d'être les soldats de la liberté, y sont seuls restés fidèles au hoyau, et vivent sous les débris des toits effondrés. — Ce ne sont pas cependant les richesses agricoles qui manquent au Pérou. San-Miguel de Piura cultive des cotons que l'on embarque à Payta; Pisco est célèbre par ses eaux-de-vie; Iquique par ses salpêtres; les îles Chinchas par leur guano [1]. Les quinquinas sont une des branches les plus lucratives du commerce péruvien; recueillies sur les Andes, leurs écorces

---

[1] Il faut malheureusement, pour charger aux îles Chinchas, qui sont à quarante lieues au vent de Callao, venir prendre un permis à la métropole, gagner à vide contre le vent le terrain perdu, revenir une seconde fois faire son expédition, toutes choses qui augmentent considérablement les frais et les retards.

sont apportées à dos de mulet et d'alpaca jusqu'à la côte par des chemins qui ne peuvent être parcourus que par les bêtes de somme ou des Indiens. La nature a encore réuni à ces richesses la cochenille, la vanille, des gommes précieuses, des baumes, de la cire, des bois d'ébénisterie et tant d'autres produits qui seront perdus faute de moyens de transport, jusqu'au jour où ils trouveront leur écoulement naturel par les affluents de l'Amazone et de la Plata. L'étude de la canalisation de ces rivières est une grave question pour le Pérou.

Le Pérou espère voir se réaliser un jour le projet de section de l'isthme de Panama. Il s'imagine que le Callao deviendrait alors l'entrepôt où s'approvisionneraient les marchands de l'Équateur et de la Bolivie, qui, depuis l'émancipation, font leurs achats à Valparaiso. Si jamais le canal de Panama est exécuté, nous ne pensons pas qu'il doive exercer sur les affaires du Pérou l'influence qu'on en attend. En effet, les marchandises chargées aux docks de New-York, du Havre et de Liverpool n'atteindraient Chagres qu'après une navigation variable, pour les bâtiments à voiles, de vingt à quarante jours; pour les bâtiments à vapeur, de dix à vingt jours. En supposant que la section de l'isthme fût assez complète pour donner passage aux grands navires marchands, ceux-ci rencontreraient à la sortie de Panama des vents contraires qui les obligeraient à battre la mer quarante ou cinquante jours avant d'arriver à Lima ; de sorte que la traversée serait à peu près aussi longue que celle du cap Horn. Les navires à vapeur pourraient donc seuls franchir en une semaine la distance qui sépare Lima de Panama. L'économie des transports par le cap Horn fera préférer au commerce cette voie, pour les produits encombrants, même à celle d'un chemin de fer reliant les deux océans, car ce passage donnerait lieu à deux chargements ou déchargements, à deux emmagasinages et à un transport. Le Callao doit donc rester encore, pour un temps indéterminé, le vassal commercial de Valparaiso.

Quoique mal exploitées, les mines sont encore pour le pays une grande source de richesse publique et privée. Il est regrettable que le manque de combustible dans tout le pays métallifère, ainsi que la rareté de l'eau, entravent les travaux d'exploitation. — Plusieurs mines d'argent ont été abandonnées à cause de la cherté du mercure, mais elles pourront être reprises dès que ce minéral sera plus commun, ce qui ne peut manquer d'arriver, si la Californie continue à le fournir dans les mêmes proportions. L'industrie manufacturière, encore dans l'enfance, a marqué, comme cela arrive souvent dans d'autres pays, sa première conquête en transformant une œuvre d'art en œuvre utilitaire : une filature de coton, qui s'est établie sur le cours d'eau destiné à alimenter les bains de la Perricholi à Lima, enveloppe dans ses dépendances la charmante maison mauresque jadis habitée par la célèbre comédienne. — Cette filature compte quelques succès; la protection du gouvernement la met à même de lutter avec avantage contre les grosses toiles de coton que les Anglais et les Américains introduisent au Pérou. Il existe aussi dans l'intérieur quelques métiers servant à tisser des toiles (*tocuyos*) à peu près semblables à celles qui sortent de la filature de Lima; mais le préjugé qui les faisait rechercher par les Indiens tend à disparaître, et avec lui se perdra cette industrie locale. Avec la manufacture dont il a été question, quelques minoteries et distilleries sont les seuls établissements industriels sérieux de Lima.

On méditait, depuis quelques années, de relier la capitale avec son port de Callao par un chemin de fer. Cette idée vient d'être mise à exécution. Le niveau du Rimac, pris au pont Montes-Claros, n'étant élevé au-dessus de l'océan que de 99 mètres 45, et la voie ferrée comptant 10,000 mètres de parcours sur un terrain plan, la pente a dû être d'un centième environ ; ainsi les travaux de terrassement n'auront sans doute pas exigé de grands frais. Ce chemin permet actuellement de transporter à Lima les cargaisons étrangères avec économie et célérité. — Presque tout le commerce extérieur se concentre à Callao ; son importance est par année, en moyenne, d'environ vingt-cinq à quarante millions de francs ; les produits des mines entrent pour moitié dans cette somme.

La constitution actuellement en vigueur au Pérou a été promulguée après la chute de Santa-Crux. Ses rouages politiques sont un président élu pour six ans, appuyé sur un conseil d'État dont le chef supplée le premier magistrat de la nation, en cas d'absence ou de mort. Cette assemblée élabore les lois, qui sont soumises, ainsi que les impôts, à la discussion et à la sanction de deux chambres, émanées, ainsi que le président, du suffrage universel. Ces deux chambres se réunissent, sous le nom de congrès, tous les deux ans ; leurs sessions durent seulement quelques mois. Elles sont ouvertes par le président, à peu près dans les mêmes conditions que nos chambres françaises ; il expose sommairement la situation du pays, qui plus tard est développée par les ministres, chacun en ce qui le concerne, dans des rapports remis aux membres du congrès. — Le chef de l'État peut, en dehors des époques fixées pour la réunion du congrès, le convoquer extraordinairement pour le saisir de toute question d'intérêt majeur. — Les départements de la république péruvienne sont régis par des préfets et sous-préfets, qui disposent de la force armée, ou du moins du commandant militaire de leurs cantons ; leur autorité et leurs fonctions administratives sont, à peu de chose près, les mêmes que dans notre pays.

Les droits de douanes, la vente et l'exportation du guano, constituent les principales ressources financières du Pérou, et pourraient presque suffire à ses besoins, si les mouvements révolutionnaires et les désordres qui sont leur conséquence inévitable ne mettaient sans cesse l'État aux prises avec des obligations inattendues et des exigences de toute sorte. Parmi ces dernières, on peut surtout compter l'armée, dont le nombreux et inutile état-major est à lui seul une de ses plus lourdes charges. Les éléments dont se compose l'armée sont, en outre, un danger permanent : soldats et officiers sont presque tous Indiens ou métis. Ne se pourrait-il pas que quelque jour, voyant que tout réussit au gré de leurs désirs, ils voulussent, s'inspirant de Soulouque, reconstruire un empire indien et proscrire l'illustre race de *sangre azul?*

Le Pérou ne peut pas prétendre à devenir par lui-même une puissance maritime : il n'a ni bois ni chantiers nationaux ; les navires qu'il achète pour ses besoins, sont la plupart du temps des navires fatigués et incapables d'entreprendre une nouvelle navigation d'Europe. Les États-Unis lui ont cependant fourni un fort beau bateau à vapeur de deux cents chevaux, nommé *el Rimac*, destiné à surveiller la côte, où souvent des opérations de commerce interlope viennent amoindrir les bénéfices du trésor. Ce bâtiment peut servir surtout à réprimer les tentatives de révolte que les chefs de parti voudraient fomenter dans les centres d'un difficile accès pour les navires à voiles. Un corps expéditionnaire ne pouvait guère toucher à Aréquipa, cette ville si souvent troublée par les meneurs anarchiques, qu'au bout de vingt-cinq à trente jours : *le Rimac* peut actuellement y jeter en cinq ou six jours les forces nécessaires pour déjouer les plans séditieux. Ce bateau à vapeur, deux ou trois bricks et quelques goélettes constituent toutes les forces navales péruviennes. Les forces de terre se composent d'une garde nationale et d'une armée de trois mille hommes environ, mal commandée et en disproportion avec les ressources du trésor public.

On s'afflige de ce singulier contraste entre les richesses si variées du sol péruvien et l'essor si limité encore de l'industrie nationale. Ce n'est cependant que par une énergique impulsion donnée à cette industrie au berceau qu'on assurera au pays le calme nécessaire pour son développement intellectuel. Il y a au Pérou un goût marqué pour les lettres et les arts qui ne demande qu'un peu de sécurité pour se développer, et qui çà et là se manifeste avec une certaine distinction soit dans les livres, soit dans les journaux de la république. On imprime à Lima deux ou trois journaux; mais le seul qui soit important est celui qui reçoit les communications du gouvernement : sa première page publie tout ce qui est relatif aux intérêts commerciaux; ses feuilletons reproduisent invariablement, comme tous ceux de l'Amérique méridionale, les œuvres de nos romanciers en vogue. Assez semblable, pour la division, à nos feuilles françaises, il en diffère par une partie qui, entièrement consacrée aux *remitidos*, prend quelquefois trois pages sur six dont se compose le journal entier. Ces *remitidos*, mélange de faits et d'anecdotes locales, où se révèlent, avec une complète liberté, toutes les bizarreries du caractère national, tiennent quelquefois la moitié du journal. Bien différents des Espagnols, chez qui ne semblent pas dominer les qualités expansives, les Liméniens ne se font pas faute de crier leurs affaires privées par-dessus les toits et d'initier le public à leurs querelles domestiques. — Souvent, près d'un *remitido* brusque, violent, décousu, fiévreux, qui, heurtant sans souci les lois de la grammaire et de la bienséance, accuse assez que des passions ardentes sont en jeu, que de graves intérêts sont blessés, il s'en trouve un autre où le moins spécieux prétexte sert à encadrer des subtilités et des jeux de mots. Annonces grotesques, correspondances intimes, révélations scandaleuses, se pressent et se croisent dans les *remitidos*. Un mari outragé y raconte ses infortunes conjugales et en appelle au jugement du public. La femme, à son tour, prenant sa plume la mieux affilée, prouve trèséloquemment que son mari est un vaurien et qu'elle est une Lucrèce. Un intrus se jette parfois dans cette polémique de ménage, prend le couple infortuné pour thème de railleries fort réjouissantes et ridiculise de telle façon le débat, que le public, ému dans le principe, finit par rire aux dépens des infortunés qui le choisissent pour arbitre. — Une autre fois, un perruquier français arrive à Lima, et son audacieuse réclame étale impudemment les noms des souverains de l'Europe qui l'ont honoré de leur confiance; vingt strophes dignes d'un plus intéressant sujet postulent, le lendemain, son expulsion du territoire, sous le prétexte que l'illustre transfuge va attirer sur le pays les foudres vengeresses des potentats, furieux de se voir délaissés. Enfin, des dénonciations plus sérieuses se produisent souvent aussi contre les fonctionnaires ou les commerçants dont les actes déloyaux ont lassé la conscience publique. Si l'un de ces méfaits peut être réparé, chaque jour un article s'acharne après le coupable, le signale à l'attention publique et le harcèle de telle sorte, qu'il est contraint de rendre gorge ou de faire amende honorable.

Cette partie du journal accueille, en outre, les œuvres poétiques de courte haleine. La littérature péruvienne ne peut encore prétendre à des succès bien sérieux. Cependant le public en masse, les femmes surtout, accueillent assez favorablement les productions de l'esprit national, à la condition toutefois qu'ils en pourront jouir sans grand effort. Les poètes liméniens cèdent à un impérieux besoin de publicité en confiant aux journaux et aux programmes des combats de taureaux des compositions souvent pleines d'humour et de talent, qui, après un jour d'existence, sont aussi oubliées que la feuille où elles se sont produites. Le travail se fait rarement sentir dans ces œuvres fugitives. Ces poésies naissent sans efforts comme des fleurs sauvages, et ce n'est que pour donner carrière à des sentiments qui demandent absolument à s'épancher que l'on prend la plume. — La politique, les femmes, les théâtres, les cantatrices italiennes, les taureaux, sont le prétexte d'une foule de satires, de sonnets, de madrigaux et de *letrillas* qui certes ne peuvent prétendre au mérite de la correction ; mais une rare vigueur de style, une hardiesse qui ne recule pas toujours devant la trivialité de l'expression, éclatent dans ces divers essais, caractérisés souvent aussi par un tour élégant et ingénieux ; pourtant, leur qualité la moins contestable est une allure leste, piquante et naturelle. Quand l'influence de nos poëtes modernes s'y fait sentir, ce qui arrive parfois, on peut du moins se convaincre qu'il existe à Lima de fort intelligents imitateurs. Le poëte espagnol Zorrilla est peut-être celui dont s'inspirent le plus volontiers les imaginations liméniennes. L'auteur du spirituel ouvrage *el Espejo de mi tierra* (le Miroir de mon pays), M. Pardo, personnifie mieux que personne la littérature contemporaine du Pérou. Le recueil littéraire qu'il a rédigé pendant quelques années à lui seul, contenait d'ordinaire dans chaque livraison une étude de mœurs remarquable par une grande finesse d'aperçus, des poésies où la gaieté de l'expression formait souvent, avec la tristesse et l'amertume de la pensée, un singulier contraste, et enfin quelque bluette en prose écrite à la course. M. Pardo a étudié avec fruit les anciens auteurs espagnols et a su, tout en sacrifiant au goût du jour, se tenir en dehors des exagérations ; aussi trouve-t-on à la fois dans ses écrits la vigueur des maîtres de l'ancienne école et la fraîcheur et le coloris du style moderne. M. Pardo a fait pour Lima ce que l'humoriste Mariano de Larra a fait pour Madrid ; il a dévoilé les ridicules et les préjugés de ses compatriotes, non pas comme un esprit atrabilaire, mais avec la fine et satirique gaieté de bon aloi d'un homme animé pour eux des meilleurs sentiments et désireux de les voir dépouiller une enveloppe et des manies surannées. Ce n'est pas le

seul rapport que M. Pardo ait avec le pamphlétaire espagnol :
il a encore sa vivacité, son talent d'observation, son goût et
sa sûreté de jugement. Il est à regretter que son style, un peu
négligé, se ressente trop des habitudes de l'improvisation, en
couragées par la complaisance du public auquel il s'adresse [1].

La polémique brillante et chaleureuse, les fantaisies littéraires qui remplissent les journaux, les conversations où
l'esprit pétille et où les saillies s'envolent en fusées, montrent
suffisamment que ce n'est ni l'intelligence, ni l'imagination,
ni le goût qui manquent aux Péruviens depuis l'indépendance.
Ce qui leur fait défaut, ce sont des études préparatoires sérieuses, peut-être aussi des convictions bien arrêtées. Il est donc
du plus grand intérêt pour le gouvernement de s'occuper des
écoles, trop négligées jusqu'à ce jour, et d'imprimer à l'enseignement la sage direction morale dont il est privé. Cette
réforme est, de toutes celles que réclame la société péruvienne, la plus importante. Dès que les membres du clergé et
ceux de la magistrature pourront puiser à un enseignement
élevé ces notions d'ordre et de justice éternelle par lesquelles
on gouverne les peuples, ils reprendront leur rôle austère et
intègre, et le règne de la soldatesque sera fini.

L'esprit sensualiste du dernier siècle a exercé au Pérou
comme en Espagne une fâcheuse influence : l'énergie du caractère national, un moment altérée par le déclin des anciennes croyances, tend aujourd'hui à reprendre le dessus.
Les jeunes États de l'Amérique méridionale ne peuvent pas
rester plus longtemps sourds à la voix de leur intérêt et attendre les événements dans une molle apathie. Ils ont un dangereux voisinage ; la race anglo-américaine, un jour mal à
l'aise dans ses limites, pourrait bien déborder sur leur territoire. Ce serait alors une nouvelle conquête qui effacerait

[1] Voyez l'appendice.

jusqu'à la noble langue castillane, car la devise des Américains du Nord (*grow them!*) implique non l'absorption, mais la destruction. Les États de l'Amérique méridionale ont donc deux dangers sérieux à conjurer : — l'élément indien, qui tend à reprendre sa place et la prépondérance qu'il a perdue depuis la conquête ; — l'élément anglo-américain, envahisseur s'il en fut. En présence de ces deux forces menaçantes, c'est sur une immigration européenne et surtout française que devraient s'appuyer les États hispano-américains. Qu'ils se tournent avec confiance vers les races néo-latines, rapprochées d'eux par le lien d'une même foi. Si ce mouvement échoue, c'est que la race espagnole aura été condamnée à expier dans la suite des siècles le joug terrible qu'elle imposa aux nations du nouveau monde, et que l'heure sera venue où sa sève épuisée devra se greffer sur un autre rameau [1].

1852.

[1] Je lis dans l'*International* de Buenos-Ayres, du 1er avril 1855 :
« Depuis le 7 janvier 1854 le Pérou a été en guerre civile. Le général Castilla, qui fut le premier président péruvien qui se maintint en place durant sa période constitutionnelle, s'est révolutionné à cette dernière date, contre le général Echenique son successeur.

» Après l'année de la *décision* qui a ému le Pérou tout entier, le peuple de Lima, à la suite d'une bataille rangée livrée à ses portes même entre deux armées nombreuses, vit entrer triomphant le général Castilla. Un instant avant, une émeute avait eu lieu, le peuple avait saccagé le palais du gouvernement, plusieurs maisons particulières et brûlé les archives publiques.

» Le *Libérateur* proclamait le 7 janvier dernier aux peuples péruviens :

« Après avoir renversé avec gloire les obstacles que la *tyrannie* ne
» cessait d'opposer à la morale et au triomphe des grandes idées, je
» me sens animé de joie en vous annonçant que par vos armes dans
» la plaine de la Palma, est tombé pour toujours le pouvoir de vos
» ennemis. »

» Ces paroles assurent-elles la paix et l'ordre pour l'avenir? Où le nouveau pouvoir puisera-t-il la légalité, pour que la volonté d'un autre caudillo s'arrête devant lui et le respecte? »

INTERMEDIOS

Cobija, unique port de la Bolivie. — Rôle de Cobija dans les prises d'armes du Pérou et ses incartades particulières. — La mine d'Agathico. — Les Chinchas. — Les oiseaux. — Le guano au Pérou [1].

Je ne connais pas au monde de navigation plus douce et plus tranquille que celle de la mer Pacifique, quand, pour visiter les *intermedios*, on remonte la côte du Pérou en se dirigeant du sud au nord, poussé par une brise égale et régulière. Les jours se succèdent sous un ciel d'un immuable azur, et les nuits, durant lesquelles le navire s'avance creusant un sillon de feu dans la mer phosphorescente, ne le cèdent point aux jours en merveilleuse sérénité. — Dans l'est, les Cordilières, bien qu'à une distance de quarante lieues quelquefois, déroulent au regard leurs imposantes perspectives : tous les accidents de cette masse tourmentée, sommets neigeux, flancs zébrés de ravins, ou disjoints par les vallées, se détachent avec une netteté surprenante due à l'extrême limpidité de l'atmosphère, et le soir, au soleil couchant, l'on ne saurait imaginer l'effet que produit sur ce gigantesque panorama les dégradations successives de la lumière. — Quant aux ports *intermedios*, ils ont pour la plupart un aspect aride et désolé

[1] Je dois à l'obligeance de M. Vanéechout, officier de marine, quelques notes d'un voyage récent qui m'ont permis de compléter mes souvenirs sur Cobija et les Chinchas.

qui remplit de tristesse l'âme du voyageur. A la Caldera, sur la côte du Chili, à Iquique, à Islay, qui desservent l'intérieur du Pérou, la végétation est en quelque sorte chose inconnue, et les habitants altérés estimeraient un filet d'eau douce à l'égal d'un filon d'or. — Eh bien! ces villes, mornes comme le découragement, ne se présentent pas encore au navigateur sous l'aspect maudit qu'offre, vu de la mer, Cobija, unique point où la république bolivienne vient, à travers deux cents lieues de déserts, jeter entre le Chili et le Pérou un coup d'œil sur l'Océan. — Déjà vous longez de près la côte, déjà devant vous les montagnes se dressent immenses, presque à pic, arides, nues, couleur de croupes d'éléphant et profilent sur le ciel les déchiquetures de leur crête qui domine plusieurs bandes de nuages endormis et semblables à des colliers d'argent; vos calculs astronomiques vous ont garanti l'exactitude de votre position, et pourtant c'est en vain que vous cherchez la ville; c'est en vain que vous interrogez avec la longue-vue toutes les parties du rivage, il vous est impossible de découvrir le moindre vestige de la présence de l'homme; puis quand vous vous êtes épuisé en efforts pour étudier la grève, en dépit des traînées lumineuses et scintillantes que le soleil jette sur l'eau, il arrive que tout à coup, là, tout près, à quelques encâblures à peine, vous crevant les yeux, comme on dit, cent cinquante maisons à peu près se révèlent, resserrées entre la montagne et un bloc de rochers noirs surmontés du pavillon bolivien; si vous ne les aviez pas aperçues d'abord, c'est qu'assises sur un sol gris comme un foyer éteint, c'est que couvertes de cendres, elles n'accidentent que très-vaguement, par leur masse, la fauve monotonie du paysage. Tel est l'aspect de Cobija, unique port de la Bolivie.

Quiconque a jeté les yeux sur une carte de l'Amérique du Sud a dû s'étonner de la bizarre division de territoire qui a suivi l'émancipation des colonies espagnoles. L'on a surtout peine à s'expliquer les motifs qui ont pu conduire à créer un État comme la Bolivie, sur d'immenses étendues de terres intérieures, et séparées pour ainsi dire de la mer par la haute muraille des Andes. Toutefois, en le créant, il était naturel qu'on songeât à le faire participer aux avantages des républiques riveraines : on l'enfonça donc comme un coin entre le Chili et le Pérou, de manière à conduire la tête de ce coin, qui est Cobija, jusqu'à l'océan; mais deux cents lieues d'un parcours pénible et difficile ont toujours paralysé les relations de ce port avec les provinces populeuses de la république; de sorte que son importance est à peu près illusoire. — Un autre port existe d'un accès plus facile; malheureusement, c'est celui d'Arica, qui appartient au Pérou. Tant que les relations sont amicales entre les deux pays, plus de la moitié du commerce de la Bolivie passe par Arica; mais le jour où s'élève le moindre nuage toutes les affaires sont interrompues. C'est pour obvier à cette déplorable situation que le général Santa-Crux, un des rares hommes d'État qu'ait produits l'Amérique du Sud, voulut réunir en confédération le Pérou et la Bolivie. Le plan du général était, il est vrai, plus avantageux pour le premier de ces deux États que pour le second; pourtant, par le fait, ils ne pouvaient que gagner l'un et l'autre en adoptant cette idée juste et sage. J'ai dit ailleurs comment elle échoua; de sorte qu'au lieu d'un lien confédératif, c'est aujourd'hui la guerre qui est en permanence entre les deux pays. Nous parlerons tout à l'heure de la nature de cette guerre.

Dès qu'on a mis le pied dans la ville, cette réflexion vous vient tout naturellement à l'esprit, que, si de loin il était impossible de la voir, elle ne gagne en revanche pas grand'-chose à être vue. C'est, sans contredit, un des endroits les plus laids et les plus insignifiants que l'on puisse rencontrer; c'est un véritable spécimen de l'abomination de la désolation.

Du sable, du roc, pas un brin d'herbe; à tel point, que des amateurs de verdure poussent le zèle jusqu'à faire germer comme un objet de curiosité, des grains de blé dans un verre d'eau. L'eau elle-même est un objet de luxe à Cobija; le pays n'en a point; ce sont les navires qui l'y apportent, et l'on voit dans certaines maisons fonctionner ces appareils distillatoires employés sur les navires pour rendre l'eau de mer potable. Ce n'est pas tout : la viande, les fruits, les légumes, le bois, manquent aussi dans le pays; de telle sorte que la vie des marins pendant les traversées exceptionnelles n'est pas accompagnée de plus dures privations que celles des habitants de Cobija. Et pourtant, ce lieu qui paraît avoir essuyé toutes les disgrâces de la nature, ce lieu où il semble que le spleen doive être en embuscade au seuil de chaque maison, recèle encore des représentants de cette société espagnole si charmante et si hospitalière, et l'on est tout surpris de trouver à y passer dans les *tertullias* des heures qui, plus tard, tiennent fort agréablement leur place parmi les souvenirs.

Le commerce de Cobija est en grande partie chilien. Quelques Européens s'y sont établis; mais la population, qui est de cinq mille âmes, est chilienne pour les neuf dixièmes. En 1850, les relations entre les deux pays donnaient lieu à un mouvement de plus de trois millions de francs. La source d'exportation la plus importante du pays est d'abord le quinquina, puis le minerai de cuivre que l'on dirige sur l'Angleterre. Les importations sont naturellement plus variées. Ces produits, qui voyagent à travers le pays à dos d'ânes et de mulets, n'arrivent pas à constituer pour le port un mouvement bien sérieux.

Malgré son éloignement du centre de la Bolivie, ou peut-être à cause de cet éloignement, Cobija, pour se distraire sans doute, a souvent pris sa bonne part des insurrections, des conspirations militaires des *pronunciamentos*; en un mot, de tout ce qui constitue la vie politique des États hispano-américains. — Dans les guerres avec le Pérou, véritables guerres de Franconi, la prise de Cobija vient ainsi tout naturellement se placer comme intermède : un ou deux navires envoyés de Callao suffisent à son occupation. Le Pérou y gagne de toucher pendant quelque temps les droits de douanes à la place du légitime propriétaire, sans que le président bolivien, rassuré par les déserts qui séparent de l'océan Chuquisaca, sa capitale, en dorme une nuit moins tranquille. — Une de ces prises d'armes eut lieu en juin 1853. Pour justifier l'occupation de Cobija, le gouvernement péruvien disait dans un manifeste curieux, qu'il agissait ainsi, « afin de ne pas interrompre le commerce de ce port; » à quoi le président bolivien, embouchant la trompette guerrière, répondait : « Nos ennemis oublient-ils que nous sommes les hommes de Janacocha, de Socobaya, d'Ingavi, où, en 1836, cent contre mille, en 1841, trois mille contre six mille, nous les avons réduits en poudre? » Sur ces entrefaites, deux bricks arrivèrent un beau matin devant la ville en grand branle-bas de combat, et, à peine furent-ils signalés, que les troupes boliviennes trouvant plus simple de ne pas attendre le choc de l'armée péruvienne, composée, il est vrai, d'autant d'officiers que de soldats, se retirèrent à une trentaine de lieues du port pour y établir ce qu'ils voulaient bien appeler un blocus serré. Quelques mois plus tard, les Péruviens voulurent greffer sur leur occupation un *pronunciamiento* qui lui donnât quelque couleur : à cet effet, ayant cherché un de ces nombreux candidats à la présidence de toute république espagnole, qui, toujours en expectative d'un siège pour se reposer, se promènent dans les États voisins, ils jetèrent leur dévolu sur le docteur Linarès, et le chef de l'armée péruvienne, le général Agréda vint au jour convenu attendre à la tête de son état-major l'arrivée du packett de la côte. Je laisse à penser combien fut grande la déception, quand, à la place du mobile de cette équipée, arriva une humble lettre annonçant que le président acclamé n'ayant pu réunir les sommes indispensables pour étayer sa nouvelle position, se voyait forcé d'attendre pour se mettre en route un sourire plus favorable de la fortune.

Parfois aussi ces comédies ont leur dénoûment tragique : Ainsi, en 1850, le général Linarte, qui commandait à Cobija, eut un jour la malencontreuse idée de se prononcer pour Ballivian, que Belzu avait chassé du pouvoir en 1848. Les troupes, enlevées par un discours *ad hoc*, se rallièrent à lui, et il fut se coucher tout enivré de son succès. Mais la nuit porte conseil, et ce sont les conseils de la nuit que le plus volontiers on écoute. Aussi, quelques officiers, partisans de Belzu, travaillèrent à leur tour les soldats de telle sorte, que le lendemain matin l'on vint en armes investir la maison où dormait tranquillement Linarte. Ce malheureux fut réveillé par les cris qui partaient des fenêtres de sa chambre. Les fusils braqués à travers les barreaux lui disaient assez le revirement qui avait eu lieu; les portes barricadées lui interdisaient toute espèce de retraite; bientôt une fusillade retentit, et, percé de nombreuses balles, il vint rouler en expirant sur sa couche. — Cette maison fut depuis occupée par un négociant belge, M. Durandeau. On y pouvait voir la chambre, théâtre de ce drame, et les traces des balles qui le dénouèrent d'une façon si terrible.

Le corps de cette triste victime des passions politiques est une des curiosités de Cobija. En effet, le cimetière situé sur le flanc de la montagne, un peu au-dessus de la ville, jouit de la propriété de conserver, de momifier en quelque sorte les cadavres et de les tenir exempts de toute décomposition. Il en résulte que si après un certain temps de séjour dans la terre on les exhume, ils peuvent rester exposés au contact de l'air sans nouvelle altération. J'ignore le motif qui avait fait exhumer le général Linarte près de trente mois après sa mort, mais son cercueil avait été placé, décloué, dans une cabane où le fossoyeur conservait ses outils, de sorte que chacun pouvait étudier à son aise cette remarquable momification. Les dents, les cheveux, la barbe, les ongles n'étaient nullement altérés; la peau seule avait une légère apparence de raccornissement et une teinte, disait-on, un peu plus jaunâtre que pendant la vie; quant aux blessures, elles s'étaient refermées.

Les montagnes qui entourent Cobija sont d'une extrême richesse en mines de cuivre, mais il s'en faut que cette source de prospérité produise ce que le pays en pourrait attendre. Le voisinage des mines de la Copiapo (Chili), où avec un travail assez minime, les résultats sont infiniment plus lucratifs, établit une concurrence contre laquelle ne saurait lutter Cobija, faute des éléments nécessaires : aussi n'exploite-t-on en tout que treize mines dans les environs de ce port. — L'une de ces mines, celle d'Agathico, était entre les mains d'un prêtre espagnol renvoyé du Chili pour des raisons politiques. Homme actif et intelligent, il avait demandé et obtenu du gouverneur bolivien l'autorisation gratuite de reprendre des travaux abandonnés depuis la chute du régime espagnol. Malheureusement l'argent lui manque, du moins ce qu'il en faudrait pour que l'opération fût réellement fructueuse. Notre ex-abbé prétend avoir étudié avec soin les montagnes environnantes, et pouvoir y désigner des gisements bien supérieurs à ceux que l'on connaît. Aussi se plaint-il avec amertume de ne pouvoir tirer parti de ses découvertes. Condamné à opérer sur une échelle restreinte, il n'emploie guère plus de vingt mineurs; ce qui lui permet de réaliser encore, bon an mal an, de quarante à cinquante mille piastres.

Les mines d'Agathico se présentent avec un grandiose de

situation, un pittoresque de mise en scène qui impressionne vivement celui qui les visite. Après avoir suivi, pendant douze milles environ, une route sauvage qui serpente sur un étroit espace compris entre les montagnes et la mer; on arrive à quelques huttes misérables, effondrées, à quelques hangars qui s'éparpillent au milieu des rochers dont est couverte cette grève, où le flot vient déferler sur de dangereux récifs. De hautes montagnes, nues et pierreuses, surplombent le paysage, qui rappelle vaguement quelques-unes des sinistres compositions de Martinn. L'une de ces montagnes surtout, détachée de la chaîne principale, s'avance dans la mer de manière à représenter je ne sais quel informe et gigantesque monstre accroupi au milieu des flots. C'est vers elle que l'on se dirige, en suivant un véritable sentier de chèvres, où conseillé par la prudence l'on met sans prétention pied à terre, bien que l'*arriero* qui vous suit vous ait énuméré les nombreuses qualités de votre mule. A mesure que l'on s'élève, le caractère si complet du paysage devient de plus en plus saisissant ; puis, quand las d'avancer sous un ciel torride, sur un sol calciné, l'on se demande quelles mines on peut aller chercher par de semblables gorges ; l'on voit tout à coup à un détour, s'ouvrir béante, au flanc de la montagne, une caverne où l'œil se perd dans d'épaisses ténèbres. Comme Télémaque, dans la gravure classique, on s'y aventure résolûment, et l'on peut s'y promener des heures entières sans épuiser son admiration. C'est à dessein que je dis promener, car les dimensions des galeries n'obligent jamais à ramper, à se traîner sur le ventre, à s'écorcher les mains et les genoux, tous inconvénients qui accompagnent d'ordinaire les visites de mines. En outre, ces ouvrages taillés dans le roc ne réclament l'appui, ni des étançons, ni de ces différents systèmes de charpente qui nuisent toujours à l'effet pittoresque de ces voies souterraines : enfin le jeu des lumières, le costume et l'étrange physionomie des mineurs et autres employés, font surgir mille motifs bizarres et intéressants qui compensent outre mesure la fatigue de cette excursion. Pourtant, s'il arrive que l'on raconte, le soir, l'emploi de sa journée aux naturels de Cobija, l'on s'étonne de reconnaître qu'ils ignorent presque l'existence des mines d'Agathico, la seule chose pourtant qui mérite d'être visitée dans les environs.

En parlant des exportations du port de Cobija j'ai omis de mentionner le *guano*, dont on a expédié en Europe quelques chargements pris aux îles de Megillones et de San-Francisco de Paquiqua. Cet essai a peu réussi, et, d'ailleurs, l'absence de tout développement de côte prive la Bolivie de ce produit si précieux pour le Pérou. Il sera peut-être intéressant de dire ici quelques mots de cet engrais et de l'importance qu'a prise son commerce, en l'étudiant dans ce dernier pays, où il est pratiqué sur une grande échelle.

Le 12 août 1853, les journaux de Lima publiaient une lettre adressée par un des hommes les plus considérables du Pérou, M. Domingo Élias, au président de la république, le général Échenique. Dans cette lettre relative à la situation financière du pays, M. Élias, après avoir complaisamment énuméré et totalisé les éléments beaucoup trop nombreux de la dette nationale, en venait à indiquer la seule ressource capable, selon lui, de faire face aux impérieuses exigences non-seulement du moment, mais de l'avenir, — le guano ; puis cherchant à évaluer d'une manière approximative ce qu'en renfermaient les divers dépôts échelonnés sur la côte du Pérou en prenant pour base de ses calculs l'exploitation des îles Chinchas pendant les dernières années ; sa conclusion était que, dans dix ans au plus, cette immense ressource serait complétement épuisée. L'impression que produisit à Lima, dans toutes les classes et dans tous les partis, ce factum évidemment exagéré, fut vraiment étrange ; peut-être eût-il passé inaperçu en toute autre circonstance, mais dans la situation fausse et tendue où se trouvait le gouvernement, il était facile de voir que c'était là le début d'une opposition qui allait prendre des proportions formidables pour triompher au bout de quelques mois. Une véritable révolution au guano se préparait. Le guano devint la grande question du moment; trois ans, disaient les partisans les plus chauds d'Élias, quatre-vingts ans répondaient les organes du pouvoir, et les calculs de pleuvoir aussi peu concluants de l'un et de l'autre côté ; le résultat fut une commission que l'on envoya procéder sans désemparer au cubage du guano des îles Chinchas.

Bien que le commerce du guano ne date au Pérou que de quelques années, cet engrais n'en est pas moins très-anciennement connu, et les historiens de la conquête nous le montrent comme apprécié à toute sa valeur dans le remarquable système de culture que les Espagnols, à leur arrivée, trouvèrent établi dans le pays. Les îles à guano étaient réparties entre les différentes provinces du littoral; les plus grandes d'entre elles étaient même partagées entre plusieurs districts, et toute transgression de limites était énergiquement réprimée : des ordonnances sévères protégeaient aussi la ponte des oiseaux de mer. Mettre pendant cette époque le pied sur les îles était un crime puni de mort, comme celui de tuer un de ces oiseaux producteurs. Les ordonnances des rois anglo-normands sur la chasse n'étaient pas plus rigoureuses. On sait quelle fut, après la conquête, la triste décadence de l'agriculture péruvienne et comment, absorbés par la soif des richesses que leur promettait le travail des mines, les Espagnols négligèrent tout ce qui, dans leurs nouvelles possessions, n'était pas or ou argent. — Cet état de choses dura jusqu'en 1840, époque à laquelle un négociant, M. Francisco Quiros, proposa au gouvernement d'affermer, moyennant dix mille piastres, l'exportation du guano; cette offre éveilla l'attention, et l'on apprit bientôt que déjà des cargaisons de cet engrais s'étaient vendues en Angleterre à raison de cent quarante piastres le tonneau ; on afferma alors pour cinq ans, moyennant quatre cent quatre-vingt-sept mille piastres, l'exploitation du guano ; puis, à l'expiration du marché en 1847, le gouvernement de Lima se réserva d'exploiter lui-même ce riche produit. Pendant ce petit nombre d'années le commerce du guano a suivi une progression incessamment et rapidement croissante : du chiffre de sept mille six cent trente-deux tonneaux en 1842, il est arrivé à cent vingt mille en 1851, et en 1852, à plus de cent cinquante mille tonneaux représentant une valeur d'environ quatre millions trois cent mille piastres. L'Angleterre en reçoit à elle seule plus de cent mille tonneaux, ce chiffre est moindre pour les États-Unis ; la France ne tient guère encore que le dernier rang : ainsi la Belgique, par exemple, en reçoit six fois autant qu'elle ; il n'est pas jusqu'à la Chine où quelques chargements de ce précieux engrais n'aient été expédiés. Il est évident que, sans qu'aucun encouragement fût nécessaire, il suffirait d'ouvrir la porte toute grande pour que ces chiffres montassent bien plus haut encore ; mais ce n'est là ni l'intérêt bien entendu du Pérou qui doit chercher à ménager cette ressource providentielle, ni même, à tout prendre, celui des nations maritimes qui exploitent ce commerce. Du reste, quelques précautions que prenne l'État pour régler le débit de son guano, cette exportation, avec le développement formidable qu'elle a acquis, ne peut plus désormais avoir qu'un temps ; toute la question n'est que du plus au moins.

Ce qu'on veut bien appeler les îles Chinchas n'est, à vrai dire, qu'un groupe de rochers situé à une dizaine de milles de la côte, en face de la ville de Pisco que l'on aperçoit très-distinctement du mouillage ; les navires s'y trouvent sans aucun abri sur un détestable fond de roches. Chacun d'eux reçoit à son arrivée un numéro d'ordre indiquant son tour de chargement, qu'il est parfois obligé d'attendre deux et trois mois; puis, ce tour arrivé, il va s'amarrer contre les rochers à pics dont l'île est formée : là, une interminable manche en toile, qui descend du haut de ces rochers dans sa cale, y conduit le guano. — Les embarcations accostent à une échelle d'un effet assez singulier, et fixée verticalement le long d'une falaise d'environ deux cents pieds de haut. — Déjà, dans le canot et même à bord des navires, la forte odeur ammoniacale du guano se fait désagréablement sentir, mais quand on a mis le pied sur l'île c'est bien autre chose, cette odeur vous saisit pour ainsi dire à la gorge; vous êtes aussitôt envahi par la poussière fine et ténue qui forme le sol. — Elle couvre vos vêtements, entre dans vos chaussures, vous pénètre dans les yeux, dans la bouche, dans les oreilles, et l'on aspire au moment de pouvoir se purifier; puis, au bout d'une demi-heure, on s'habitue à cette atmosphère qui n'a par le fait rien de malsain, et les employés péruviens qui sont établis sur l'île en sont arrivés, pour ainsi dire, à ne plus s'en apercevoir. La plus grande des Chinchas est un plateau de roches d'environ deux milles de tour, entièrement recouvert de couches de guano superposées, d'une profondeur totale variable et rarement inférieure à dix mètres. Chacune d'elles est formée d'une poussière extrêmement fine et compacte, parfaitement homogène et d'une teinte plus ou moins jaunâtre. Dans les tranchées ouvertes, le guano se présente en couches analogues de tout point aux couches géologiques de terrains de différents ordres; on les suit, on les voit s'infléchir sur toute leur étendue suivant les modifications de la surface primitive de l'île, et la diversité des teintes accuse aussi nettement que possible la limite de chacune d'elles. Si la profondeur du guano est rarement de moins de dix mètres, il est bien des endroits où elle atteint quarante et même cinquante mètres;

on comprend combien de semblables différences rendent difficile une évaluation même approximative de la quantité qui couvre l'île, d'autant plus qu'il arrive souvent qu'au milieu d'un plateau où l'on s'attend à trouver sur un grand espace une profondeur uniforme, on rencontre tout à coup, surgissant, isolée comme un obélisque, une de ces roches que les Péruviens nomment *penasco*. La commission que le gouvernement avait chargée de cette évaluation procéda par le seul moyen praticable, bien qu'il dût, pour inspirer quelque confiance, être nécessairement très-long : c'était de faire, dans les couches de guano, des sondes aussi multipliées que possible, de manière à pouvoir représenter à peu près la surface de la roche; la surface de l'île était relevée par les procédés ordinaires, et il ne restait plus qu'à cuber au moyen des sondes prises comme ordonnées; nous ne saurions dire si ce travail a été mené à bonne fin.

L'exploitation du guano est des plus simples : on a choisi les points de l'île où les navires peuvent venir s'amarrer sans danger pendant la durée du chargement. Des tombereaux, conduits par des mules sur de petits chemins de fer à rails mobiles, viennent déverser leur charge dans des manches en toile forte qui conduisent le guano jusqu'au fond des cales; on peut de la sorte n'exploiter que dans un nombre de tranchées assez restreint, et l'on y gagne de laisser le guano moins exposé au contact de l'air, ce qui lui fait perdre de sa puissance comme engrais; aussi les couches supérieures sont-elles moins estimées que les couches inférieures. Rien de moins coûteux que ce travail. Quelques centaines d'individus y suffisent, et le gouvernement les choisit par économie dans l'émigration chinoise. Des agents du fisc sont préposés aux opérations et en tiennent compte. Ils passent d'ordinaire une année dans cet agréable séjour, et vivent sur l'île où on leur a construit quelques maisons en bois; les Chinois habitent sous des hangars. L'imagination est véritablement confondue quand on réfléchit au nombre d'années, je dirais presque de siècles qu'il a fallu pour accumuler ces prodigieuses masses de guano; il y aurait là un calcul à faire qui, pour n'être pas précisément

> Du foin que peut manger une poule en un jour,

n'en est pas moins curieux.

Je ne sache pas non plus, il faut le dire, un pays du monde où les oiseaux se montrent aussi nombreux que sur la côte du Pérou; la Providence qui, comme nous l'apprend Racine, leur doit et leur donne la pâture, a, dans sa sollicitude partiale, placé là tout exprès pour eux d'innombrables bancs de poissons moins favorisés. On voit toute la gent ailée se transporter lentement à la suite d'un de ces bancs qui frétillent à la surface de l'eau; leurs nuées chargent l'air; puis, à l'improviste, des bataillons entiers se laissent tomber comme à un commandement et remontent avec leur proie dans le bec; on dirait une pluie d'oiseaux, et nulle autre comparaison ne pourrait mieux rendre ma pensée.

Le repas terminé, ils vont digérer et se reposer sur l'eau à côté les uns des autres, mais toujours par espèces. Ici les pélicans, là les mouettes, plus loin les goëlands, sans jamais se fourvoyer les uns chez les autres; c'est alors d'oiseaux que la mer semble couverte. Ce qui m'a toujours étonné chaque fois que j'ai observé cette pêche, c'est la constance résignée avec laquelle ces innocents poissons se prêtent aux desseins de la Providence en restant des heures entières à fleur d'eau, tandis qu'ils pourraient si facilement plonger et se débarrasser ainsi tout naturellement de l'ennemi. Pourtant, ils ne prenaient ce parti que quand les pêcheurs, repus, s'en allaient procéder à leur digestion. Ces oiseaux sont protégés par les ordonnances péruviennes, non plus avec la sévérité mise en pratique au temps des Incas, mais des amendes interdisent aussi de les tuer autour des îles à guano, et de troubler leur repos en tirant des coups de fusil à poudre et en l'air. Il en est résulté chez eux une confiance, une familiarité d'allures véritablement singulière ; sur cette rade des Chinchas, si peuplée de navires, c'est à peine s'ils se dérangent pour les embarcations, et les gros pélicans surtout, à la physionomie débonnaire et papelarde, vous suivent de l'œil et vous saluent en leur patois avec une quiétude touchante ; on les voit couvrir un rocher que l'on peut accoster sans en faire envoler un seul ; et là ils déposent le guano avec toute la componction, tout le recueillement et toute la gravité que comporte l'exercice d'une opération dont ils semblent comprendre l'importance. Ces îles sont en même temps leur ossuaire ; la tranquillité qu'ils y ont trouvée toute leur vie, les leur fait élire de préférence pour lieu de sépulture.

Les sages ordonnances dont je viens de parler furent durant notre séjour l'origine d'une discussion entre les autorités péruviennes et l'équipage du navire américain *Défiance*, qui, n'ayant pas voulu se soumettre à la police de la rade, assaisonnait son refus de toutes les épices de l'insolence *yankee;* quand il fallut en venir à mettre quelques-uns des mutins aux fers, les Péruviens, qui n'avaient là pour tout stationnaire qu'une malheureuse goëlette, se trouvèrent dans la nécessité d'emprunter du secours à quelques navires marchands français. *La Défiance* quitta la rade ; mais, pour faire pièce aux Péruviens, elle imagina de saluer l'île avec deux canons qu'elle avait à son bord. Nouvelle réclamation des agents du Pérou, nouvelles injures des Américains. Une rixe s'ensuivit, à la suite de laquelle les derniers furent remis aux fers, et le navire abandonné aux premiers. Ce conflit alla au cabinet de Washington, qui demanda, comme de coutume, une grosse indemnité pour récompenser ses nationaux de l'insolence (insolence surtout envers les faibles, bien entendu) qui tend à devenir le trait distinctif du caractère *yankee*.

— Que pensez-vous de cette affaire? demandai-je à un Péruvien.

— *Que quiere usted señor, pagaremos*, répondit-il.

Une autre prétention plus sérieuse et non moins étrange s'était élevée quelque temps auparavant au sujet des îles Lobos (*de tierra y de a fuera*), situées un peu au nord du Callao. Des négociants anglais l'avaient d'abord suscitée ; mais la bonne foi du cabinet de Saint-James en avait de suite fait justice, quand, en juin 1852, le gouvernement américain reprit l'affaire pour son propre compte, sous l'étrange prétexte que ces îles étaient une propriété publique. Quelque ridicule que fût cette thèse, ce ne fut pas sans peine qu'on l'amena à se dessaisir de ce qu'il maintenait être son droit.

Ces îles Lobos et nombre d'autres groupes de rochers épars sur la côte constituent au Pérou une réserve assez rassurante de vastes dépôts à peine explorés jusqu'ici, bien que tous ces guanos n'aient pas des qualités ni par suite des valeurs égales. Le guano de Bolivie, par exemple, est, je l'ai dit, tenu en assez médiocre estime ; celui du Pérou lui est très-supérieur, et le haut prix auquel le place aujourd'hui l'agriculture européenne lui assure un débouché d'autant plus certain et avantageux, que le fret du retour pour les navires se trouve assez difficilement sur la côte ouest de l'Amérique du Sud. Mais, triste conclusion! quand cette source de richesse sera tarie, qu'arrivera-t-il? C'est que le pays qui en aura le moins profité, le pays auquel il en restera le moins sérieux bénéfice, sera précisément celui qui le possédait, le Pérou ; conséquence inévitable d'un désordre administratif dont rien ne semble présager le terme chez ce malheureux gouvernement.

BRÉSIL

LA VILLE ET LA CAMPAGNE DE RIO-JANEIRO

I

Trois choses surprennent d'abord le navigateur en arrivant au Brésil, ce sont la hauteur, la forme et la couleur des terres. Aux approches de Rio-Janeiro, la silhouette des montagnes figure exactement un colosse étendu sur le dos dans cette position particulière aux statues couchées sur les tombeaux du moyen âge. On s'accorde généralement à trouver dans la face de ce géant le type bourbonnien. Suivant le point de vue, les sommets s'enchevêtrent en effet avec assez d'harmonie pour composer un profil d'une parfaite régularité ; mais, à mesure qu'on approche de terre, cette masse uniforme se disjoint peu à peu et n'offre bientôt plus au regard que des montagnes vigoureusement tourmentées, dont les perspectives infinies se perdent à l'horizon.

Sur la mer unie comme un miroir et embrasée par un soleil implacable, cent navires attendaient, pour entrer dans la rade, la brise qui d'ordinaire se fait sentir avant le milieu du jour. Disséminés sur cette immense étendue d'eau, ils offraient au regard ébloui le curieux phénomène du mirage, et semblaient voguer, la quille tournée vers le ciel. Une ligne d'un bleu sombre parut enfin à l'horizon et s'avança rapidement jusqu'à nous, l'eau s'écailla de petites vagues, toutes les voiles se gonflèrent, et la frégate *la reine Blanche*, escortée d'un essaim de bâtiments de toutes les formes et de toutes les dimensions, poursuivit alors sa route en longeant la côte recouverte d'une riche végétation partout où elle n'est pas exposée à l'action directe des brises du large.

Nous eûmes bientôt dépassé l'île Ronde, les îles vertes et rouges, Do-Pay et Do-May, et l'île Rase dont le phare nous était apparu comme une planète la nuit précédente ; puis, laissant à droite et à gauche deux ou trois forts où des individus invisibles hurlaient au moyen du porte-voix les interpellations d'usage aux navires de commerce, nous arrivâmes au mouillage.

Il y avait à cette époque (1842) dans la baie de Rio, entre autres navires de guerre, la frégate française *la Gloire*, portant pavillon de contre-amiral. Les premières heures d'arrivée furent employées à faire ou à rendre des saluts dont l'étourdissante canonnade allait se répercutant sur tous les tons et à toutes les distances dans les anfractuosités des montagnes.

Depuis le moment où notre frégate avait doublé les passes, jusqu'à celui où elle laissa tomber son ancre, les tentes avaient été serrées pour prévenir tout embarras dans les manœuvres. L'éblouissante réverbération du soleil, ses rayons torrides qui nous pénétraient le crâne comme du plomb fondu, nous obligèrent à quitter le pont, malgré l'attrait puissant qu'offre toujours la terre étrangère, surtout quand elle apparaît pour la première fois, avec le nom prestigieux de *Brésil*.

L'on déposait en ce moment dans le *carré* des officiers plusieurs paniers remplis de vivres frais, de fruits et de légumes ; c'était une attention de l'état-major de la frégate *la Gloire*, que trente jours de traversée nous avaient merveilleusement disposés à apprécier ; aussi fîmes-nous fête, séance tenante, aux ananas, oranges et bananes, dont la chaude couleur d'ambre et d'or et le parfum pénétrant eussent induit en gourmandise le saint le moins accessible aux séductions matérielles.

Ce premier hommage rendu aux productions végétales du sol généreux d'Amérique, nous remontâmes sur le pont où les magnificences qui nous environnèrent nous tinrent longtemps plongés dans un muet enchantement.

Le soleil venait de disparaître derrière les *mornes*, oubliant çà et là sur leurs sommets quelques mourantes lueurs ; une lumière tempérée succédait au grand éclat du jour et laissait distinguer avec une pureté parfaite les plus minutieux détails du spectacle qui s'offrit à nos yeux ; spectacle imposant et majestueux dans son ensemble, ravissant et coquet dans ses épisodes.

C'était d'abord l'immense baie, circonscrite par une chaîne de montagnes de toutes les formes et de toutes les couleurs ; celles-ci élevant fièrement au ciel leur tête chenue, celles-là se perdant au loin dans un chaos de sombres nuées ; les unes tailladées en scies ou aplaties en table, d'autres hérissées de pitons aigus comme des clochers gothiques ; celles-ci recouvertes d'une végétation richement nuancée, celles-là montrant à intervalles la terre rouge et les rochers grisâtres de leur carcasse.

La ville de Rio-Janeiro se détachait toute blanche sur la base brumeuse des hauteurs qui la dominent, les sommets éclairés par le reflet doré du couchant contrastaient de la façon la plus pittoresque avec divers points de la campagne sur lesquels ils étendaient leur grande ombre ; çà et là quelques pics sortaient des nues, et leur profil austère se découpait sur le fond pâle du ciel. A droite de la ville, de lourdes et noires nuées, dans lesquelles serpentait la lueur fauve d'un éclair, envahissaient les sommets déchiquetés des *Orgues* ; d'autres plans de montagnes s'effaçaient dans de mystérieuses profondeurs.

Si donc le spectateur, placé au centre de cet orbe immense, promène son regard, du pain de sucre, montagne aux flancs décharnés qui s'élève à l'entrée de la rade, jusqu'au fort Santa-Cruz, sentinelle avancée à droite de cette entrée, il passera en revue une série de petits villages, une infinité de *villas* abritées par cette luxuriante végétation des tropiques, des chapelles posées coquettement au flanc des collines, des forts jadis redoutables ; puis Rio, l'âme de ce petit monde éparpillé, Rio avec les nombreux clochers de ses couvents et la forêt de mâts de sa rade marchande ; encore des bourgs, des chapelles, des îles et des maisons blanches jusqu'à la plage de Saint-Domingue qui est presque une ville tant elle est peuplée, et qui est encore la campagne tant il y a de calme autour de ces demeures enfouies dans les fleurs et le feuillage. Il bornera enfin cette pérégrination, féconde en accidents poétiques, au couvent de Notre-Dame de Bon Voyage, bâti sur un promontoire voisin de la sortie de la rade, comme pour rappeler au sentiment religieux ceux qui s'en vont affronter l'océan.

Ce panorama ne manquait pas non plus d'animation ; des bateaux à vapeur, aux flancs desquels bouillonnait l'écume, s'avançaient vers Saint-Domingue, laissant flotter derrière eux un panache de fumée noire ; des barques de passage, à la ceinture bariolée et aux tentes vertes, se traînaient sous l'effort combiné de bateliers nègres, à moitié nus, qui montaient sur leurs bancs à chaque coup de rame et nasillaient en mesure une improvisation monotone ; les canots de guerre, vigoureusement *nagés*, sillonnaient en tous sens la baie ; enfin le tambour, la mousqueterie et la musique militaire saluaient les couleurs nationales qui, à un signal donné, venaient de descendre à bord de tous les navires.

Bientôt les bruits de la rade s'éteignirent et firent place aux bruits de la terre. Ce jour-là était la veille d'une fête à Rio ; aussi, quand sonna l'angélus du soir, les carillons des clochers annonçant la solennité du lendemain lancèrent sur tous les tons dans l'espace leurs notes évaporées ; les sonneries isolées des couvents et des chapelles unissaient leurs sons grêles aux carillons mieux nourris des paroisses. Ces voix d'airain graves, argentines ou enrouées, arrivaient jusqu'à nous avec une harmonie indicible, tantôt vagues et confuses, tantôt éclatantes et sonores, suivant les variations d'une faible brise. L'on eût dit que cette terre favorisée chantait un hymne de reconnaissance au Créateur qui l'a faite si riche et si belle !

Si l'on débarque à Rio l'esprit encore charmé, le regard encore ébloui par le magique aspect de la baie, on éprouve un désenchantement pénible. Peut-il en être autrement, sur cette terre où la nature étale toutes ses magnificences, déploie toutes ses féeries ? L'œuvre des hommes semble triste, mesquine, sordide et peu en rapport avec les splendeurs du paysage. On traverse d'abord une grande place ouverte sur la mer. Le palais impérial, une église sous l'invocation de Notre-Dame, et la chapelle de l'empereur forment deux côtés de cette place ; le troisième est exclusivement occupé par des magasins. Vers le milieu de son ouverture, près de la grève, se trouve une fontaine dont la partie supérieure s'élève en pyramide ; nous parlons seulement pour mémoire de cette construction d'un style fort médiocre ; et parce qu'elle est généralement admirée des marins qui ont publié des voyages de circumnavigation aux frais de l'État. Le palais, plus remarquable pas ses dimensions que par son architecture, est un de ces monuments qui semblent défier la critique, tant ils prêtent peu au blâme ou à la louange. Le frontail de l'église de Notre-Dame, quoique sévère, ne manque ni d'élégance ni d'originalité. Quant à la chapelle impériale, dédiée à saint

Sébastien, nous doutons qu'elle puisse rencontrer d'autres admirateurs que ceux de la fontaine dont nous avons constaté l'existence. On venait d'en ouvrir les portes, la nef flamboyait de lumière, les fidèles chantaient à tue-tête l'hymne du saint dont les cloches nous avaient annoncé la fête. L'intérieur n'a rien de particulier sous le rapport architectural; la voûte s'appuie sur les deux côtés de la nef, par conséquent absence totale de colonnes de support. Les autels sont surmontés de colonnes torses avec des enroulements de ceps de vignes chargés de fleurs et de fruits, au milieu desquels apparaît çà et là une face rose et bouffie de chérubin. Des statues naïvement niaises, chaudement enluminées et couvertes de clinquant, un luxe surprenant d'étoffes de brocart voilant de tous côtés les niches et les tribunes, enfin une profusion de fleurs artificielles complètent la décoration et témoignent du zèle plus religieux qu'éclairé des habitants. Un nombreux public aux vêtements bariolés couvrait les dalles; il se composait entièrement de noirs et de mulâtres, qui semblaient venus là moins pour prier que pour admirer la splendide illumination du lieu saint.

La nuit tombait quand nous quittâmes la chapelle. C'était l'instant où une douce température remplace l'accablante chaleur du jour et rend possible la promenade aux familles brésiliennes. Dans ces familles, dignes des temps primitifs par le nombre de leurs rejetons, les femmes se trouvaient en grande majorité; elles se promenaient les unes à la suite des autres, la première dirigeant la marche, et leurs longues files traversant les places et les rues rappelaient ces vers du Dante :

> E come i gru van. . . . .
> Facendo in aer di se lunga riga.

Leur costume de couleur claire et d'un luxe de propreté remarquable ne différait pas de celui des Françaises, à l'exception pourtant du chapeau, dont une chevelure noire, nattée et lustrée, compensait avantageusement l'absence.

Nous rencontrâmes aussi un grand nombre de noirs presque nus qui s'en allaient vers le rivage, la tête surmontée d'un baquet et criant des paroles différentes à intervalles réguliers. Le cri qu'ils poussaient n'indiquant point leur profession, nous cherchâmes longtemps quelle denrée pouvait avoir un débit assez prodigieux pour occuper tant d'individus. Les nègres du Brésil, comme tous les nègres du monde, ont l'habitude de chanter pour tromper la fatigue pendant un travail quelconque; mais leurs improvisations sont peu variées, ils répètent à l'infini les mêmes paroles. Ceux-ci allaient tout simplement déposer sur la grève les immondices de la ville.

Des rues étroites, mal pavées, nauséabondes, avoisinent le palais impérial; aussi ne songe-t-on guère à examiner les deux rangées de maisons qui les bordent : ces maisons, bâties dans le dernier siècle, sont ornées de balcons de fer et de moulures, mais leur aspect est en général sombre et triste.

Quelques rues sont surtout fréquentées le soir par les promeneurs; la *rua Direita* et la *rua do Ouvidor* possèdent des magasins dont les riches étalages, et plus que cela encore peut-être, le personnel de modistes, Françaises pour la plupart, attirent sur les trottoirs les étrangers et les désœuvrés de la ville. Au risque d'être soupçonné d'amour-propre national, nous n'hésitons pas à déclarer ici que la partie féminine de nos compatriotes ne donne pas, sur la terre d'Amérique, une idée fort avantageuse de la grâce et de la gentillesse proverbiale des Parisiennes.

Parmi les étalages séducteurs qui bordent la *rua do Ouvidor*, nous devons une mention particulière à ceux des ateliers de fleurs en plumes, industrie qui semble avoir atteint son apogée à Rio-Janeiro. En effet, ces fleurs, composées avec le plumage éclatant de certains oiseaux, joignent au mérite de leur couleur inaltérable un fini précieux d'exécution et peuvent rivaliser avec les œuvres les plus parfaites de Batton et de Nattier. A l'exacte imitation des fleurs naturelles vient se joindre la foule des fleurs imaginaires et impossibles enfantées par la fantaisie. Il en est parmi ces dernières qui semblent jeter de phosphorescentes lueurs. Cet effet est produit par certaines combinaisons de plumes ravies à la gorge enflammée des colibris. Les ailes étincelantes des insectes servent aussi à former des bouquets et des parures d'un effet magique. Quand on visite les ateliers, on voit avec surprise éclore ces merveilles de délicatesse sous les mains intelligentes d'enfants très-jeunes.

Après une fatigante pérégrination à travers des rues mal pavées, les cafés et les théâtres sont, comme dans toutes les villes étrangères, pour le voyageur, sinon une ressource contre l'ennui, au moins un refuge contre la fatigue; aussi employâmes-nous le reste de cette première soirée à prendre des glaces et des sorbets, qui sont excellents à Rio; les fruits les plus exquis et les plus parfumés, savamment combinés avec les ingrédients ordinaires, flattent le palais et l'odorat, et concourent à perfectionner des breuvages dont la consommation journalière est énorme sous ces latitudes torrides.

Une connaissance plus approfondie de Rio-Janeiro efface l'impression désagréable des premiers jours de l'arrivée. En effet, les rues semblent dans le principe s'être pressées en foule autour du palais et aux environs de la rade marchande; de là, pour les dernières surtout, les inconvénients inséparables d'une grande activité commerciale. Ces rues déjà étroites et mal pavées, sur lesquelles empiètent encore les étalages des magasins, sont quelquefois obstruées de ballots et de futailles; des noirs presque nus y circulent incessamment chargés de lourds fardeaux, ou conduisant des *cabrouets* dont les roues, pareilles à une table ronde percée au centre, agacent les nerfs de leurs criaillements aigus; aux exhalaisons de certains poissons conservés, vient se joindre l'odeur infecte et particulière à la classe nègre, rendue encore plus écœurante par une chaleur de trente-cinq degrés; enfin leurs cris, leurs jurons, leurs chansons, leur mauvaise humeur s'épanchant d'ordinaire en monologues prolixes, complètent une série d'ennuis et de contrariétés pour l'étranger qui s'aventure dans ce quartier turbulent.

Les maisons n'ont en général qu'un étage, de plain-pied avec une galerie de bois (*varanda*) où l'on vient, aux heures d'oisiveté, fumer et chercher une distraction dans le mouvement de la rue. Celles du second ordre ont presque toutes leurs fenêtres de rez-de-chaussée fermées par des jalousies ou des grillages mobiles. Les portes sont en bois plein, seulement jusqu'à hauteur d'appui; la partie supérieure est un châssis à barreaux très-serrés, qui glisse entre deux rainures de manière à former une lucarne dont la hauteur varie à volonté. Les femmes du peuple affectionnent tellement cette place, où elles viennent respirer l'air frais du soir, qu'elles y restent des heures entières aussi immobiles que des portraits dans leur cadre.

On rencontre peu d'équipages à Rio-Janeiro. Les voitures les plus en usage sont les *séges*, sortes de cabriolets attelés de mules, dont l'une attachée en dehors du brancard est montée par l'esclave qui conduit. Malgré le mauvais état et le peu de largeur de certaines rues, les cochers conduisent avec dextérité et surtout avec une vitesse extraordinaire. Voitures et voiturés doivent avoir des membres solidement trempés pour résister à d'aussi épouvantables cahots.

Les rues changent de physionomie à mesure qu'elles s'éloignent du centre des affaires; elles deviennent d'abord plus larges et plus silencieuses, bientôt les maisons qui les bordent prennent un extérieur plus riant; enfin, dans l'immense faubourg qui serpente sur la rive occidentale jusqu'au *Pain-de-Sucre*, on admire une infinité d'élégantes habitations de toutes les formes et de toutes les couleurs, que des arbres aux rameaux magnifiques protégent contre les dévorantes ardeurs du soleil.

C'est à l'extrémité de ce faubourg que l'aristocratie brésilienne et le corps diplomatique ont transporté leurs pénates, loin des rumeurs de la ville, autour d'une grève de sable sur laquelle vient rouler mollement le flot sans fin de la mer. Parmi ces demeures fortunées, on remarquait, en 1844, une grande maison blanche et rose située au nord de la baie de Botafogo, et habitée par S. A. R. le comte d'Aquila, beau-frère de l'empereur don Pédro II; plus loin, en allant vers le sud, se trouvait la maison de M. le comte Ney, chargé d'affaires de France, dont les journaux annoncèrent peu de temps après la mort prématurée. D'énormes montagnes énergiquement accentuées, au milieu desquelles se dresse comme un colosse le *Corcovado*, laissent pendre de leurs flancs jusqu'au rivage un manteau de végétation dont la frange veloutée s'éparpille autour de ces villas de plaisance amoindries par un imposant voisinage.

Tout bruit hostile à la rêverie semble banni de cet asile de paix. Le flot expire mollement sur la grève, une brise chargée de senteurs énervantes passe dans le feuillage qui frissonne à peine; des barques aux voiles triangulaires glissent silencieuses sur l'eau bleue de la baie, une voiture roule dans le sable épais du chemin, et cette animation muette revêt d'un charme mélancolique ce paysage délicieux.

La proximité des hautes montagnes a donné à la rive occidentale de la rade les sites les plus pittoresques; mais la nature semble avoir étalé tous ses trésors sur la rive orientale, autour des villages jumeaux de *Praïa-Grande* et de *Saint-Domingue*. Cette partie de la campagne est sillonnée de petits sentiers où la fleur de l'oranger embaume l'air et neige sur les pas des promeneurs. Des buissons, remplis d'aromes inconnus à nos contrées, attirent des myriades de papillons et d'oiseaux-mouches à la robe éclatante et au vol inégal. Les plantes vagabondes et grimpantes, les liserons et les lianes enlacent le tronc nu des arbres de leurs spirales, s'enroulent mille fois autour de leurs branches et retombent en vrilles vers le sol; les *anolis* [1] grimpent en compagnie sur l'écorce écaillée des palmiers; des insectes aux ailes de gaze et au corsage bariolé passent légèrement dans l'air, tandis que sur le gazon se traînent péniblement, comme des émeraudes ou des saphirs vivants, les lourds scarabées à la carapace étincelante.

Si le regard embrasse l'ensemble du pays, il découvre d'importantes plantations de caféiers, des champs de maïs et de manioc, de grasses prairies, enfin des bananeries vert tendre près desquelles surgissent des bouquets d'arbres dont le feuillage noir et touffu laisse passer à regret, comme un glaive de feu, un mince rayon de soleil.

Veut-on admirer et connaître cette campagne, il faut la visiter pendant le jour; mas si l'on veut en jouir, il faut s'y promener la nuit; c'est alors qu'elle déploie ses plus puissantes séductions. Une fraîche brise succède à la chaleur accablante et traverse à chaque instant l'espace, toute chargée des senteurs de l'oranger, du jasmin, de la tubéreuse et du floripondio. Les lucioles enflammées circulent en tous sens et se reposent comme des fruits de lumières sur les buissons; les feuilles lancéolées des cocotiers se détachent en noir sur le ciel, tandis que le vert tendre des bananiers prend une pâleur argentée sous les rayons de la lune; des barques sillonnent la baie phosphorescente et y laissent une trace lumi-

---

[1] Les *anolis* sont des lézards vert clair, d'une forme élégante; ils sont très-communs au Brésil. Les nègres comparent les blancs aux *anolis*; se comparant eux mêmes, dans leur humilité, au *mabouilla*, hideux lézard gris à tête bleuâtre, ils disent : *Quand z'anolis baillen bal, mabouillas pas dansir.*

neuse qui semble un reflet de la voie lactée; les insectes chantent sur des tons aigus leur hymne à la nuit, et la mer, dont les flots constellés d'escarboucles viennent tour à tour rouler sur la plage voisine, couvre par intermittences de sa puissante clameur tous les autres bruits de la nature.

Il faut tout dire, certaines préoccupations viennent enlever à la promenade une partie de son charme; ainsi, l'on ne peut guère quitter les routes frayées pour marcher à l'aventure à travers champs, ni se coucher dans les hautes herbes; des frôlements subits, des bruits inquiétants au milieu des broussailles vous font tressaillir, et rappellent vers les choses de la terre votre esprit plongé dans d'ineffables ravissements. Les récits vrais, exagérés ou fabuleux, qui chaque jour viennent alimenter l'intérêt des conversations, se retracent en foule à la mémoire lucide et contribuent à inspirer une frayeur salutaire. Tous ces buissons diaprés recèlent la mort ou au moins la douleur; le terrible serpent à sonnettes habite les cannes à sucre, le *corail* à la robe de pourpre régulièrement semée d'anneaux noirs et blancs vient quelquefois dormir sur le sable du chemin, la vipère au sifflement sinistre fait frissonner les broussailles; enfin, le scorpion et surtout l'immonde *cent-pieds*, glissent et rampent autour de vous avec une inquiétante familiarité. Toutefois, les accidents sont rares, justement à cause de l'extrême défiance des gens que la nature de leurs occupations expose au danger.

Nous ne quitterons pas la campagne de Saint-Domingue sans donner un coup d'œil à la charmante aiguade située dans un angle du chemin qui aboutit à la chapelle de Bon-Voyage. Quelques marches de pierre conduisent à un emplacement creusé dans le sol et entouré de piliers dont l'intervalle est rempli par des grilles; une source d'eau limpide occupe le milieu de cette fosse ombragée par des bananiers, des cocotiers et des papayers. Gardons-nous d'omettre que sur les bords de la route voisine, une civilisation prévoyante a planté des lanternes qui ne sont jamais allumées.

Nous trouvâmes un jour, près de la fontaine, des esclaves qui dansaient le *bamboula* au son d'une espèce de mandoline. Le musicien était un vieillard ; ses cheveux lui couvraient la tête comme une laine blanche, et un tatouage bizarre lui traçait, depuis le sommet du front jusqu'au bout du nez, une ligne de boursouflures semblable à un chapelet de verrues.

Les éclats de rire insensés, les contorsions et les mouvements exorbitants des danseurs, montraient combien peu ils se souciaient de la chaleur ; peut-être même cette compagne, la seule qui leur fût fidèle sur la terre étrangère, contribuait-elle à éteindre les souvenirs de leur esclavage, pour ranimer ceux de leur enfance libre et joyeuse, douce illusion que pouvait chasser d'un moment à l'autre l'apparition terrifiante du commandeur.

L'active surveillance des forces navales de France et d'Angleterre n'avait pu réprimer pendant longtemps le trafic des esclaves ; chaque année plusieurs de ces cargaisons vivantes étaient jetées sur les côtes du Brésil et dirigées vers les villes principales, où on les vendait presque publiquement, jusqu'à ce qu'enfin la sévérité même du gouvernement brésilien et la vigilance de ses propres croiseurs fussent venues diminuer le nombre des négriers ; mais, d'un autre côté, à combien d'actes de barbarie cette répression n'a-t-elle pas conduit ceux qui bravent les peines encourues par leur métier inhumain !

Un grand nombre de voyageurs ont parlé avec indignation de la cruauté des Brésiliens ou plutôt des Portugais envers leurs esclaves : le peu de temps que nous avons passé à Rio ne nous permet pas d'ajouter un témoignage à ces témoignages réprobateurs ; nous osons même les suspecter d'exagération, et nous en dirons la cause. Pendant un voyage accompli, il y a peu d'années, dans les Antilles, nous avons pu nous convaincre du peu de sévérité déployée contre les esclaves, et de la mansuétude avec laquelle on traite le plus grand nombre. Pourtant, nous arrivions dans ces contrées le cœur gros des récits et anecdotes dont on avait bercé notre crédulité. Ne peut-il pas en être de même pour le Brésil? Quoi qu'il en soit, et malgré le peu de sympathie que nous ont inspirée les nègres chaque fois que nous avons été à même de les voir, libres, dans leur pays, nous n'en considérons pas moins la traite comme indigne, surtout chez un peuple chrétien.

Il faut pourtant s'arracher au charme de ces ombrages, à ces rives enchantées et sans rivales au monde pour reprendre le chemin de la ville, donner un coup d'œil à la vie brésilienne, et noter les efforts persévérants du gouvernement paternel de don Pedro pour développer les sources de la prospérité publique, et activer l'essor du progrès dans ce magnifique empire.

II

La vie intime est en quelque sorte murée à Rio-Janeiro, si on la compare à celle des villes hispano-américaines, où les demeures sont transparentes comme le palais de la Vérité. Ici, plus de ces *tertullias* quotidiennes d'une ressource inappréciable pour les étrangers, peu ou point de bals publics; les bals du monde même sont assez rares, mais pourtant très-brillants et très-animés en dépit de la température d'étuve qui règne dans les salons. Les réunions de famille, les théâtres, les fêtes religieuses qui se succèdent sans relâche, la vie de *chacaras* (de campagne) forment un ensemble de distractions, comme on le voit, assez restreint pour les habitants de Rio, qui d'ailleurs sont en général constamment préoccupés de transactions commerciales. Le difficile accès des familles et la nature assez peu expansive des nationaux s'opposent à une appréciation rapide de leur caractère, qui, suivant l'âge et la position sociale de chaque individu, va se modifiant à l'infini. L'opinion dominante est qu'ils sont fort serviables, mais d'une excessive susceptibilité, et que s'ils savent mettre au service de leurs amitiés leur bourse et leur dévouement, celui de leurs rancunes pourra aussi compter sur une énergie, sur une persévérance à toute épreuve. Dans les habitudes de la société de Rio-Janeiro, ce sont toujours les traditions portugaises qui dominent, mais on reconnaît qu'elles devront bientôt céder la place aux usages anglais qui, sous les formalités de l'étiquette, cachent le plus souvent un grand nombre de faiblesses. Les provinces de l'empire accueillent, dit-on, les étrangers d'une façon plus cordiale, et la chose n'a rien qui nous puisse surprendre. On comprend, en effet, à combien d'inconvénients exposerait l'exercice exagéré des vertus hospitalières dans une capitale où viennent sans cesse s'abattre des nuées d'émigrants sans aveu de tous les pays de l'Europe. Il faut des circonstances exceptionnelles pour arracher les Brésiliennes à leurs habitudes casanières; elles sortent très-peu et ne se montrent guère qu'au théâtre et sur les *varandas*. En général, elles ne sont point jolies, mais quand on les voit couchées paresseusement dans leur hamac, durant les heures embrasées du jour, leur physionomie et leurs attitudes sont empreintes de cette grâce indolente, de ce charme mélancolique et rêveur, particulier aux créoles.

Rio-Janeiro est de toutes les villes que je connais celle où l'on s'abandonne le plus volontiers au *far-niente*. On ne saurait se faire une idée de la torpeur, de l'énervement où vous jettent les lourdes chaleurs des jours orageux; la moindre fatigue, la moindre contrariété vous met en transpiration, un effort exorbitant vous fait ruisseler comme ces *alcarazas* couleur de pipe turque, qui, dans les appartements, réjouissent la vue autant par leur forme élégante que par les promesses de leur frais contenu. Pour quiconque n'est pas nègre, tout devient labeur fastidieux sous ce ciel torride : l'industrie de la mendicité est elle-même d'une pratique fort pénible, aussi l'accomplit-on souvent à cheval, à âne et parfois même en litière. — Un jour, nous fûmes accosté par un mendiant couché dans un hamac que deux nègres portaient suspendu à une forte tige de bambou. « Vends tes nègres! dis-je au truand qui m'implorait d'une voix dolente. — Senor, fit-il avec hauteur, je vous demande de l'argent et non des conseils. »

Les églises de Rio ne diffèrent pas beaucoup pour l'ornementation extérieure de la chapelle impériale dont nous avons déjà parlé; elles sont en général d'une architecture lourde et massive. *Nossa Senora da Candellaria* est la seule qui se distingue par une façade à la fois simple et majestueuse; les moins laides ensuite sont *Saint-François* et *Saint-Pierre*. Quelques-unes sont fort riches et possèdent des autels et des boiseries d'un beau travail. Certaines statues, peu remarquables sous le rapport artistique, sont fondues en argent ou recouvertes de joyaux précieux, ce qui leur donne au moins une grande valeur matérielle; des ornements d'orfévrerie d'un grand prix étincellent aussi çà et là parmi les fleurs des autels.

Le luxe suprême des cérémonies religieuses consiste dans l'immense quantité de cierges qu'on allume pendant les solennités.

Comme dans toutes les villes espagnoles de l'Amérique du Sud, les femmes assistent aux offices tête nue et agenouillées sur des tapis; elles peuvent, assure-t-on, moyennant une certaine somme d'argent, se soustraire au premier règlement qui les oblige à montrer un trésor de cheveux noirs, la plus puissante peut-être de leurs séductions. Un usage singulier existait encore, assure-t-on, il y a peu d'années. Les Brésiliennes se rendaient le vendredi soir dans la chapelle impériale où un excellent orchestre accompagnait les hymnes chantés par des *soprani* italiens. Pendant toute la durée de ce concert religieux, les femmes, accroupies sur leur carré de tapisserie, prenaient sans scrupule des sorbets et des glaces avec les jeunes gens qui venaient converser avec elles dans le lieu saint.

On compte à Rio-Janeiro plusieurs couvents; l'un des plus remarquables est bâti sur une montagne rougeâtre qui domine la ville et d'où la vue s'étend sur la rade. Aucune particularité ne le distingue des maisons religieuses dont nous avons déjà parlé ailleurs. Quelques salles ornées de moulures, des boiseries artistement travaillées, des bahuts enrichis de sculptures et d'incrustations précieuses, des tableaux noirs, enfumés et écaillés, des fresques grossières couvrant quelques pans de murailles, tels sont à peu près ses titres à l'attention du visiteur.

Le jour de notre visite, nous rencontrâmes, assis sur une pierre contre le mur d'enceinte, un malheureux nègre, victime des deux plus immondes maladies que la Providence aux impénétrables décrets inflige trop souvent à l'humanité dans ces parages. Il était à la fois atteint d'*éléphantiasis* et de lèpre. Le premier de ces deux fléaux rendait ses jambes semblables à des fûts de colonnes; le second avait complétement envahi son corps, dont le hideux aspect reculait à l'infini les limites de l'horrible. Il dévorait une banane comme s'il eût pris souci de soutenir quelque temps encore sa misérable existence, et rien ne décela qu'il fût sensible à l'aumône que nous déposâmes dans la sébile de coco placée auprès de lui.

La *lèpre* et l'*éléphantiasis* paraissent avoir jusqu'à ce jour déjoué les efforts de la médecine; aussi a-t-on quelquefois eu recours à des moyens surnaturels, là où la science s'avouait impuissante. Voici, à ce sujet, une étrange expérience qui fut faite, il y a peu d'années, à Rio-Janeiro.

Un lépreux, se confiant à cette croyance populaire du pays, qui attribue au venin du serpent à sonnettes la vertu de guérir le mal auquel il était en proie, voulut tenter la périlleuse épreuve, qui, de façon ou d'autre, mettrait un terme à sa lente et douloureuse agonie. Un conseil de médecins fut réuni. Les uns nièrent l'efficacité du terrible remède; les autres doutèrent, mais prétendirent que le serpent, renfermé depuis longtemps, n'était plus dans les conditions requises pour que sa morsure eût une action salutaire. Le malade seul montra une obstination telle qu'on dut céder à ses instances et expérimenter séance tenante. On se rendit près de la cage du reptile qui dormait insoucieux, étendu sur une couverture de laine. La vue de l'animal n'influa en rien sur la décision du lépreux, il plongea résolûment la main dans une ouverture de la cage et toucha le serpent à l'improviste. Celui-ci, réveillé en sursaut, dressa subitement la tête, fit entendre un bruit semblable au craquement d'une crécelle, et se précipita avec furie sur la chose mouvante dont le contact avait troublé son repos. Les assistants tressaillirent d'effroi, le malade ne sourcilla point; le serpent recula tout au fond de la cage sa tête hideuse, passant de temps à autre sur ses narines une langue humide et brillante comme une fourche d'acier. Chose étrange! soit qu'il fût exagérément repu, soit que ses mâchoires se fussent paralysées de dégoût au contact d'une chair viciée, il n'avait pas mordu, et deux fois encore l'approche de cette main impure sembla le faire reculer d'horreur; enfin pressé, violenté en quelque sorte, il se précipita sur elle et la mordit en deux endroits. Le sang coula, un nuage passa sur le front du blessé, une légère écume argenta ses lèvres. Bientôt les symptômes funestes se manifestèrent, on chercha vainement à les combattre; quelques heures suffirent pour entraver la marche de la maladie et guérir à jamais le malade. Il mourut, et avec lui s'éteignit le chimérique espoir de puiser à cette source effrayante un mystérieux principe de salut.

Après avoir visité les monuments religieux, dont au moins un est toujours en quelque sorte le noyau d'une ville naissante, les monuments les plus dignes de fixer l'attention sont ceux qu'une pensée généreuse a fait construire dans un intérêt de bien-être général, et dont on peut apprécier chaque jour l'immense utilité.

Le seul véritablement remarquable dans ce genre est le magnifique aqueduc de *Carioca*, qui prend naissance au flanc du *Corcovado*, serpente sur les hauteurs pendant plus d'une lieue, et vient alimenter la fontaine construite sur la place de Carioca. Cet aqueduc, terminé en 1740, ne diffère pas des constructions destinées au même usage, dont le voyageur admire encore les ruines dans la campagne de Rome. Il se compose de deux étages d'arcades à plein cintre; la partie supérieure fait communiquer ensemble deux collines; les conduits sont placés dans la partie inférieure et aérés par des regards percés de distance en distance. La fontaine à laquelle vient aboutir l'aqueduc est d'une construction sévère, mais grandiose. Un grand nombre de robinets versent l'eau dans un immense réservoir, autour duquel se presse constamment une foule bruyante de nègres pittoresquement costumés, qui vont et viennent portant des vases de toutes les formes et de toutes les couleurs.

Près de l'endroit où l'aqueduc franchit l'espace qui sépare les deux collines, se trouve le jardin public. Des ombrages magnifiques, la proximité de la ville, le voisinage de la mer concourent à son agrément. Les allées, bordées de petits treillages, s'y entre-croisent sans trop de symétrie, et protégent les plates-bandes richement diaprées. Cet endroit, qui à plus d'un titre mériterait d'être choisi pour but de promenade, est presque constamment désert; les jours de fête seulement on y rencontre quelques désœuvrés.

Le jardin des Plantes, tracé dans de vastes proportions, ajoute, à l'immense quantité d'arbres indigènes, une grande variété de plantes exotiques. On y remarquait surtout une plantation de thé, dont on confia dans le principe la culture à des Chinois. Le changement de patrie fut moins funeste à la plante qu'à ses cultivateurs, presque tous ces Chinois périrent nostalgiques. On rencontre ce magnifique jardin au delà de *Botafogo*, couché entre la mer et le *Corcovado*, qui, de ce côté-là, taillé à pic comme une muraille, se dresse dans toute sa hauteur. Son éloignement de la ville en fait une véritable solitude; des *omnibus* y conduisent à la vérité, mais encore faut-il affronter pendant deux lieues, sous une température accablante, les cahots et la poussière, désagréments qui trouveraient une compensation dans le charme de la promenade, si l'on n'avait la triste perspective du retour.

Si l'on fait le voyage par mer, c'est autre chose : on peut arriver au jardin des Plantes sans être moulu par les cahots ou étouffé par la poussière, mais alors on a la certitude d'être grillé par le soleil, sans compter d'autres désastres impossibles à prévoir dans un pays où le temps est souvent infidèle. Voici du reste un petit événement qui a gravé dans notre mémoire le souvenir d'une promenade sur la rade.

Nous avions quitté la frégate par un temps superbe, le ciel était bleu comme de l'outremer, et la réverbération du soleil colorait l'eau des tons roses et violets de l'acier passé au feu. Je comptais mettre à profit cette journée pour dessiner la chapelle de *la Gloria*, dont les murailles blanches couronnent une hauteur voisine de la plage, entre Rio-Janeiro et *Botafogo*. La tente étroite de notre *yole* nous y garantissait mal contre les caresses par trop ardentes d'un traître soleil; mais elle glissait légère sous l'effort combiné de six rameurs, et nous promettait une traversée rapide. Malgré tout, nous arrivâmes à *la Gloria*, n'ayant conservé notre ressemblance que du côté de l'ombre; l'autre profil était démesurément enflé et richement envermillonné. Quand la *yole* nous eut déposés sur le sable, je cherchai le point de vue le plus favorable au dessin de la chapelle, et l'ayant trouvé, je me mis à l'œuvre. Pendant cette occupation, qui dura une demi-heure, le ciel s'était couvert, et une chaude bouffée de brise porta jusqu'à nous un roulement lointain de tonnerre. L'espoir de regagner la frégate avant l'orage me fit abandonner mon travail, et nous rentrâmes lestement dans la *yole*, qui reprit son essor sous une nage vigoureuse.

Cependant le jour était à l'improviste devenu sombre; des nuages noirs et lourds pesaient sur les mornes du côté de la ville, et descendaient menaçants vers la baie. Bientôt nous vîmes s'élever à droite de Rio-Janeiro comme une vapeur dorée; un nuage de poussière qui s'épaissit peu à peu se dressa d'abord en colonne, se colora des tons fauves et rougeâtres d'un reflet d'incendie, grandit avec une rapidité effrayante, et envahit bientôt la ville, qui disparut complétement dans le tourbillon.

Nos matelots ramaient avec énergie; ils devinaient sans doute que nous n'étions pas menacés d'un orage ordinaire.

Tout à coup un petit sifflement traversa l'espace, la rade frissonna dans toute son étendue comme une onde dans laquelle on plonge un fer rouge, et une violente secousse nous renversa presque dans l'embarcation. Notre tente, mal assujettie par l'une de ses extrémités, venait d'être violemment arrachée à son chandelier de support, et fouettait l'air comme une voile en détresse. Si elle eût offert plus de résistance à la brusque arrivée du vent, nous eussions infailliblement chaviré. La même rafale avait emporté à la mer les chapeaux de plusieurs d'entre nous, personne n'y prit garde;

on serra la tente, nos matelots ramèrent avec fureur, et notre *yole* vola sur les lames comme un oiseau de mer qui cherche un refuge.

Bientôt la baie fut envahie comme la ville par le tourbillon rougeâtre; toutes les terres, tous les navires de la rade et le fort Villegagnon, que nous avions laissé sur notre droite à une courte distance, disparurent complétement à nos yeux. Une brise *carabinée* venait de terre bâbord à nous, la mer devint creuse, la hauteur des lames gênait la nage et ralentissait la marche de notre frêle embarcation. Une poussière épaisse nous voilait presque la lueur des éclairs, et nous laissait apercevoir seulement, dans un cercle fort restreint, les lames qui déferlaient, et qui, fouettés par le vent, nous couvraient d'une ondée bien nourrie.

Une barque de passage venait (nous l'avons su plus tard) de chavirer près du fort Villegagnon[1]; un canot lui portait du secours, et passa à notre poupe, nous jetant quelques paroles que nous ne pûmes saisir à travers le fracas du tonnerre et les sifflements de la brise. L'espace n'était plus qu'un chaos où luttaient les éléments. Enfin la poussière, chassée par le vent, s'éloigna peu à peu, et nous nous trouvâmes presque à toucher la frégate, dont la masse solide nous parut un lieu plus convenable pour suivre sans préoccupations les progrès de l'ouragan. La première heure de celui-ci fut affreusement belle, et quoique par le fait nous n'eussions couru aucun danger sérieux, nous fûmes un instant saisis d'un indéfinissable sentiment d'anxiété, auquel se joignait aussi de la curiosité et de l'étonnement. Il nous sembla, pendant cette heure sombre et fulgurante, où l'harmonie de la nature semblait

---

[1] M. de La Villegagnon fonda un établissement au Brésil quelques années avant que les Portugais songeassent à en faire la clef de voûte de leur colonie.

bouleversée, que nous allions être témoins de l'une de ces catastrophes destinées à faire époque.

Le lendemain on s'entretenait beaucoup des dégâts causés par l'ouragan dans la campagne. Ces phénomènes sont pourtant communs dans le pays, mais ils ont moins de durée et surtout moins de violence.

Il y a deux théâtres à Rio-Janeiro. Le théâtre de *San-Joao*, où l'on chante l'opéra italien, et celui de *San-Francisco*, où des troupes françaises et portugaises donnent alternativement des représentations. Ce dernier théâtre, construit dans un quartier sombre, près du palais, n'a rien qui l'indique du dehors. A l'intérieur, la salle, de forme oblongue comme une nef d'église, est à peine décorée de grisailles d'un aspect fort triste. Elle est divisée en deux étages de loges sans compter celles du rez-de-chaussée. Sur la corniche avancée de chaque étage supérieur règne un cordon de bougie dont la lumière, renvoyée par des réflecteurs à feuilles d'étain, éclaire la salle mieux qu'on ne saurait se l'imaginer. Toute la partie du premier rang, dit rang noble, qui fait face à la scène, est occupée par la loge de l'empereur; celle-ci est vaste et d'une décoration simple.

Nous nous y rendîmes un soir que l'on jouait le *Tartufe* et un vaudeville de Scribe. Des Français, de cette position sociale à laquelle s'accroche obstinément l'inexorable épithète de *calicot*, composaient la majorité du parterre. Turbulents comme dans nos théâtres secondaires, ils charmaient leurs ennuis pendant les entr'actes en renouvelant certaines facéties surannées. Aboiements, piaillements, grognements s'élevaient avec un rare talent d'imitation, et se joignaient aux trépignements d'impatience pour composer un charivari entrecoupé de sifflets aigus et énergiques.

Quand parurent Leurs Majestés Impériales, le rideau se leva et le calme se rétablit. Les deux pièces, convenablement interprétées, furent écoutées avec attention. L'empereur don Pédro, qui sait parfaitement le français, paraissait prendre un vif intérêt au spectacle. Pendant les entr'actes l'empereur et sa suite se retiraient dans un salon attenant à la loge. Le vacarme recommençait alors de plus belle. Deux ou trois *loustics*, comme il ne peut manquer de s'en trouver dans ces réunions, donnaient l'élan, et la contagion passait avec une rapidité électrique dans tous les points du parterre. Nous insistons sur ces particularités afin de montrer que l'éloignement de la patrie, la différence des habitudes et le contact permanent d'étrangers peu enclins aux bruyantes manifestations, sont impuissants à détruire la gaieté expansive de nos compatriotes.

A la sortie du spectacle, nous nous trouvâmes avec plusieurs Brésiliens effrontément près de la voiture impériale. Don Pédro passa au milieu de nous, sans qu'on prît, au moins ostensiblement, la moindre précaution pour sa sûreté.

Quelques jours plus tard, l'affiche du théâtre San-Joao annonçait *Anna Boléna*. L'œuvre de Donizetti devait être chantée par l'élite de la troupe italienne; aussi nous n'eûmes garde de manquer à cette représentation.

Le théâtre San-Joao, bâti en 1812, sous le règne de Jean VI, est situé au nord de la place de la Constitution. Il ne diffère point à l'extérieur de la forme généralement adoptée pour la plupart des théâtres de France. Le péristyle en est tout aussi lourd et aussi massif. La salle est vaste, bien distribuée, convenablement éclairée, enfin d'une décoration sage qui ne porte nulle atteinte aux toilettes ni aux physionomies des spectatrices. Trois rangs de loges superposés, sans compter les baignoires, peuvent recevoir un nombreux public. L'absence de galeries laisse toutes les loges en pleine lumière, de sorte que le regard peut parcourir diverses parties de la salle sans être forcé de pénétrer dans des réduits obscurs. La loge impériale occupe un immense espace au milieu du premier rang ; son éclairage particulier et la colonnade légère qui la sépare en deux plans, lui donnent l'apparence d'une petite salle de spectacle construite dans la première.

La famille impériale assistait à la représentation en costume de ville ; derrière elle se tenaient de hauts fonctionnaires en habit de cour, et des officiers généraux en grande tenue. Les loges prises dans leur ensemble resplendissaient de costumes magnifiques. L'on sait assez combien l'éclat des lumières est favorable aux teints bistrés ; aussi le premier coup d'œil était-il à l'avantage des Brésiliennes, dont la magnifique chevelure et les sourcils noirs trompaient à première vue le regard inexpérimenté ; mais l'un de nos amis, armé d'une impitoyable lorgnette et d'un esprit d'analyse plus logique que généreux, nous affirma que le prestige de l'ensemble était parfaitement trompeur, et qu'un examen approfondi de la plupart des loges donnait lieu à de tristes déceptions. Il assurait en outre que les Anglaises avaient les honneurs de la soirée, mais que pas une d'entre elles ne possédait une chevelure d'une nuance blond cendré plus heureuse, ni un regard plus plein de mansuétude que madame d'Aquila, l'enfant chérie des Brésiliens.

L'orchestre était bien inférieur, sans doute, à celui de nos premiers théâtres lyriques ; pourtant il exécuta d'une façon satisfaisante certaines parties de l'opéra, et l'on put se convaincre qu'il y avait parmi les musiciens quelques artistes de mérite. Nous eussions été heureux de partager l'enthousiasme presque général des Brésiliens pour la troupe italienne ; mais, par une inconcevable fatalité, les soirs où nous assistions au spectacle étaient toujours ceux où, suivant les *dilettanti*, la voix manquait à la prima dona ; nous étions du même sentiment, et nous pensons en outre que la faiblesse accidentelle du chant de la *prima dona* étendait, ces soirs-là encore, une funeste influence sur le reste de la troupe. Nous ne dirons rien de la mise en scène ; l'accoutrement des Romains de notre Théâtre-Français doit nous rendre indulgents pour les pantalons de nankin des Anglais d'Henri VIII, et à propos de Romains, nous mentionnerons l'absence des claqueurs organisés, cette plaie qui a rendu inabordable le parterre de nos théâtres.

Vers le commencement de l'année, les orages sont fréquents à Rio-Janeiro. Ils se déclarent ordinairement pendant la nuit ; la pluie tombe alors avec fracas, roule en torrents dans les rues, descend en cascades du faîte des maisons. Malheur à l'étranger surpris par un de ces orages à l'heure où toutes les portes sont closes, rien ne pourra le soustraire à la plus complète immersion. Ce fut précisément ce qui nous arriva un soir en sortant du théâtre de San-Joao ; un magnifique orage grondait sur la ville, le ciel était noir comme de l'ébène, et la lueur flamboyante des éclairs venait nous aveugler et rendre plus impénétrable encore dans leurs intervalles la profonde obscurité de la nuit. Les citadins comprirent toute l'imminence du péril, et le sauve-qui-peut devint général. Les *séges* et autres véhicules qui attendaient près du péristyle la sortie du spectacle, avançaient en désordre, se heurtant dans l'ombre, au milieu d'une cohue effarée qui s'éparpillait dans toutes les directions avec une agilité fiévreuse. Il était trop urgent de penser à notre sûreté personnelle pour que l'idée nous vînt d'observer la fugue générale, qui dut offrir bien des épisodes pittoresques.

A peine avions-nous fait vingt pas sur la place, que le ciel ouvrit ses cataractes, et nous obligea à chercher un abri sous la galerie avancée d'une maison voisine. La pluie fouettait le pavé avec un fracas étourdissant auquel se joignaient les roulements graves du tonnerre. Puis survint à l'improviste une perfide éclaircie. Nous quittâmes alors notre retraite, et nous pîmes notre course vers le quai, où nous attendait le canot de la frégate. Les trottoirs n'avaient pas encore été envahis par l'eau. Nous avions franchi leurs intervalles sur les épaules des nègres qui, échelonnés de distance en distance, font, moyennant une pièce de monnaie, l'office de ponts ambulants. Mais bientôt de nouvelles gouttes de pluie nous annoncèrent une reprise du cataclysme. En effet, cent nuages crevèrent à la fois, et quelques minutes suffirent pour rendre les rues de véritables canaux navigables. L'eau déborda non-seulement les trottoirs, mais encore s'éleva presque jusqu'à l'entrée des maisons, où il ne fallait pas songer à chercher un refuge à cette heure indue. D'ailleurs nos vêtements étaient si complétement traversés, que, ni la douche tiède que le ciel nous versait sur la tête, ni le torrent qui roulait comme un flot d'encre et nous montait aux jambes, ne pouvaient ajouter à notre déconfiture : aussi jugeâmes-nous inutile de nous confier aux bras sordides des porteurs noirs, et nous avançâmes résolûment dans la rue, embourbés jusqu'aux genoux et trébuchant à chaque pas aux inégalités du terrain ; spectacle fort divertissant d'ailleurs pour les nègres qui manifestaient leur joie par d'interminables éclats de rire. La pluie cessa juste au moment où nous arrivions à bord, ruisselants comme si nous avions fait le trajet à la nage.

Pour en finir avec les monuments publics, il nous reste à dire quelques mots des divers établissements scientifiques et littéraires de la capitale du Brésil. Rio possède trois bibliothèques, un muséum d'histoire naturelle, une académie des beaux-arts. La bibliothèque des Bénédictins est riche de manuscrits anciens et d'œuvres théologiques ; celle de l'empereur se distingue par ses éditions modernes ; la bibliothèque nationale est à coup sûr l'un des premiers dépôts de livres du nouveau monde. Elle est située dans l'ancien hôpital des Carmélites, et communique avec le palais de l'empereur.

Lorsqu'à la fin de 1806, le prince régent, depuis Jean VI, passa au Brésil, il y apporta la belle bibliothèque du palais d'Ajuda, rassemblée à grands frais par les rois de Portugal. Vers 1810, elle devint à Rio bibliothèque publique, et s'augmenta après la proclamation de l'indépendance de celle que l'infant avait également fait venir d'Europe. Malheureusement, à la même époque, une collection de huit mille volumes reprit la route de Lisbonne. La bibliothèque du comte de La Barca, contenant onze mille imprimés, appelés les onze mille Vierges, et celle de Bonifacio de Andrada, formée en partie d'éditions rares et de livres allemands sur l'histoire naturelle, vinrent plus tard combler ce vide ; en sorte que la bibliothèque de Rio compte aujourd'hui environ soixante-douze mille volumes.

Le Muséum, ne possédât-il que la collection bien classée des richesses ornithologiques et minéralogiques du Brésil, mériterait déjà la visite des étrangers. Pourtant le musée n'est pas seulement dans l'édifice qui porte ce nom ; il est partout à Rio : on le rencontre à chaque pas dans les rues *Directa* et d'*Ouvidor*. Les ateliers des fleuristes exposent sous des châssis vitrés de magnifiques réunions d'oiseaux. Chez les brocanteurs de collections, le cadre où fourmille un hideux assemblage d'insectes fait pendant à celui où des papillons, disposés avec art et symétrie, concourent à former des figures aussi richement diaprées que l'arc-en-ciel. Puis ce sont des curiosités étrangères au Brésil, achetées ou échangées à bord des navires qui arrivent des pays lointains. Les peintures délicates et les conceptions monstrueuses des Chinois, les armes extravagantes et les fétiches grotesques de l'Océanie, se heurtent pêle-mêle sous un plafond où rampent et se vautrent des reptiles, des amphibies et des animaux aussi étranges que ceux qui grouillent dans l'orbe lumineux du microscope solaire.

Le nom pompeux d'Académie des beaux-arts écrase jusqu'à ce jour le monument destiné à recevoir les œuvres des peintres et des statuaires; mais l'on doit tout attendre de l'habile direction de M. F. Taunay, notre compatriote, membre d'une famille où les qualités aimables et le talent sont appréciés chaque jour par les étrangers qui visitent la capitale du Brésil.

Les grands pouvoirs de l'empire, sont le sénat, la chambre des députés et le conseil d'État. — Les provinces sont gouvernées par des présidents assistés de chambres provinciales. — La magistrature se subdivise en une cour suprême de justice, et en quatre cours d'appel ou de *relâcões*, qui siégent à Rio-Janeiro, à Bahia, à Fernambouc et à Maranhan; chacune d'elles étend sa juridiction sur les provinces environnantes. A l'exception des juges de paix et des juges municipaux qui peuvent êtres révoqués, les juges et conseillers des tribunaux et cours au Brésil sont inamovibles, mais peuvent être néanmoins transférés d'un siége à un autre.

L'état militaire se compose d'une armée de vingt-trois mille hommes; d'une flotte de cent neuf bâtiments, montée par trois mille sept cents hommes environ, et armée de trois cent quatre-vingt-deux bouches à feu.

Les produits d'exportation du sol brésilien sont le café, le sucre, le tabac, le thé, qui réussit parfaitement dans la province de Saint-Paul, les bois précieux, les cotons, la vanille, le cacao, le maïs, le quinquina, le manioc. Les mines d'or et de diamants les mieux exploitées sont celles de Congo-Socco et de Kata-Branca; celle de Sincara a produit en peu d'années la valeur considérable de quatre à cinq mille karats. Quant à l'industrie brésilienne, elle ne suffit guère encore qu'à la fabrication d'objets de première nécessité. Le Brésil compte pourtant des fonderies de cuivre, de fer, des verreries, des tanneries, etc. L'emploi de la vapeur nécessaire à de tels établissements a surtout été appliqué à la fabrication du sucre.

Comme on le voit, les sources de la richesse intérieure de ce pays sont immenses; mais un puissant obstacle à ce qu'il en soit tiré parti, c'est l'étendue de son territoire. Aussi, bien différent des États néo-espagnols dont nous nous sommes occupé, le gouvernement brésilien favorise l'immigration autant qu'il est en son pouvoir; il a déjà fondé et soutenu les diverses colonies de Pétropolis, nouvelle Fribourg, à quelques lieues de Rio, San-Leopoldo, et enfin de Sainte-Catherine, dans la province de ce nom qui appartient au prince de Joinville.

L'empereur actuel, comme son prédécesseur, met tous ses soins à soutenir les institutions qui peuvent répandre dans le pays le goût des sciences, des lettres et des arts. La province de Bahia possède une école de médecine, celle de Saint-Paul une école de droit, celle des Mines un séminaire. Une école polythecnique et une école de marine fournissent en outre quelques sujets distingués; enfin, l'instruction primaire, favorisée, pénètre de jour en jour au sein des masses. Le mouvement intellectuel accomplit donc, comme on le voit, au Brésil, un mouvement d'ascension fort marqué. Dans les hautes classes de la société, on compte des hommes qui ont une véritable intelligence des détails politiques et administratifs, et plusieurs membres du parlement se distinguent journellement par leur éloquence.

Les études littéraires ont aussi au Brésil des adeptes d'autant plus fervents qu'ils sont complétement désintéressés, au moins au point de départ.

La littérature brésilienne dérive naturellement de la littérature portugaise, mais il semble étrange que la magnifique nature des régions transatlantiques ait exercé sur elle aussi peu d'influence. Les auteurs brésiliens recherchent l'originalité, et rencontrent invariablement, comme ceux des États néo-espagnols, la manière des auteurs de France et d'Angleterre. M. Magalhaens a fait paraître un recueil lyrique qui semble détaché de notre littérature contemporaine. M. Texeira de Souza s'est inspiré de Lamartine; Gonsalves Diaz et Silveira Souza se sont moins écartés du caractère brésilien; M. Norberto a décrit, sous forme de ballades, les sites et les mœurs de son pays; mais le plus remarquable et le plus indépendant de ces poëtes est peut-être M. Araujo Porto Alegre. — Bien que la littérature dramatique ait eu au Brésil fort peu d'adeptes, on peut citer pourtant de M. Magalhaens : *le Poëte et l'Inquisition; Olgiato, et Socrate*, dont la forme n'est pas sans rapport avec celle de Casimir Delavigne. Dans une tragédie de M. Souza Silva : *Roméo et Juliette*, on trouve une vive intelligence du drame de Shakespeare. Les descendants de Camoëns préfèrent de beaucoup l'épopée au drame. M. Gonzalès Texeira, auteur d'un poëme brillant sur l'indépendance du Brésil et sur les Indiens, rappelle par les élégances de son rhythme le poëte portugais Bôcage; par la splendeur de ses images, Châteaubriand; souvent aussi par ses digressions inattendues, cette fantaisie qui surtout caractérise le *don Juan* de lord Byron.

Le défaut général des compositions littéraires au Brésil est de procéder à l'excès d'une école élégiaque phthisique, faible, monotone, et qui donne une singulière idée de la force d'imagination qu'on serait peut-être disposé à attendre d'un peuple nouveau.

La presse politique jouit dans l'État d'une liberté illimitée; à côté des journaux monarchiques, il se produit des journaux républicains qui arborent en tête de page, comme une cocarde, le nom de leur parti; mais l'opinion générale du pays est essentiellement conservatrice. On publie à Rio cinq journaux principaux qui s'occupent infiniment plus d'affaires commerciales et d'annonces que de sujets politiques. En général, ces feuilles se bornent à reproduire les articles des journaux d'Europe, et leurs feuilletons sont, comme dans l'Amérique espagnole, des traductions plus ou moins bonnes de nos romans français en vogue. — Le gouvernement n'a pas d'organe officiel; les actes émanant du cabinet ou du parlement sont publiés par le journal *do Comercio,* qui, à cet effet, reçoit diverses allocations, savoir : cinquante mille francs pour reproduire les séances du sénat, quarante mille pour celles de la chambre des députés, dix mille pour la publication des actes officiels.

Telle est sommairement la situation du Brésil. Le gouvernement, je l'ai déjà signalé, a compris de quelle importance il est pour lui de favoriser les émigrants d'Europe, non-seulement à cause de la vaste étendue de l'empire, mais pour arriver à contrebalancer, autant que possible, la supériorité numérique de la race noire. L'étude des moyens de viabilité est aussi l'objet de préoccupations sérieuses. L'action gouvernementale, pour être efficace, doit surtout être rapide; et cette vérité ne saurait être nulle part plus méditée qu'au Brésil, où certaines provinces, comme celles du Nord, aspirent à se rendre indépendantes.

III

Nous nous trouvions à Rio-Janeiro le jour anniversaire de la naissance de S. A. R. madame la princesse de Joinville, alors en France (1844). A cette occasion, nous fûmes invités à nous rendre au château de Saint-Christophe, maison de plaisance de l'empereur don Pédro. Les canots de la frégate nous débarquèrent à Botafogo, où M. le comte Ney avait eu la gracieuse attention de faire préparer des voitures qui nous conduisirent assez rapidement à la résidence impériale.

Le château ne montre point ses dimensions réelles du côté

de l'arrivée, il est nécessaire d'en faire le tour pour les connaître. En avant de l'esplanade s'élève un portique dont la haute arcade est surmontée d'un écusson armorié. A droite et à gauche du portique des piliers soutiennent des traverses latérales qui aboutissent à deux larges guérites habitées par des gens de service. Les piliers élevés de l'entrée principale, et ceux qui soutiennent les traverses, sont surmontés de vases antiques. Une galerie percée de larges fenêtres dessinées en trèfle à leur partie supérieure, fait communiquer deux pavillons carrés d'assez élégante architecture; ils sont couronnés d'un balcon en pierre aux angles duquel on a placé des statues; des balcons semblables règnent aussi autour de leur premier étage. A l'époque de notre visite, un échafaudage encombrait le pavillon de gauche qui, n'étant point encore terminé, jurait, par la couleur noire de son mortier, avec la blancheur du reste de l'édifice. Sur la droite du château on aperçoit les grands arbres du jardin, et derrière eux, des montagnes souvent embrumées bornent la vue à l'horizon.

Pour satisfaire à une étiquette que le soleil nous fit paraître exagérée, nous nous découvrîmes en arrivant sur l'esplanade. Un officier nous conduisit dans un salon d'attente, où nous fûmes reçus par un chambellan, qui à son tour nous fit passer dans une galerie ornée de quelques bons tableaux, de plusieurs copies sans grande valeur artistique, enfin des gravures et des lithographies modernes les plus estimées. A peine avions-nous eu le temps de donner un coup d'œil aux peintures qu'on annonça l'empereur.

Don Pédro II, alors âgé de vingt ans, semblait fatigué par une croissance rapide. Son visage pâle est plein de caractère. Ses cheveux sont blonds; ses yeux clairs, un peu enfoncés sous l'arcade du sourcil, ajoutent une certaine expression méditative à sa physionomie ordinairement sérieuse; l'intelligence de ce prince est, dit-on, très-cultivée; il parle à peu près toutes les langues de l'Europe, et les sciences principales lui sont familières. Don Pédro portait un uniforme d'officier général, chargé d'une paire d'épaulettes massives à torsades longues et flottantes. Parmi les ordres qui lui couvraient la poitrine, on remarquait le grand cordon de la Légion d'honneur.

La présentation de l'amiral français et de son état-major général n'offrit aucune particularité intéressante. L'empereur avait déjà vu l'amiral Dupetit-Thouars peu d'années auparavant; il le questionna à diverses reprises sur son séjour dans les îles Marquises, et sur les événements récents de Taïti, auxquels il paraissait surtout prendre un vif intérêt. Cet entretien terminé, l'empereur quitta la galerie, et bientôt après l'on ouvrit les portes d'une salle où resplendissait un couvert magnifique. D'énormes bouquets de fleurs éclatantes remplissaient des vases et des corbeilles, autour desquels étincelait en bel ordre un grand luxe de cristaux et d'orfévrerie. Il nous semble avoir reconnu dans la porcelaine les merveilles de la manufacture de Sèvres. L'empereur prit place, ayant à ses côtés l'impératrice, la princesse Januaria, sa sœur, et le comte d'Aquila, son beau-frère. Le repas fut servi à la française, et pendant toute sa durée une excellente musique se fit entendre sous les fenêtres du château. Au dessert, l'empereur se leva, mouvement qui fut imité par tous les assistants; il porta un toast au roi Louis-Philippe, et immédiatement après l'on quitta la table.

L'étiquette ne permettant pas de s'asseoir en présence du souverain, une partie des convives vint se reposer dans une salle voisine de celle où l'empereur et sa famille conversèrent une heure environ avec les officiers généraux et les premiers fonctionnaires de l'État. Quand la famille impériale rentra dans ses appartements, les conviés étrangers remontèrent en voiture et reprirent le chemin de la ville.

Nous avons été admis depuis à visiter le château de Saint-Christophe. Sa façade du côté de l'arrivée ne peut guère faire soupçonner sa grandeur véritable, augmentée encore par plusieurs dépendances affectées à un nombreux personnel. Les appartements sont décorés avec une grande simplicité, à l'exception pourtant d'une galerie qui sert ordinairement de salle de bal. Le jardin est planté d'arbres magnifiques qui jettent sur les allées un ombrage noir ; des canaux et des bassins contribuent à y entretenir une délicieuse fraîcheur.

Cette visite à Saint-Christophe nous remit en mémoire l'anecdote suivante :

Un volontaire de la marine française s'étant un jour introduit dans l'enclos du palais, considérait à l'extérieur la résidence impériale, dont on venait de lui refuser l'entrée. Après une contemplation qui satisfit médiocrement sa curiosité, notre compatriote allait reprendre le chemin de la ville, quand un cavalier brésilien arriva sur l'esplanade. Haute taille, fière mine, tournure martiale, tout semblait indiquer que, chez le nouveau venu, le pacifique habit bourgeois avait momentanément usurpé la place de l'uniforme.

C'est sans doute un officier, pensa le Français, qui s'approcha, salua poliment, et hasarda quelques questions auxquelles l'étranger satisfit avec une grâce parfaite. Le volontaire devint alors communicatif, et raconta son infructueuse tentative pour pénétrer dans le palais, non sans laisser percer un léger dépit d'avoir inutilement accompli sous le grand soleil une promenade qui tenait beaucoup du voyage. Le Brésilien l'écoutait en souriant. Il attribua la sévérité des consignes aux fréquentes apparitions que l'empereur improvisait à sa maison de campagne ; néanmoins il offrit à son interlocuteur d'essayer de son influence auprès de l'officier de service, et il se dirigea vers l'entrée principale, d'où, après avoir échangé quelques mots avec un garde, il fit signe au Français de le rejoindre. Tous deux entrèrent au palais sans difficulté. On parcourut les salles, les galeries, les jardins, le Brésilien remplissant à merveille l'office de *cicerone*; questionné souvent, il questionnait plus souvent encore, et paraissait trouver du charme aux réponses que lui faisait le volontaire avec une franchise précieuse et un abandon auquel la confraternité de profession pouvait servir d'excuse. La promenade terminée, le Français remercia cordialement l'inconnu, et lui exprima combien il désirait pouvoir reconnaître sa gracieuse obligeance, en lui faisant à son tour les honneurs de la frégate française.

Peu de jours après, le même volontaire *flânait* dans la rue d'Ouvidor en compagnie d'un élève de première classe[1], quand un tilbury mené grand train déboucha d'une rue adjacente. Le volontaire fit un brusque mouvement de retraite; mais il trébucha sur une pierre roulante, et tomba presque sous les pieds du cheval. Par un mouvement aussi rapide que la pensée, l'élève de marine se précipita et saisit d'un poignet inexorable le mors de l'animal, en proférant un juron des plus énergiques. Cet effort, combiné avec celui du maître de la voiture, qui roidissait les rênes de toutes ses forces, fit cabrer et reculer le cheval. Le volontaire se releva prestement; mais à peine son regard se fut-il arrêté sur l'étranger, qu'il fit une exclamation de surprise; celui-ci, dont le visage avait tour à tour reflété des sentiments d'inquiétude et de colère, fouetta vigoureusement le cheval, qui bondit et reprit son rapide galop. Quelques passants effarés entourèrent les Français, et l'un d'eux s'adressant à l'élève :

— Malheureux! savez-vous ce que vous venez de faire?

— Oui, j'ai empêché qu'on ne nous brisât quelque chose.

— Mais l'illustre seigneur que vous avez insolemment arrêté dans sa course?

---

[1] M. F. de L., actuellement officier supérieur de la marine royale.

— Eh bien !

— Eh bien ! c'est l'empereur du Brésil.

— Diable ! dit le volontaire, mon *cicerone* du palais Saint-Christophe ! et moi qui l'invitais en camarade à venir dîner à bord.

S. M. I. don Pédro Ier, père de l'empereur régnant, visita en effet la frégate française, où il reçut un accueil splendide ; rien sur sa physionomie ne trahit qu'il reconnût le volontaire de Saint-Christophe ni l'élève de la rue d'Ouvidor ; et ceux-ci, à tort ou à raison, se gardèrent bien de réveiller ses souvenirs.

Nous pensons que cette anecdote peut dignement prendre place parmi les mille anecdotes qui conservent à don Pédro Ier une immense popularité au Brésil. Ajoutons que ce souverain, aventureux, impétueux et galant comme un Français du bon temps, manifesta en diverses circonstances ses sympathies personnelles pour nos officiers, dont le caractère présentait souvent avec le sien de frappantes similitudes.

Parmi les spectacles inventés par le cérémonial, l'un des plus brillants, à Rio-Janeiro, est sans contredit celui du baise-main. Il y en eut un le 15 octobre, jour de la fête de l'impératrice.

Le corps diplomatique et les officiers étrangers assistent d'ordinaire à cette cérémonie. Nous accompagnâmes donc notre amiral au palais de l'empereur. Les galeries et les salles regorgeaient déjà d'une foule considérable d'officiers et de fonctionnaires publics en grande tenue. Jamais nous n'avons vu de réunion plus splendidement chamarrée, brodée et galonnée, plus rutilante de décorations, enfin plus nuancée de couleurs étourdissantes : c'était un véritable fouillis d'or et d'argent où l'homme était en quelque sorte perdu comme le poisson dans sa riche coquille.

Quand l'heure du baise-main fut venue, on ouvrit les portes de la salle du trône. Cette salle est étroite comparativement à sa longueur. A l'une de ses extrémités, le trône s'élevait sur une estrade abritée par un dais armorié et drapé avec les couleurs brésiliennes, qui semblent dire les richesses végétales et minérales du sol. Debout sous le dais se tenait l'empereur, en grande tenue militaire; il avait à sa gauche l'impératrice, la comtesse et le comte d'Aquila. Les dames d'honneur de l'impératrice étaient aussi rangées à gauche au pied de l'estrade.

Deux portes latérales s'ouvraient au bas de la salle, et servaient, afin d'éviter toute confusion, l'une aux entrées, l'autre aux sorties. Le défilé commença par le corps diplomatique et par les officiers étrangers ; puis vinrent les fonctionnaires et les officiers brésiliens. Les nationaux seulement baisent la main de l'empereur et celle des princes ; les étrangers saluent respectueusement chacun des membres de la famille impériale. Les entrants marchaient à la suite les uns des autres sur une seule file, s'inclinaient devant le trône, et se retiraient en prenant l'autre côté de la salle.

L'étiquette exige que l'on sorte à reculons afin de ne pas tourner le dos à l'empereur. Ce mouvement rétrograde, opéré en même temps par un grand nombre d'individus dans un espace étroit et long, donne quelquefois lieu à des épisodes assez divertissants. D'abord on voit presque tous les personnages retourner la tête à diverses reprises et avec inquiétude pour s'assurer s'ils sont encore loin de la sortie de cette interminable salle. Les plus maladroits marchent sur les pieds de ceux qui reculent immédiatement derrière eux ; d'autres contiennent l'élan de ceux qui les précèdent ; quelques-uns enfin trouvent le moyen de faire trébucher leurs voisins en laissant traîner leur sabre, accidents qui naissent comme toujours
 exagéré de ne pas paraître gauche dans une société nombreuse.

La fête de l'impératrice n'offrit point d'autre intérêt. Comme en France, dans les fêtes royales, les navires de la rade pavoisèrent et firent, conjointement avec les forts, trois saluts de vingt et un coups de canon à différentes heures du jour. Le soir on illumina les monuments publics et l'on brûla des fusées sur les places. L'usage de brûler des fusées et de tirer des pétards est généralement adopté pour toute espèce de fêtes dans les villes espagnoles de l'Amérique du Sud. Pendant les solennités religieuses surtout on brûle une énorme quantité d'artifices devant les églises.

Peu de jours après cette fête, la rade se couvrit encore de bruit et de fumée. Une chaloupe richement peinte, et dont tout l'arrière était caché par un dais à rideaux surmonté du pavillon brésilien, venait d'apparaître, et se dirigeait vers la frégate *la Reine-Blanche*. A peine fut-elle signalée à bord des navires de guerre, qu'un nuage de fumée, avant-coureur d'un premier coup de canon, pointa à leurs flancs. Les pavois prirent aussitôt leur essor à travers le gréement, et se déroulèrent le long des drisses comme des papillons aux ailes éclatantes. Bientôt les salves d'artillerie se confondirent, bondissant d'écho en écho, et quand le vent eut chassé à l'horizon l'épaisse fumée occasionnée par cette canonnade, l'on put voir et entendre les équipages, qui, rangés sur les vergues, lançaient dans l'espace les trois cris réglementaires de *vive le roi!*

La chaloupe, dont l'apparition avait mis en émoi la marine militaire, venait d'accoster la frégate ; elle portait la famille impériale et les principaux ministres ; dans ses eaux nageaient deux embarcations affectées à la suite de l'empereur.

Don Pédro accomplissait plutôt ce jour-là un devoir de frère qu'une visite de souverain. Il venait conduire à bord de *la Reine-Blanche* la princesse Januaria, sa sœur aînée, qui accompagnait en Europe le comte d'Aquila, son mari. Peu de mois auparavant, madame la princesse de Joinville avait quitté le Brésil sur *la Belle-Poule*. Ainsi, dans moins d'une année, l'empereur devait voir s'éloigner, sous la sauvegarde des couleurs françaises, les deux compagnes de son enfance, les deux seuls cœurs peut-être qui n'avaient pas été fermés par la froide étiquette à ses confidences et à ses épanchements.

L'impératrice avait aussi sa part de tristesse ; elle se séparait de son frère, le comte d'Aquila, dont la présence avait jusque-là tempéré cette vague et douloureuse émotion qui envahit l'âme au souvenir de la famille et de la patrie lointaine.

On comprendra facilement la contrainte que les augustes visiteurs durent imposer à leurs affections pendant un séjour de plusieurs heures à bord de la frégate. L'empereur voulut la parcourir dans toutes ses parties. Il fit donc une scrupuleuse promenade, et parut examiner avec intérêt les diverses améliorations qu'on apporte chaque jour dans le matériel et dans l'emménagement de nos navires de guerre ; il revint ensuite sur le pont, où il manifesta à plusieurs reprises la satisfaction que lui firent éprouver les exercices et les manœuvres de l'équipage.

Les honneurs qui avaient précédé l'arrivée de la chaloupe impériale suivirent son départ. Nous croyons inutile de consigner ici le chapitre de l'ordonnance qui les détermine invariablement pour tous les souverains. Quand la chaloupe impériale toucha le quai, les salves d'artillerie cessèrent, et l'on vit successivement descendre les pavois à bord de tous les navires. Bientôt la rade reprit sa physionomie accoutumée ; seulement, la frégate *la Reine-Blanche* comptait, de plus, deux passagers dont nous devions apprécier bientôt l'aimable naturel et les sérieuses qualités.

Le surlendemain, au point du jour, le commandement : « Chacun à son poste pour l'appareillage, » nous fit bondir le cœur ; nous allions revoir la patrie après plusieurs années d'absence; aussi l'équipage vira-t-il au cabestan avec une ardeur fiévreuse, pour mettre à poste l'ancre qui ne devait plus toucher que la terre de France; en même temps, la frégate ouvrit ses ailes pour ne les refermer que dans un port français.

Nous saluâmes une dernière fois cette baie magnifique, ces terres radieuses que coloraient de feux tendres les premières lueurs de l'aube naissante; bientôt nous eûmes franchi les passes, et, bercée par la longue houle de l'Océan, *la Reine-Blanche* reprit sa route sous le regard de Dieu.

APPENDICE

LIMA ET LA SOCIÉTÉ PÉRUVIENNE

LIVRE I, CHAP. III, PAGE 75.

Ce fut, selon Herrera, la nécessité de repousser une expédition qu'Alvarado dirigeait de Guatemala sur le Pérou, qui conduisit Pizarre à venir camper au bord de la baie de Callao. En cet endroit, une plaine fertilisée par une rivière s'enfonçait avec une pente insensible depuis le rivage jusqu'à une chaîne de montagnes qui marquait sa limite à deux lieues dans l'est. L'emplacement parut en tous points favorable à Pizarre, qui, en 1534, le jour de l'Adoration des mages, jeta au pied des montagnes et sur la rive gauche de la rivière (el Rimac), les fondements d'une ville qu'on nomma dans le principe *Ciudad de reyes*. Trois ans plus tard, Charles-Quint devait lui conférer, avec le titre de ville royale, des armoiries destinées à perpétuer le souvenir du jour de sa fondation. Elle porta d'azur à trois couronnes d'or surmontées d'une étoile rayonnante. Néanmoins le nom espagnol *Ciudad de reyes* ne put recevoir la consécration de l'habitude, et la nouvelle ville, reprenant bientôt le nom du terrain qu'elle occupait, s'appela Lima. — Ce fut Pizarre qui conçut le plan de Lima. Il fit d'abord diviser le terrain en *cuadras*, ou carrés d'environ cent vingt-cinq mètres de côté pour la plupart, sur lesquels on devait bâtir des maisons; ces *cuadras* étaient isolées par de larges rues. Ce tracé, sagement ordonné, prévint la formation de ces ruelles étroites et tortueuses, si communes au cœur des anciennes villes. — Le premier édifice qui s'éleva dans la cité naissante fut une église ; on bâtit ensuite un palais au sud de la plaza Mayor, dans l'endroit aujourd'hui nommé *el callejon de Petateros* ; c'est celui où six ans plus tard devait être assassiné Pizarre, qui, appelé à gouverner le Pérou pour l'Espagne, ouvrit cette période de vice-rois durant laquelle Lima devait parvenir à l'apogée de sa splendeur. En 1685, le duc de La Palata renferma la ville dans un demi-cercle de murailles que le Rimac coupe comme un diamètre. A leur tour Montes-Claros, Salvatierra, Villa-Garcia, Amat O Higgins, Abascal, Pezuela, jetèrent des ponts, creusèrent des aqueducs, élevèrent des fontaines, construisirent des bains publics, plantèrent de vastes promenades, élargirent les voies de communication avec les bourgades environnantes, et accomplirent différents ouvrages militaires ; malheureusement, de grands et utiles travaux entrepris se ruinèrent parfois inachevés ; cela tenait à un sentiment de jalousie assez mesquin : certains vice-rois ne se fussent résignés pour rien au monde à continuer l'œuvre d'un prédécesseur. Quand les premiers symptômes d'insurrection se manifestèrent dans les colonies espagnoles, Lima avait atteint son plus haut point de perfection ; c'était la merveille de l'Amérique méridionale ; on y comptait vingt-deux couvents grandioses et élégants comme des palais, affectés aux différents ordres religieux, dix-sept monastères de femmes, et quatre *beatorios*, maisons de retraite habitées par des femmes qui sont de religion, sans toutefois s'engager par des vœux. Chacune de ces maisons avait une église et plusieurs chapelles, de sorte que le nombre des édifices consacrés au culte divin dépassait la centaine. Douze hôpitaux avaient aussi été institués en vue d'une œuvre de charité spéciale. — C'étaient : San-Andrès, pour les Espagnols et les maniaques; — Santa-Anna pour les Indiens; — San-Bartholome pour les nègres et les castes africaines; — San-Pedro pour les ecclésiastiques pauvres; — el Espiritu-Santo pour les marins; — San-Pedro Alcantara pour les femmes; — la Caridad pour les femmes; — Bethlemitas pour les femmes; — San-Lazaro pour les lépreux. Trois colléges royaux, en outre, dépendaient de l'université de Saint-Marc, fondée sous le règne de Charles-Quint; c'étaient : San-Martin, *el Colegio del principe* et *Santo-Torribio;* les deux premiers servaient aux études séculières, le troisième à l'enseignement ecclésiastique. Il existait aussi différentes écoles conventuelles où les enfants pauvres recevaient une instruction élémentaire.

ANNEXE AU CHAP. IV, PAGE 98.

Le soir à Lima. — Les serenos.

Il est nuit close; le pont se dégarnit peu à peu, on regagne la ville et d'ordinaire on fait une station près des *fresqueras* de la plaza Mayor. — Leurs dressoirs illuminés sont couverts d'*alcarazas* et de seaux aux parois micacées de givre où plongent, jusqu'au goulot dans la glace, nombre de flacons et de carafes aux liquides rafraîchissants, couleur de rubis et de topaze, qui éparpillent sur la verroterie environnante les plus chatoyants reflets. — Un personnel de consommateurs sans cesse renouvelé occupe des bancs de bois disposés à l'entour. Chacun savoure avec recueillement le sorbet, la limonade glacée, la boisson d'ananas, de grenades ou de lait d'amandes qu'on lui délivre dans un énorme vase pour un prix très-modique. — Les femmes qui circulent aux environs ne se font pas faute d'accepter le rafraîchissement offert par le premier venu et viennent prendre place à son côté. A cette heure les Liméniennes ont quitté le coquet vêtement du jour; toutes sont vêtues de robes légères et portent sur la tête un châle dont elles se voilent le bas du visage; on les voit passer comme des ombres sous les profonds portails à peine éclairés par des réverbères fumeux, et leur robe blanche, semblable à ces feux follets aux façons engageantes, sollicite le passant indécis.

Le mouvement de la ville s'éteint de bonne heure; les rues deviennent désertes et leurs maisons, sans boutiques et sans fenêtres éclairées, ont alors le morne aspect de visages sans regards. On peut seulement du seuil des portes voûtées, ouvertes encore, apercevoir au fond d'un *patio*, dans quelque salon, une lampe et une corbeille de fleurs sur un guéridon, puis un groupe de femmes luttant d'attitudes gracieuses et de babil, sans se soucier du piano qui lance ses notes à travers leur causerie. L'instrument de musique, piano ou guitare, constitue, avec les fleurs, les essences et le soulier de satin blanc, les véritables nécessités de la vie pour une Liménienne, tout le reste n'est que superflu. Aussi ne parcourt-on point la ville sans entendre à chaque pas bourdonner sourdement dans les intérieurs le piano ou la guitare. Souvent leurs sons vous parviennent mêlés à une rumeur inusitée; la curiosité vous conduit alors naturellement à appliquer l'œil contre la raie lumineuse des volets mal joints d'une maison de second ordre, où vous apercevez d'ordinaire une jeune fille qui, les bras repliés sous son châle, suivant la coutume, se balance devant un cavalier, tout entière aux délices de la *zapatea* ou de la *samacueca*, tandis que les grands parents assis autour de la salle chantent en chœur des paroles burlesques, sans se départir de la grave immobilité de pose particulière aux statues égyptiennes. Si la scène se passe dans une société de nègres, vous assistez invisible à l'un de ces drames chorégraphiques où les acteurs enfiévrés s'abandonnent à des pantomimes de la plus farouche lubricité. Une autre musique se fait encore entendre à chaque heure de nuit dans les rues. Elle a pour exécutants le corps des *sérénos*.

Aussitôt qu'une horloge sonne, des accords mélancoliques, qui semblent modulés sur une flûte de Pan, s'élèvent de tous points de la ville, unis à des voix qui chantent les premiers mots de la salutation angélique et disent l'heure de la nuit et l'état de l'atmosphère. Au Chili, la plaintive modulation de la flûte est remplacée par un aigre coup de sifflet et le doux *Ave Maria!* par le cri patriotique : *viva Chile!* prononcé avec un nasillement des plus désagréables ; mais le service de nuit nous semble plus convenablement rempli qu'au Pérou. Là, des escouades de *sérénos* fantassins et cavaliers sont affectées à la police de nuit ; nul ne peut faire un pas sans être surveillé par un gardien invisible. En vain la poussière étouffe le bruit de la marche, en vain l'obscurité est profonde, le *séréno* a l'oreille du lièvre et l'œil du lynx ; si les allures d'un pèlerin nocturne lui deviennent suspectes, un coup de sifflet retentit et donne l'éveil au séréno voisin, celui-ci attend notre homme au passage et l'escorte d'un nouvel avertissement ailé, qui tient les sérénos suivants disposés à fondre sur une proie. Le devoir du séréno est de s'assurer si les portes des maisons sont closes et si rien ne peut donner lieu à un commencement d'incendie ; fléau d'autant plus redoutable que la sécheresse est presque continuelle dans ces différents pays, où le bois est à peu près le seul élément des constructions. — Il me fut une nuit donné d'étudier, bien fort contre mon gré, je l'avoue, le service des sérénos chiliens. J'avais manqué le canot de ma frégate, à une de ces heures où les portes restent impitoyablement fermées ; je sortais d'un bal et mon costume me garantissait mal contre d'épais brouillards, qui, descendus à l'improviste des montagnes, me faisaient courir des frissons entre les épaules, tandis que les petits galets pointus employés au pavage des rues attachaient à mes pieds des semelles ardentes. Ces divers inconvénients me jetèrent dans cette disposition d'esprit qui vous rend odieuses les choses les plus inoffensives. Ainsi le bruit du sifflet ne nous a jamais semblé plus insupportable que durant cette longue nuit où les *serenos* me semblèrent abuser des notes les plus aigres et les plus narquoises de leur instrument; mais je pus acquérir cette certitude que tout individu peut circuler la nuit fortune en poche, tant qu'il ne prendra pas au séréno la fantaisie de se faire voleur. Cette idée vous vient tout naturellement chaque fois qu'on rencontre immobile à l'angle d'un mur un de ces gardiens de nuit, le sombrero descendu jusqu'au nez, le manteau d'opéra comique monté jusqu'aux yeux et relevé par une arme dont quelque paillette de lumière accrochée au métal trahit la présence. Les rues de Lima ne nous inspiraient pas la même sécurité; depuis surtout qu'un de nos compatriotes, sortant du consulat de France par une nuit obscure, et forcé de descendre la *calle de los Estudios* ou son prolongement; bordé d'un côté par un enclos et de l'autre par les dépendances d'un couvent, se vit contraint de se gourmer avec un séréno qui, sous le prétexte frivole de voir l'heure à sa montre, l'avait pris au collet. C'était, on en conviendra, une prétention assez exorbitante chez un citoyen payé par la République pour savoir l'heure mieux qu'un jaquemart de clocher et aussi bien que les cent horloges de la ville. Notre compatriote soutint le premier choc de façon à prouver à son brusque interlocuteur qu'il n'aurait pas l'avantage. Aussi se fit-il chez celui-ci une complète révolution. Il prétendit n'avoir voulu faire qu'une plaisanterie, se confondit en excuses et, se familiarisant avec son antagoniste, il le suivit en murmurant des offres de services, qui, toutes fleuries de noms de femmes : *niñas mu y decentes*, disait-il, ne laissaient aucun doute sur les divers genres d'industries cumulés par cet intéressant fonctionnaire.

Notre homme était, à ce qu'il paraît, tire-laine et rufian entre deux airs de flûte. — Les mauvaises rencontres de nuit sont pourtant assez rares en temps ordinaire. Il nous est souvent arrivé de parcourir les rues aux heures les plus indues, et si quelque chose a pu nous surprendre, c'est la tranquillité dont jouit cette ville où existent tant d'éléments de désordre et si peu de moyens de répression.

CHAP. V, PAGE 102.

Ces contradictions bizarres se manifestent fréquemment dans la conversation. Veut-on faire l'éloge d'un Péruvien, on dit qu'il a tout l'air d'un étranger. — *Es un extrangero!* est pourtant aussi le coup de grâce de tout réquisitoire. Il suffit d'un accident de causerie, d'une prétention contrariée pour déterminer ces singuliers revirements d'opinion.

On trouve au reste la même inconséquence dans l'expression individuelle du sentiment politique des habitants de Lima. Cette violente sortie de l'officier américain Landasuri, qui, dévoué à la cause royale, s'écriait : « Je voudrais faire couler de mes veines tout ce qu'elles renferment de sang américain! » a été bien des fois retournée par les créoles. Cependant la plupart d'entre eux ne laissent guère échapper une occasion de parler de leurs ancêtres espagnols, et nous avons connu un véritable prototype de Liménienne qui souvent s'écriait, à ses heures d'exaltation : « Je suis fière d'être Péruvienne! » puis, un instant après le vieux levain reprenant le dessus, elle se complaisait avec un orgueil moins douteux dans l'étalage de sa généalogie espagnole.

LIVRE II, CHAP. I, PAGE 124:

J'ai dit que l'installation de l'opéra italien avait tout d'abord soulevé nombre d'hésitations et de scrupules dans cette société où les béates tiennent une large place. Cela pourra sembler une étrange anomalie avec ce que l'on connaît de la liberté d'allures des Liméniennes; aussi, je crois bon de montrer comment l'aimable et spirituël auteur de : *El espejo de mi tierra* [1], constate cette bizarrerie du caractère de ses compatriotes.

« Quelques-unes disent que le mal de l'opéra n'est point dans l'opéra lui-même, qu'il est plutôt dans ses accessoires; de façon que si *Roméo et Juliette* était joué dans un cirque de taureaux ou dans une arène de coqs, on pourrait assister sans le moindre scrupule à la représentation. D'autres prétendent qu'on peut aller pour entendre, mais que l'on doit éviter de voir.: aussi ne vont-elles à l'opéra que munies d'un éventail afin de tout regarder à travers les baleines [2].

» Celle-ci s'écrie : — Non, petite maman de mon cœur, moi je n'y vais pas, car ces Italiennes sont, dit-on, une tentation de l'ennemi commun.

» — Ne sois donc pas naïve; quelle tentation peuvent-elles être pour nous autres? pour les hommes, à la bonne heure!

» — Ah! comment, ne sais-tu donc pas que la Pantanelli [3]

---

[1] *Le Miroir de mon pays*, revue critique publiée à Lima.
[2] . . . .
— No mamita de mi corazon; yo no voy parque dicen que estas Italianas son una tentacion del enemigo.
— No seas candida; — que tentacion han de ser para nosotras? Lo seran para los hombres.
— Ay! como que tu no sabes que la Pantanelli, sale vestida de hombre, y dicen que es cosa digna de verse, y que esta para reventada!
[3] Les cantatrices C. Pantanelli et Teresa Rossi faisaient à elles deux tout le succès de l'opéra italien. La première avait une magnifique

se montre vêtue en homme, et que c'est une chose curieuse à en crever!

» (Mes lecteurs savent qu'il y a des personnes qui ne peuvent mieux louer une chose qu'en manifestant le désir de la voir crever[1].)

» Une autre, de conscience plus large, risque ces mots[2] :

» — Mais pourtant, doña Conci, beaucoup de prêtres, m'a-t-on dit, vont aux loges grillées ou au parterre.

» Et doña Conci répond à cet argument :

» — En vérité, vous avez de singulières idées, doña Margarita; ils y vont parce que ce sont des théologiens qui savent distinguer ce qui est bon de ce qui est mauvais, et le malin esprit perd, comme on dit, son procès avec eux : mais avec nous autres, pauvres femmes qui ne pouvons savoir d'où nous vient le mal, Satan fait soie et mèche. »

voix de contralto, dont une excellente méthode rehaussait l'éclat; la seconde, la prima dona, avait une voix des plus sympathiques, et sa physionomie empruntait au contraste d'une chevelure noire, avec des yeux couleur de violettes, une puissante séduction.

[1] Il est peut-être difficile de rendre en français et de faire comprendre cette sorte d'exagération, qui présente un objet étonnant, comme un objet sur le point de voler en éclats.

[2] . . . .

— Pues, mire usted, na Conci me han dicho que van muchos sacerdotes publicamente a las claraboyas y al patio.

. . . .

— Ciedto es que na, Madgadita, tiene unas cosas! . . . . . . Eyas idan pobque son teologos, y saben distinguid lo que es bueno de lo que es malo, y los expeditus malinos yevan como quien dice, pleito pedido con eyas; y de nosotts pobdes mugedes que no somos capaces de conosed po onde nos viene el mal, hace Satanas seda y pabilo. (Toute cette dernière phrase est orthographiée de façon à reproduire une prononciation affectée par nombre de Liméniennes.)

LIVRE III, CHAP. II, PAGE 229.

Il nous a semblé curieux de traduire un petit article écrit au vol de la plume, où l'auteur de *El espejo de mi tierra* met en regard la vie paisible et casanière de la génération qui va disparaître et la vie sans cesse ballottée de celle qui lui succède. Son auteur, que des études de mœurs pleines d'humour, de fine observation et de verve railleuse, ont fait apprécier à juste titre, a occupé un poste important dans l'État; mais au Pérou plus qu'ailleurs, on le sait, les dignités sont éphémères, et l'on peut supposer que le voyage dont il parle lui fut conseillé par un orage menaçant à l'horizon politique. En ce cas, il aura peut-être repris la plume du journaliste. Souhaitons-le, pour son pays, qu'il peut encore servir par d'utiles conseils, et pour la littérature péruvienne, dont il est l'un des représentants distingués.

UN VOYAGE.

> Mi partida es forzoza : que bien sabes que si pudiera, yo no me partiera.
> LOPE DE VEGA.

Le *petit Goyito* [1] va faire un voyage. — Le petit Goyito touche à ses cinquante-deux ans; mais quand il sortit du ventre de sa mère, on l'appela le *petit Goyito;* on le nomme encore ainsi aujourd'hui, et il conservera ce nom dans trente ans, parce que nombre de gens s'en vont au Panthéon [2] tels qu'ils sont sortis du ventre de leur mère.

---

[1] Goyito est le diminutif de *Gregorio* (Grégoire). *Gregorion,* son augmentatif, veut dire : *gros Grégoire.*

[2] Le Panthéon est le cimetière des colonies espagnoles.

Ce petit Goyito, qui partout ailleurs serait un don Grégorion (don Grégoire) de fort bonne qualité, a reçu durant trois longues années des lettres du Chili, où on le prévient que sa présence est indispensable dans ce pays, pour mettre ordre à d'importantes affaires de famille restées fort embrouillées depuis la mort subite d'un parent. — Or, Grégorio a employé ces trois ans à songer à la façon dont on répondrait aux lettres, et à la manière dont on ferait le voyage. Le bonhomme ne pouvait se décider à prendre un parti. Pourtant les instances renouvelées de son correspondant l'obligèrent à se consulter avec son confesseur, son médecin et ses amis. Enfin, senor [1], l'affaire est conclue : le petit Goyito part pour le Chili.

La nouvelle se répand dans toute la famille ; elle défraye les causeries, donne de l'occupation à tous les domestiques, met en émoi et en dévotions tous les couvents, et convertit enfin la case en une Livourne. On mande des couturières d'un côté, des tailleurs de l'autre, des restaurateurs partout. On avise à un propriétaire de Canete de faire tisser à Chincha des porte-cigares. La mère *Trasverberation*, du Saint-Esprit, se charge de faire confectionner dans un couvent une partie des biscuits ; dans un autre couvent, sœur Maria en grâce en fera faire une portion notable ; la mère Salome, abbesse indigne, prend à son compte, dans le sien, les pastilles ; une petite nonne récollette envoie en présent un scapulaire ; une autre, deux images ; les sorbets mettent en course P. Florence de San-Pedro. On recommande enfin à divers manufacturiers et négociants des conserves de volailles, des pharmacies portatives, du vinaigre des quatre-voleurs pour le mal de mer, chemises par centaines, houppelandes (don Grégoire

---

[1] *Pues, senor* (enfin, monsieur), revient presque à chaque phrase dans les récits espagnols.

nommait *houppelande* ce que nous appelons redingote), vestes et pantalons pour les jours froids, vestes et pantalons pour les jours tempérés, vestes et pantalons pour les jours de chaleur. En fin de compte, l'expédition de Bonaparte en Égypte ne donna guère lieu à de plus grands préparatifs.

Ils employèrent six mois, et encore, grâce à l'activité des petites (je parle des petites sœurs de don Grégorio, dont la plus jeune l'avait tenu sur les fonts de baptême), lesquelles, en dépit du chagrin que leur causait ce voyage, embrassèrent en un clin d'œil toutes les prévoyances que commandait l'événement.

Allons au navire. Mais qui nous pourra dire s'il est bon ou mauvais? Grand Dieu, quel embarras! Ira-t-on trouver l'Anglais don Jorge, qui habite sur les hauteurs? Bah! il ne faut pas y penser; les petites sœurs disent que c'est un sauvage qui s'embarquerait dans un soulier. Un *pulpero*[1] catalan, qui a navigué en qualité de *condestable*[2] sur *la Esmeralda*, est enfin l'expert accrédité. On lui fournit un cheval; il va au Callao, opère sa reconnaissance, et revient en disant que le navire est bon, et que don Goyito voyagera aussi sûrement que sur un vaisseau de la royale Armada. Cette assurance calme les inquiétudes.

Visites d'adieux. — La *calesa*[3] chemine dans tout Lima. Comment, vous nous quittez? Comment, vous vous décidez à vous embarquer?... Quel gaillard! — Don Grégorio se met à la disposition de tout le monde. Ses yeux se baignent de larmes à chaque embrassement; il se recommande aux prières, et on le charge de rapporter des jambons, des friandises, des langues fumées, et de faire des recouvrements. Mais per-

---

[1] *Pulpero*, cabaretier, épicier.
[2] Sergent de marine.
[3] La *calesa* liménienne est un carrosse de forme surannée.

sonne ne le recommande à Dieu, et lui-même se garde bien
de songer aux jambons, aux friandises, aux langues fumées
et aux recouvrements.

Le jour du départ arrive. — Quel bruit! quelle confusion!
quelle Babel! Malles dans les *patios*; ballots dans la chambre
à coucher, matelas sous le vestibule, et partout un déluge de
paniers. Tout sort enfin, tout s'embarque, mais pas sans
peine, je vous le jure. Don Grégorio part accompagné d'un
nombreux cortége, dont font partie, avec amulettes pour le
cordon de Saint-François de Paule[1], ses sœurs bien-aimées
qu'une circonstance aussi solennelle pouvait seule décider à
l'horrible sacrifice d'aller pour la première fois de leur vie au
Callao. Les infortunées se couvrent les yeux de leur mouchoir, et le voyageur fait de même. L'heure de l'embarquement approche; l'attendrissement s'accroît encore. — Nous
reverrons-nous jamais?... Enfin il faut partir; le canot attend; tout le cortége se rend au mòle. Embrassades générales, sanglots; les amis arrachent les sœurs des bras du
frère. — Adieu, mes petites sœurs! — Adieu, Goyito de mon
cœur! Que l'âme de *mi mama chombita* veille sur toi!

Ce voyage est devenu un événement important dans la famille; il a fixé une époque d'éternels souvenirs, une ère comme
celle du christianisme, comme l'hégire, comme la fondation
de Rome, comme le déluge universel, comme l'ère de Nabonassar. Si d'aventure l'on demande dans la tertullia : — Depuis combien de temps s'est mariée une telle?

— Attendez; une telle se maria lorsque Goyito allait partir
pour le Chili.

— Quand donc est mort le père gardien de tel couvent?

— Je vais vous le dire : on sonnait l'agonie du gardien le

---

[1] Le cordon de Saint-François de Paule est une époque où les orages
sont fréquents sur mer.

lendemain du jour où Goyito s'embarqua. Je me souviens au moins que je m'associai aux prières étant au lit, malade des suites de mon voyage au Callao.

— Quel âge a ce petit garçon?

— Laissez-moi me rappeler. Il est né en... Tenez, ce calcul est plus sûr; ce sont des fèves comptées: quand nous reçûmes la première lettre de Goyito, il changeait de dents, vous pouvez donc facilement faire le compte.

C'est ainsi que voyageaient nos aïeux, c'est ainsi que voyageraient, s'ils se déterminaient à voyager, bien des individus de la génération qui s'éteint, bon nombre aussi de la génération actuelle qui conservent les habitudes du temps du vice-roi Aviles. Bien d'autres ne voyageraient pas même ainsi, ni ne voyageraient d'aucune manière.

Mais les révolutions ont fait de l'homme, à force de le secouer et de le ballotter, le meuble le plus léger et le plus portatif. Les infortunés qui, depuis leur enfance, n'ont pas vécu dans une autre atmosphère, en ont au moins tiré, au milieu de mille autres désagréments, le léger bénéfice d'une grande facilité de locomotion. La santé, les affaires, ou un intérêt quelconque, vous conseillent-ils un voyage? — Voyons les journaux. — Navires pour le Chili. — Senor consignataire, y a-t-il des chambres? — Certes. — Le navire est-il fin voilier? — Excellent. — Passage? — A vos souhaits. — C'est chose faite. Petite, prépare-moi une douzaine de chemises et un sac de voyage. Cette note à l'avocat, cette autre au procureur. Prends garde, ne t'endors pas avec la blanchisseuse, car je pars samedi. Pour l'imprimerie ces quatre lignes qui disent adieu aux amis. Le samedi arrive; un baiser à l'épouse, quelques baisers aux enfants, et bonjour. Avant peu de mois, je serai de retour.

C'est ainsi que l'on m'a appris à voyager contre mon gré, c'est ainsi que je m'absente, ami lecteur, dans peu de jours;

ce motif, et non pas un autre, m'oblige à vous livrer le second numéro de mon journal avant l'échéance.

Je ne désirais pas faire ce voyage, mais j'y suis forcé; et vous ne sauriez croire combien m'est pénible une absence qui me force à suspendre mes doux entretiens avec le public. Qui sait s'il en sera de même pour la majeure partie d'entre vous? Peut-être répondra-t-on à mon adieu amical de cette façon : — Que le tonnerre t'emporte et ne te ramène jamais lasser notre patience! Enfin, quoi qu'il arrive, ennemis et ennemies, reposez-vous de mon insupportable bavardage. Préparez vos voyages avec le calme qui vous conviendra, parlez de l'Opéra à votre fantaisie; allez aux Amancaës quand et comme il vous plaira. Dansez à outrance, et bannières au vent, les *samacuecas* les plus folles et les plus débraillées; faites toutes les sottises qui vous viendront à l'esprit. Enfin, mettez à profit ces deux mois. Amis et amies, recevez le présent article en guise de visite ou de carte d'adieu, et priez le Seigneur pour qu'il m'accorde une brise fraîche, un aimable capitaine et un prompt retour.

IVRE III, CHAP. II, PAGE 220.

« Quoique Lima soit exempt des terribles effets du tonnerre et des éclairs, il est sujet à des convulsions bien plus effrayantes et plus destructives : on y éprouve tous les ans des tremblements de terre, lorsque, après la dispersion des brouillards, le soleil d'été commence à échauffer la terre; ils se font plus communément sentir le soir, deux ou trois heures après le coucher du soleil, ou le matin, à son lever. La direction qu'on a observé qu'ils prenaient a été généralement du sud au nord, et l'expérience a démontré que de l'équateur au tropique du Capricorne, les plus violentes secousses ont eu lieu tous les cinquante ans. Voici l'énumération des tremblements de terre les plus violents qui se sont manifestés à Aréquipa, Lima et Quito, depuis la conquête de ces contrées par les Espagnols :

Aréquipa.	Lima.	Quito.
1582	1586	1587
1604	1630	1645
1687	1687	1698
1715	1746	1757
1784	1806	1797
1819		

» On a remarqué que le règne végétal souffre beaucoup de ces grandes commotions. Le pays avoisinant Lima et les côtes de ces contrées furent particulièrement affectés par le tremblement de terre de 1678 ; les récoltes de blé, de maïs et autres grains, furent entièrement détruites, et, pendant plusieurs années qui suivirent, la terre fut entièrement stérile. A cette époque on fit venir du blé du Chili, pays qui a toujours été considéré depuis comme le grenier de Lima, de Guayaquil et de Panama. Feijo, dans sa description de la province de Truxillo, dit que quelques-unes des vallées dont les récoltes rendaient deux cents pour un, avant le tremblement de terre de 1687, ne produisirent pas même la semence plus de vingt ans après cette époque, et on a appris par les dernières nouvelles reçues du Chili que les récoltes y ont manqué depuis le tremblement de terre de 1822. Lorsqu'on reçoit une ou deux faibles secousses dans les temps humides, elles sont censées indiquer un changement dans la température : il en est de même dans les temps de sécheresse ou de chaleur. »

Stévenson.

FIN.

TABLE

	Pages.
AVANT-PROPOS.	VII
VALPARAISO ET LA SOCIÉTÉ CHILIENNE.	1

LIMA ET LA SOCIÉTÉ PÉRUVIENNE.
LIVRE Ier. — LA VIE, LES MOEURS ET LES FEMMES DE LIMA.

I. Callao. — La baie. — Le Castillo. — Rodil. — Salteadores.	48
II. Un omnibus péruvien. — Hermano de la buena muerte. — Cholita. — Paysage. — Officiers. — La Legua. — Entrée de Lima.	65
III. Plaza Mayor. — Saya y manto. — Nacimientos. — Noche buena.	75
IV. Liméniens et Liméniennes. — Saya angosta. — Maricones. — El Tamalero. — La Suerte. — Le marché. — Le pont du Rimac. — L'oracion.	84
V. Les salons. — Hospitalité. — Liméniennes dans leur intérieur. — Dîner populaire. — La Ascencion. — El Picanti. — Artifices de coquetterie.	98

LIVRE II. — LES THÉATRES. — LES FÊTES POPULAIRES. LES MOEURS RELIGIEUSES ET POLITIQUES.

I. Vivanco. — El Acho. — Programme. — La Silla. — La Lanzada. — Catastrophe. — Le taureau sellé. — Casa de Gallos. — Coliseo.	109
II. Les gens de medio pelo. — Balsas. — Soldats et Rabonas. — Les Amancaës.	125
III. L'alameda viejo. — La Perricholi. — Les cofradias d'esclaves. — Une version de la Genèse.	132
IV. Les couvents. — San-Francisco. — El Milagro. — La madone de Guapulo. — San-Pedro. — Le musée. — Tombeaux indiens. — La huaca de Truxillo.	140
V. Santo-Domingo. — La Madone du Rosaire. — La sainte Rose de Mazza. — Le voyageur Rugendas. — L'escalier de la vie.	153

VI. Le sanctuaire de sainte Rose. — Sainte Rose patronne de toutes les Amériques. 160
VII. La cathédrale. — Les Liméniennes à l'église. — El Corpus. — Les tableaux. 168
VIII. Une exécution militaire. — Un pronunciamiento. . 180

LIVRE III.

I. Le mouvement politique depuis l'indépendance. . . . 193
II. Situation du Pérou. — Mouvement intellectuel. — Conclusion. 218

INTERMEDIOS.

Cobija, unique port de la Bolivie. — Rôle de Cobija dans les prises d'armes du Pérou et ses incartades particulières. La mine d'Agathico. — Les Chinchas. — Les oiseaux. — Le guano au Pérou. 231

BRÉSIL.

La ville et la campagne de Rio-Janeiro. 247
APPENDICE. Fondation de Lima. — Le soir à Lima. — Les serenos. — Causeries de salons. — Un Voyage. — Les tremblements de terre. 291

FIN DE LA TABLE.

ERRATA.

Page 81, ligne 6, parcouraient la foule, — lisez : parcouraient la ville.
Page 140, ligne 9, l'on sent, — lisez : l'on se sent.
Page 241, ligne 18, sans qu'aucun arrangement, — lisez : sans qu'aucun encouragement.

Paris. — Typ. de Mᵐᵉ Vᵉ Dondey-Dupré, rue Saint-Louis, 46.

SOUVENIRS, PROMENADES

ET

RÊVERIES

PARIS. — TYP. DONDEY-DUPRÉ, RUE SAINT-LOUIS, 46

MAX RADIGUET

SOUVENIRS
PROMENADES
ET
RÊVERIES

PARIS

TYPOGRAPHIE DE Mme Ve DONDEY-DUPRÉ

Rue Saint-Louis, 46, au Marais.

1856

A

𝔖*** 𝔑***

SAPIENTI SAT!

PHYSIONOMIE
DE QUELQUES FÊTES
EN BRETAGNE

I

L'Éguinané.

Dans quelques localités du pays de Léon, en basse Bretagne, où plusieurs vieux usages existent encore, il en est un qui remonte, assure-t-on, aux époques presque fabuleuses de notre histoire, et dont les effets, au point de vue de la charité publique, sont assez utiles pour que nous lui souhaitions une longue durée.

Malheureusement nos idées et nos habitudes modernes enlèvent d'année en année à la manifestation extérieure de cet usage l'attrait curieux qu'elle empruntait à la naïveté de sa mise en scène.

Le dernier samedi du mois de décembre, la municipalité et les notables de certaines petites villes parcouraient les rues et demandaient de porte en porte, pour les pauvres, de l'argent, du pain ou de la viande ; toutes choses que les habitants se faisaient un devoir d'accorder dans la mesure de leur fortune. Ces différentes aumônes étaient accueillies par le cri d'*Eguinané*, sorte de hourra breton consacré à cette unique cérémonie, et que vociférait un formidable chœur d'enfants et de désœuvrés qui suivaient le cortége. — Différentes opinions ont été émises sur cet étrange mot : certains scrutateurs des vieilles mœurs armoricaines le font remonter aux druides, qui, au commencement de l'année nouvelle, récoltaient le gui sacré, et saisissaient l'occasion de cette solennité pour faire des largesses aux indigents, au cri de : *au gui l'an neuf*, d'où l'on aurait fait par corruption celui d'*Eguinané*. — Il faut une foi robuste pour admettre cette explication. En effet le spirituel commentateur du voyage de Cambry dans le Finistère remarque fort judicieusement que dût-on accorder ou nier l'identité du breton et du celtique, il n'en ressort pas moins que les druides ne parlaient pas le français.

Selon dom Lepelletier, *éguinané* ne serait pas du français mal orthographié, mais bien du breton mal prononcé; il voit dans ce mot la corruption de *eguin an eit* (le blé germe). « Cela est d'autant plus probable, » ajoute l'écrivain cité plus haut [1], « que la fête du dernier samedi de l'année se nomme l'Eghinat, et que le même nom est donné aux étrennes que l'on demande en cette occasion. En criant : « Le blé germe ! » le Breton fait sans doute allusion à ces paroles prophétiques chantées tous les jours de l'*Avent*,

---

[1] M. E. Souvestre, dont la plume élégante et féconde a si puissamment contribué à faire connaître la Bretagne au reste de la France.

et qui sont accomplies à la *Nativité* de Jésus-Christ : *Aperiatur terra, et germinet Salvatorem !* »

Malgré tout, la première version, la plus absurde, est généralement accueillie ; par les uns à cause de son charme pittoresque, et par le plus grand nombre avec cette crédulité trop propice à la quiétude de l'esprit pour qu'elle ne fasse pas admettre des explications bien autrement improbables.

La quête de l'Éguinané se fait dans les conditions suivantes. — Un tambour, — c'est, depuis 1830, celui de la garde nationale, — précède deux chevaux qui portent les mannequins destinés à loger les dons volontaires de viande, de pain, et autres provisions d'un volume embarrassant ; le commissaire de police et les sergents de ville en grande tenue dirigent la quête, surveillent les offrandes, et préviennent toute fraude qui aurait pour but d'amoindrir le bien des pauvres ; enfin une fourmilière d'enfants appartenant à toutes les classes de la société, s'éparpille, bruyante, désordonnée, la tirelire de fer-blanc à la main, autour du groupe principal : tous piaillent, se bousculent, secouent avec frénésie, sous le nez des citoyens paisibles, leur tirelire pleine de gros sous, et s'entr'agaçant l'un l'autre, ils font, comme le dit M. Despréaux, aboyer les chiens et jurer les passants. Un pensionnaire de l'hospice civil, grand, niais, un idiot même au besoin, à défaut d'autre sujet, se coiffe, dans cette circonstance, avec un chapeau enrubanné, et tient un bâton orné de bandelettes multicolores : il brandit cette houlette sur le troupeau turbulent qui l'environne, et jette maintes fois, comme Neptune, mais avec un succès plus négatif, son *quos ego !...* au milieu du tumulte. Rien ne fait : les instruments bourrés de billon continuent leur charivari, le pavé retentit, martelé par les sabots, et la gamme chromatique de rumeurs qui accompagne d'ordinaire toute bande de gamins en liesse, renforcée de l'aboiement des chiens qui se mêlent familièrement à la cérémonie, couvre presque le bruit du tambour. Néanmoins ce dernier reproduit avec une persévérance méritoire la moins variée de ses batteries. — Dès qu'une ménagère se montre au seuil de sa porte, soutenant avec peine quelque opulente pièce de boucherie, le cortége s'arrête, une chamade du tambour rassemble la foule, un ban salue la riche aumône ; le coryphée, élevant son sceptre enrubanné, vocifère trois fois, de toute la vigueur d'un larynx de métal : *Eguin an eit, potret!* — *Eguin an eit!* hurle l'assistance ; et cette fois il nous semble convenable d'adopter la phrase bretonne que nous traduirons ainsi : « La moisson germe pour vous, garçons ! » En effet on prélève le soir, sur la recette de la matinée, les frais d'une collation qui doit, à l'hospice civil, rassembler autour de la même table la bande des jeunes quêteurs. De distance en distance on fait un accueil pareil aux différents dons. L'allégresse est générale ; seuls les pauvres chevaux, qui s'en vont imprimant aux lourds mannequins un régulier mouvement de roulis, semblent supporter, sinon avec mauvaise grâce, du moins avec une douloureuse résignation, le poids de la charité publique.

Il y a peu d'années que les notables de la ville, délégués pour se joindre au cortége, le plateau d'argent du quêteur à la main, enlevaient subrepticement des maisons où ils pénétraient les vivres suspendus aux crocs des offices ; cette manœuvre surannée était toujours applaudie avec un égal succès par les gens du dehors; aussi se gardait-on bien de ravir à ces lustigs l'innocente satisfaction de dévaliser les garde-manger; seulement on les garnissait en conséquence. — Hélas ! ces traditions sont déjà loin de nous, et le cortége de l'*Eguinané* va bientôt sans doute les rejoindre. Nous l'avons cependant vu circuler le dernier jour de décembre 1853 : l'idiot était encore à son poste, mais ses rubans semblaient dater d'un siècle; l'allure triomphante qui le distinguait jadis avait disparu comme les galantes couleurs qui ornaient son chapeau et sa canne, toute sa gloire et toute sa richesse; le tambour de la garde nationale, unique vestige d'une institution disparue, et déjà oubliée dans le Finistère depuis le 2 décembre, battait, comme jadis et avec la même monotonie, sa marche accoutumée; à sa suite marquaient le pas, toujours enchaînés par leur devoir, — toute dignité a ses épines, — le commissaire et les sergents; puis venaient, sous une bise acérée, une douzaine d'enfants de l'hôpital, qui, les mains dans les poches jusqu'aux coudes, la tête dans les épaules jusqu'aux oreilles, la face violacée, le nez écarlate, laissaient avec peine échapper, au signal de l'idiot, le cri en usage, haché par deux mâchoires que le froid changeait en castagnettes. Enfin cette décadence avait atteint même les chevaux, qui semblaient plus étiques et plus consternés que jamais. — Du nombreux personnel des autres années il restait donc tout juste, comme on le voit, les seuls êtres que la chose n'avait jamais réjouis.

Il faut dire pourtant que la part des pauvres n'a pas diminué : bien au contraire. D'abord la collation du soir a été supprimée; mais cette sage mesure a singulièrement refroidi le zèle des jeunes quêteurs, qui, ne s'attendant plus à recueillir dans cette vie le prix de leur bonne action, ont peu à peu déserté le cortége. Les tirelires sont aujourd'hui portées à domicile un mois à l'avance, et ce sont des enfants de l'âge le plus tendre qui, conduits par une gouvernante, vont recevoir les offrandes pécuniaires. Les mères saisissent le prétexte de ces visites pour attifer leur progéniture, et ces bambins, étonnamment précoces, devinent et exploitent la tradition de leurs devanciers ; nous en avons déjà vu se récrier quand, après avoir reçu l'aumône pour les pauvres, ils ne percevaient pas pour eux-mêmes quelques friandises.

Personne ne se trouve donc lésé par ce changement, personne, excepté certains rêveurs qui s'inquiètent de ce que deviennent les vieilles coutumes, comme François Villon s'inquiétait « des neiges d'antan, » et Henri Heine, des vieilles lunes ; — ou bien encore quelques esprits moroses, qui trouvent un intérêt fort médiocre aux innovations destinées à remplacer, dans un but identique, les anciens usages populaires, toujours si poétiquement colorés. Ceux-là voient avec tristesse disparaître ces fêtes de leur jeunesse, et songent dans leur cœur à cette ballade d'un barde du pays de Cornouailles, où l'on représente le Breton berçant avec des pleurs, la nuit, sur les montagnes, la poésie de son pays, morte et ensevelie dans un coffret d'ivoire et d'or ; comme un père qui, devenu fou de douleur, berce bien longtemps encore le cadavre de son enfant bien-aimé.

II

Noël.

Durant la semaine de Noël, une mise en scène de la Nativité, qui ne brille pas précisément par sa nouveauté, puisqu'elle se reproduit tous les ans, s'empare néanmoins de la faveur populaire. La voici telle qu'on peut la voir dans certaines églises du Finistère. — Sur une estrade élevée, une sorte de grotte construite en guirlandes de lierre toutes constellées de clinquant, et portant à sa partie supérieure cette légende : *Gloria in excelsis Deo*, figure une étable que caractérise plus sérieusement le ratelier et l'auge, l'âne et le bœuf, placés au dernier plan. La vierge Marie occupe le milieu de la scène, tenant sur ses genoux le divin Nouveau-Né ; saint Joseph est auprès d'elle ; les Mages, au nombre desquels le nègre Melchior, vêtu de satin blanc, obtient surtout un succès de curiosité vraiment particulier, rendent hommage, et offrent des joyaux et des parfums au Roi des rois ; puis, debout le long des parois latérales, sont rangés alternativement des bergers et des bergères, portant les différents costumes bretons actuels en usage les jours de gala ; tous tiennent en main une houlette enrubannée ou des paniers tout remplis des denrées qui figurent sur nos marchés quotidiens. Anachronisme à part, ces poupées bretonnes sont vêtues avec un scrupuleux respect de la couleur locale. — Une barrière placée en avant de l'estrade contient la foule empressée. Toutes les classes de la société se coudoient à ce pèlerinage pieux, que l'on ne saurait terminer sans déposer sur un plateau voisin une aumône pour les pauvres nouveau-nés, et sans embrasser une image peinte du bon Jésus, que les baisers de la multitude ont décolorée et rendue tout humide.

La veille de la grande solennité chrétienne, à la nuit close, un bruit inaccoutumé remplit les rues de nos petites villes, ordinairement silencieuses après *l'Angélus* du soir. Ce sont des mendiants qui, souvent réunis en associations pour la circonstance, les hommes besace au dos, les femmes encapuchonnées dans leur mante, s'en vont avec grand fracas de sabots sur le pavé chanter de porte en porte des complaintes ou des noëls français et bretons. Dans ces chants populaires, où l'assonnance remplace la rime, où le récit chemine péniblement, tant les vers répétés et la longueur des refrains l'empêchent dans sa course, on chercherait en vain cette vigueur d'expressions, ce luxe d'images, cette mélancolie douloureuse et passionnée qui distinguent à un si haut degré le recueil que nous devons aux habiles et opiniâtres recherches de M. de La Villemarqué. Quelquefois néanmoins certaines strophes naïves et originales viennent récompenser celui qui, durant une soirée, a bien voulu prêter une oreille complaisante à un nombre infini de platitudes. — Nous voudrions bien, en dépit des lignes qui précèdent, donner au lecteur un spécimen de ces chants populaires; mais nos souvenirs, que nous interrogeons à cet effet, nous servent assez mal.

Nous y trouvons seulement trois noëls dont les différents titres à l'intérêt n'existent peut-être que pour nous.

— Le premier, œuvre triviale de quelque Villon du ruisseau, célèbre les joies et les ripailles du réveillon ; il est farci de jambons, de tripes et d'andouilles ; on dirait les aspirations et les convoitises de quelque bohème du moyen âge en extase devant « l'escorcherie de la Gloriette. » Le second est une complainte de sainte Catherine, qui se chante sur un mineur des plus lamentables ; c'est un soporifique employé par les nourrices bretonnes avec un succès sans égal pour triompher de l'insomnie des marmots braillards :

> Mon père était païen
> Ma mère n'était pas (*païenne*),
> Un soir à la prière,
> Mon père me trouva....

Indignation du père : il accable Catherine d'invectives ; les supplications de son épouse chrétienne exaltent encore la fureur de ce forcené : il se fait apporter une hache et frappe le coup mortel qui met au front de la jeune martyre l'éternelle auréole des élus. — Le troisième enfin nous causait jadis une déception que l'on va comprendre. — L'âme d'un juste, affranchie des misères de cette vie, arrive sur l'aile de l'ange gardien au séjour des bienheureux ; saint Pierre lui ouvre la porte du Paradis, elle entre. — Trente couplets environ nous ont mené à ce point du récit. — Le noël continue :

> Les anges étaient à table,
> Vive Jésus!

Ces vers, deux fois répétés, mettaient naturellement notre imagination en émoi. Qu'allaient, en effet, devenir, devant le menu d'un festin céleste, les rochers de sucre candi, les nuages de crème à la vanille, les rivières d'ambroisie, et tout ce dénombrement de friandises qui nous avait tant charmé dans le *Voyage à l'île des Plaisirs* de Fénelon? Mais la suite du couplet nous apportait un véritable mécompte :

<blockquote>
Les anges étaient à table,
Chantant le *Gloria*
Ave Maria !
</blockquote>

Ainsi finit ce noël, ou plutôt là s'est arrêté le barde chrétien. Pris sans doute de vertige lorsque les yeux de sa pensée se sont ouverts sur les splendeurs de l'Éternel, il ne s'est plus inquiété de nous dire pourquoi les anges étaient à table. — Si l'encens est la nourriture céleste ; si l'amour et l'harmonie sont les sources auxquelles s'abreuvent les séraphins, à quoi bon cette table? serait-ce un symbole? une allusion à la sainte table? Décidément ce meuble serait-il en effet doué de quelque privilége sacré? Nous faudra-t-il regretter un jour d'avoir irrévérencieusement parlé des tables tournantes et fatidiques? — Tels qu'ils sont enfin, ces noëls émerveillent le naïf auditoire auquel ils s'adressent ; les enfants, heureux de saisir toutes les occasions d'exercer la charité, amassent durant le jour un trésor de gros sous, destiné à récompenser chez les chanteurs le zèle à défaut du talent ; et l'heure venue, ils obéissent sans y prendre garde au précepte divin : *Pax hominibus bonæ voluntatis !*

III

Le dimanche de la Quasimodo.

Le dimanche de la Quasimodo ramène annuellement depuis des siècles, dans la plupart des villes et des villages de la basse Bretagne, un singulier usage. Cet usage consiste à casser dans les rues, après vêpres, les vases de terre que l'année a mis hors de service. — Toute la poterie de rebut, cruches étoilées, pots à l'eau égueulés, jarres ébréchées, vases de toute nature enfin, pourvu que la matière qui les compose soit fragile, sortent des arrière-cuisines, et sont livrés aux gamins qui les réclament; ceux-ci, séparés par bandes, inventent alors mille jeux, dont l'invariable résultat est de mettre en pièces, en faisant durer le plaisir le plus longtemps possible, les vases hétéroclites qu'ils sont parvenus à collectionner en ce bienheureux jour. Les hommes, les femmes même ne dédaignent pas de s'associer à cette bizarre récréation du *far niente* dominical, et les praticiens émérites en relèvent la vulgarité au moyen de raffinements qui ne manquent pas d'intérêt. La *Quasimodo*, — on nomme ainsi cette Saint-Barthélemy des vieux vases, — s'accomplit de différentes façons. Souvent une douzaine d'individus placés en cercle, et laissant entre eux un certain intervalle, se jettent à la ronde, — nous pourrions presque ajouter : et à la tête, des pots de terre d'un poids fort sérieux. La chose serait des plus innocentes si l'on apportait à sa pratique une attention scrupuleuse et une bonne foi désirable ; mais certaines supercheries assez brutales viennent parfois ensanglanter le théâtre de cet exercice. C'est, par exemple, un pot qui, lancé à l'improviste et avec brusquerie, vient rencontrer l'un des partenaires et lui faire cruellement expier la plus passagère distraction ; ou bien encore, c'est un projectile du même genre qui, retombant comme une bombe d'une grande hauteur, se brise entre les bras du joueur courageux qui, présumant trop de son adresse, tente de l'arrêter dans sa chute rapide. Les éclats de grès lui laissent alors aux mains ou au visage une entaille dont pourraient s'inquiéter à bon droit les hommes les moins accessibles à la douleur.

— De pareils inconvénients, loin d'ôter de sa faveur au jeu de la Quasimodo, semblent au contraire augmenter son attrait, surtout parmi les rudes habitants des campagnes, où l'on peut constater que les huées de l'assistance n'ont jamais pour objet un excès de témérité punie, mais bien le prudent retrait de corps du joueur qui, se souciant peu de sauvegarder son amour-propre aux dépens de son individu, préfère laisser un vase tombant de haut voler en éclats à ses pieds.

Voici une scène de la Quasimodo telle que nous avons pu la voir dans un village du Finistère par un joyeux soir de printemps. — Un paysan, un bandeau sur les yeux et armé d'un bâton, a été placé à vingt ou trente pas en face d'une cruche suspendue à hauteur d'homme. Parti à un signal donné, il profite du droit qu'on lui reconnaît de compter ses pas, et s'avance dans la direction qu'il juge la meilleure ; mais il ne doit relever son bâton que pour frapper un seul coup : s'il rencontre le vide, huées et quolibets ne lui feront pas faute : si, au contraire, il réussit à briser le vase condamné, les applaudissements salueront l'habileté de ses combinaisons. Bien des joueurs, se fiant à leur perspicacité ou à leur savoir-faire, s'engagent à toucher le but avant un nombre déterminé de carrières ; la galerie base aussitôt des paris sur cette prétention, et, le cabaret voisin engloutissant presque toujours les enjeux, il n'est pas rare que, mis en belle humeur et se sentant la main faite, les joueurs ne continuent sur les verres et les bouteilles le carnage commencé sur une vaisselle de rebut.

Les gamins des villes, qui surtout ont la bosse de la destruction, ne sauraient manquer de trouver un attrait supérieur à ce divertissement ; aussi les rues sont-elles, au coucher du soleil, jonchées de débris de faïence de toutes les couleurs : on dirait les matériaux d'une mosaïque ravagée.

Il nous paraît convenable de ne pas nous borner à constater l'existence encore pleine de séve d'un vieil usage ; aussi avons-nous voulu en rechercher le motif et l'origine, et dans ce but nous avons eu recours aux lumières d'un bel esprit de village, zélé entre tous les joueurs. — « Dam ! a-t-il fait, il y a comme ça bien des choses que la religion ordonne sans en dire le pourquoi : ce qu'il y a de bien sûr, c'est que quasimodo *veut dire : casse les pots*, et, foi de Dieu ! je les casse ! » — Comme cette réponse, malgré son charme pittoresque, pourrait sembler au lecteur médiocrement satisfaisante, nous la ferons suivre d'une opinion donnée par Cambry, au deuxième chapitre de son *Voyage dans le Finistère* : « On chercherait en vain chez nos aïeux la trace de ce jeu bizarre, qui me paraît dériver d'une coutume des Juifs obligés de renouveler chaque année les vases dont ils s'étaient servis. »

IV.

La Fête-Dieu.

Ce jour là ne vous semble-t-il pas favorisé entre tous? — « La terre s'éveille, — belle et parée au souffle du printemps; — Dieu, d'un sourire, a béni la nature! » — Le ciel est bleu comme les iris, comme les pervenches, ces filles bien-aimées du mois de juin; les arbres ont encore leur première, leur plus fraîche verdure; les jardins et les champs sont à l'apogée de leur floraison. Aussi voit-on affluer dans les villes de la basse Bretagne d'énormes corbeilles toutes remplies d'une mixture étincelante et embaumée. On a dépouillé les prés de leurs fleurettes, les ajoncs et les genêts de leur riche parure d'or, les digitales et les jacinthes de leurs clochettes roses et bleues. — Les parterres ont aussi apporté leur contingent de guirlandes, et les serres leurs merveilles exotiques aux différents reposoirs, et l'ornementation de ces chapelles éphémères a, bien longtemps à l'avance, préoccupé les sociétés de dévotes, qui, animées d'un zèle saintement jaloux, chacune pour l'honneur de son quartier, cherchent à l'emporter en élégance sur les chapelles des quartiers voisins.

Voici l'heure de la procession. Des draperies blanches, rehaussées de bouquets, voilent la façade des maisons; le pavé disparaît sous une litière de roseaux, dont on éparpille les gerbes venues des campagnes environnantes; sur ce tapis de verdure, les fleurs, semées à pleines mains, tracent une route émaillée. — Les joyeuses volées des carillons planent sur la ville, les hymnes sacrées s'élèvent confusément au loin, mêlées aux accords d'une musique mélodieuse, tandis que le tambour des postes militaires bat aux champs. — Bientôt les croix de vermeil et d'argent, les bannières clinquantées et frangées d'or, s'avancent dominant la multitude empressée; puis viennent les chantres et le clergé, étalant au grand soleil dalmatiques et chasubles, toutes les étoffes lamées, fleuries, pailletées, étoilées de cannetille et de filigrane du vestiaire ecclésiastique; puis enfin s'avance un groupe nombreux de thuriféraires, lançant avec un irréprochable ensemble leurs encensoirs, dont la bouche en feu souffle des bouffées odorantes au front du dais aux blancs panaches. — Mais ce qui nous semble distinguer surtout les processions bretonnes, c'est la radieuse et turbulente phalange des chérubins; environ cinquante enfants de trois à cinq ans, attifés avec amour par leur mère. Tous portent une perruque blonde et bouclée couronnée de roses; tous sont vêtus de blanc; corsage de satin criblé de paillettes et bordé de clinquant, avec une croix rouge sur la poitrine et des ailes aux omoplates; jupon de gaze très-court, parsemé de rosés, maillot couleur de chair et petits souliers de satin brodés de filigrane. — Le divin *bambino* des riches reliquaires n'est pas plus coquettement vêtu. — Tous tiennent en main une corbeille remplie de fleurs effeuillées qu'ils lancent incessamment comme s'ils donnaient l'essor à des myriades de papillons multicolores. Derrière eux s'avance l'archange Michel, l'épée haute et menaçante; il porte un casque d'or au cimier ondoyant, quelquefois une cuirasse; mais, le plus souvent, son costume est à peu près celui d'un troubadour de pendule. A son côté marche le Précurseur, saint Jean, vêtu d'une peau de mouton, guidant d'une main une brebis sans tache, élevant, de l'autre, uue croix latine rouge et ornée de bandelettes; puis l'on voit venir, sévèrement drapée dans la bure, le front couronné d'aubépine et courbé sous le poids des remords, la chevelure éparse mais splendide, comme au jour où ses ondes soyeuses essuyèrent le nard répandu sur les pieds du Sauveur, Marie-Madeleine, la tendre pécheresse; elle porte un crucifix et une tête de mort sur laquelle semble rivé son regard, indifférent aux choses de ce monde [1]. — Le cortége défile solennellement sous une pluie de fleurs qui tombent des fenêtres; une foule pieuse le suit à flots pressés en chantant des litanies; une foule curieuse et moins recueillie stationne aux carrefours et forme la haie sur son passage. — Une sorte de sérénité

---

[1] Brest est l'une des rares localités bretonnes qui conservent encore le personnage de Marie-Madeleine.

s'épanouit dans la physionomie de cette population endimanchée; on dirait qu'elle a déposé avec ses vêtements de fatigue ses soucis quotidiens... — L'air, saturé d'encens et de senteurs violentes qu'exhale la fraîche verdure récemment écrasée, vous enivre et vous prédispose merveilleusement à subir certaine mystérieuse influence, qui, sous sa rosée consolante, fait, en ce jour d'allégresse chrétienne, refleurir dans bien des cœurs les plus douces et les plus saintes croyances du jeune âge.

(Illustration.)

LES
PÈLERINS DE SAINT-ÉLOI

LES FEUX DE LA SAINT-JEAN

A S..... R***

I

Près du bourg de Ploudaniel, et à quelques kilomètres de Lesneven, en basse Bretagne, on rencontre, au bord de la route impériale, paisiblement assise dans l'ombre noire des hêtres, des châtaigniers et des sapins, une humble église de campagne, placée sous l'invocation de saint Éloi. — La flèche de granit de son clocher, aux arêtes dentelées, surgit comme un obélisque de la fraîche oasis qui l'enserre, et ses cloches oisives, à moins de circonstances très-exceptionnelles, n'effarouchent guère les amoureux ébats des ramiers qui, durant la saison chaude, remplissent les hautes cimes environnantes de roucoulements et de frissons d'aile. Au pied de ces arbres, où la vie murmure dans la sève, s'épanouit sur les rameaux, palpite, bourdonne et jaillit en fusées joyeuses du feuillage, des pierres tombales incrustent leurs rectangles au milieu des gazons, d'où surgissent aussi des croix de pierre, frustes et mutilées; puis, un peu plus loin, en dehors du petit mur qui entoure ce cimetière aujourd'hui abandonné, un auvent d'ardoises posé sur des poteaux abrite une table où, près d'un tronc, se tient debout, crosse en main, mitre en tête, sculptée à coups de hache et badigeonnée à coups de balai, une image de saint Éloi, dont la benoîte physionomie réveille naturellement dans l'esprit le vieux refrain auquel le conseiller du bon roi Dagobert doit bien plus qu'à son énergie de ministre, l'éclat de sa popularité.

Le 23 juin 1853, nous assistions, des hauteurs de Saint-Éloi, à la dernière lutte des vapeurs nocturnes contre la lumière, et au triomphant lever du soleil, qui, après avoir refoulé les moelleuses courtines roses de son lit d'or, remplissait l'orient de gerbes éclatantes. — Bien que l'intérêt que nous prenions à ce spectacle nous procurât une fois encore la satisfaction de nous reconnaître au moins cette communauté de sentiments avec ceux qui furent toujours vertueux, il faut pourtant avouer que ce n'était pas précisément pour voir lever l'aurore que nous étions venus là. Connaissant l'intérêt que tu portes aux scènes du pays de ton enfance, je voulais te signaler une cérémonie curieuse dont Saint-Éloi est chaque année le théâtre à la même époque; seulement, grâce à un excès de zèle qui nous avait fait devancer l'heure de cette cérémonie, nous avions joui d'un spectacle qui ne nous a pas encore blasé ; et nous pouvions en outre parcourir du regard le pays d'alentour, où commençait à se produire le mouvement qui bientôt devait accaparer notre attention. La matinée était radieuse et nous promettait un de ces jours favorisés du ciel, trop rares en basse Bretagne pour n'être pas à eux seuls déjà de véritables fêtes. Sous nos yeux se développait un vaste paysage inondé de lumière blonde. Le trèfle incarnat y jetait des tapis de pourpre, des foins à demi fauchés embaumaient l'air, et des fermes, dont la plus considérable, qui envahit de ses cultures une plaine aride, garde, par antiphrase sans doute, le nom de *Loc ar brug* [1], étalaient des champs de blé d'un vert, à faire naître dans l'âme les plus consolantes espérances après une année de disette. A l'opposite, les genêts et les landes s'étendaient si chargés de fleurs d'or, que Jupiter se rendant chez Danaé ne dut pas marquer plus brillamment sa trace. A toutes les distances, jusqu'aux confins de l'horizon, des « clochers silencieux montrant du doigt le ciel, » suivant l'heureuse expression d'un poëte, marquaient les villes et les villages du pays de Léon et de Cornouailles. Trois d'entre eux s'élevaient près de nous : celui de Ploudaniel, si svelte avant d'avoir été décapité par la foudre, la tour trapue de Lesneven et la flèche élancée de l'église du Folgoët, cette petite merveille de l'art du quatorzième siècle, qui malheureusement laisse pleuvoir chaque jour, comme un arbre ses fruits mûrs, quelque fin joyau de sa

---

[1] Lieu de la bruyère.

parure de granit ciselé [1]. Au pied des montagnes qui bornent l'horizon au sud-est, une longue bande de brouillards indiquait le cours de la rivière d'Elorn et venait aboutir à la tour féodale de la Roche-Morice, nid de vautours, hanté jadis, suivant un naïf et véridique historien, par des francs seigneurs, qui fondaient sur la route voisine pour rançonner les passants et enlever leurs femmes *quand elles étaient jolies*. Enfin, sur les grands chemins fauves et dans les sentiers creux qui convergeaient à Saint-Éloi, l'on voyait arriver, soulevant à flots la poussière, des chevaux de différentes races et de toutes les couleurs, ceux-ci débonnairement attachés par la queue en longues files, ceux-là conduits par des cavaliers assis les deux jambes pendantes sur le même flanc; d'autres, plus intraitables, l'œil en feu, le crin échevelé, l'allure inquiète, inondés de sueur, s'avançaient frémissants sous la permanente menace du bâton levé de leur conducteur, et venaient grossir autour de l'église des groupes tumultueux où le bruit des sabots qui martelaient le sol s'unissait à des fanfares de hennissements.

Ce concours de bêtes de somme était causé par l'attente d'une messe annuelle destinée à faire descendre les faveurs de saint Éloi sur les chevaux présents à sa célébration. —

---

[1] Cédant à des demandes réitérées, le conseil général du Finistère a voté quelques sommes qui ont été employées, dans l'église du Folgoët, à certaines réparations urgentes. — Le maire de Ploudaniel, M. le de marquis de Coëtlogon, animé d'un triple zèle d'artiste, de Breton et de chrétien a publié sur le Folgoët un travail consciencieux et intéressant, qui contribuera, il faut l'espérer, à faire connaître les titres de ce monument à la sollicitude de l'administration.

D'après la légende, saint Éloi, qui tint si glorieusement le poinson de l'orfévre, mania dans le principe les lourdes croches du maréchal ferrant, et doit à ce premier état d'être honoré comme le patron des chevaux. C'est à ce titre que tous ses clients à quatre pieds viennent, le 23 juin, lui rendre hommage. — « Saint Éloi vous assiste ! » dit, en tirant son chapeau, tout vrai Breton qui voit bâiller son cheval. Bien que ce soit à peu près le seul souvenir qu'il paraisse donner au grand saint durant l'année, il regarderait presque comme un sacrilége d'employer ses bêtes à un travail utile le jour consacré au pèlerinage dont nous parlons. Seulement, d'après une croyance assez commune, les pèlerins se trouvant par une protection spéciale à l'abri des maléfices et des maladies jusqu'au coucher du soleil, certains valets de ferme ne se font pas faute d'expérimenter cette grâce d'état en se livrant à des courses effrénées et à d'autres violentes prouesses d'équitation, le tout à la plus grande gloire du saint.

L'heure de la messe était venue : les cloches, sous l'effort énergique des paysans qui s'étaient disputé l'honneur de les mettre en branle, faisaient vibrer la tour et s'élançaient éperdues comme pour suivre leurs sons. Nous descendîmes pour voir de près l'épisode que je vais essayer de retracer. — Chaque nouvel arrivant conduisait sa monture jusqu'à la statue de saint Éloi, et là lui levant le sabot d'une main, lui tirant la bride de l'autre, il la contraignait à faire une sorte de salut. Les plus habiles accomplissaient cette formalité sans mettre pied à terre ; et tous après avoir déposé dans le tronc quelques vieux sous, se dirigeaient vers l'église, dont ils faisaient trois fois le tour ; laissant ensuite leurs chevaux sous la garde d'une personne connue, ils entraient dans le sanctuaire, récitaient, agenouillés sur les dalles, une oraison de circonstance, et venaient déposer au pied de l'autel un paquet de crin arraché partie à la queue, partie à la crinière de chacun de leurs chevaux. — Cette offrande, qui semble au premier abord assez insignifiante, produit pourtant après les deux jours consacrés au pèlerinage, des paquets de crin dont la vente rapporte année moyenne à l'église une somme de huit cents francs, qui, jointe aux dons pécuniaires, a parfois élevé au chiffre de quinze cents francs les recettes de saint Éloi.

Les types et les costumes des campagnards accourus de dix lieues à la ronde pour assister à cette messe propitiatoire ne manquaient pas non plus d'intérêt. — Les habitants des côtes, ceux de Kerlouan, ceux de Plouguerneau, ceux de Guisseny, montraient les uns à l'abri du capuchon, les autres sous le bonnet *glas*[1], un visage tour à tour brûlé par le soleil et rougi par l'âpre vent de la mer; leur physionomie farouche, aussi bien que leur costume, offrait un contraste curieux avec l'expression placide des fermiers de Ploudaniel, de Saint-Tégonnec et des environs de Morlaix, vêtus encore de nos jours à peu près comme au temps de Louis XIV. Les montagnards de la Feuillée et des solitudes de l'Arès, pâles, soucieux, méditatifs comme des gens habitués à vivre isolés, portaient un habit noir ou chiné de couleurs sombres, que relève une simple ganse verte; une ceinture de cuir fauve leur sanglait la taille; une culotte de toile se tordait en spirale autour de leurs

---

[1] Sorte de calotte grecque en drap bleu.

jambes grêles, dont la partie inférieure, serrée par une guêtre, venait aboutir à d'énormes sabots taillés en boule. Leurs voisins de Carhaix, enjoués, communicatifs, pétulants, avaient une mise conforme à leur caractère : c'était un habit galonné de bleu, et un pantalon collant fermé par une garniture de boutons argentés montant au-dessus du genou. On remarquait aussi les beaux de Pont-l'Abbé, aux vestes courtes, frangées de laines de couleur, aux gilets bordés aux cols de nombreux passements, aux pantalons formés de tuyaux d'étoffe, assez larges pour cacher le pied et pour loger des jambes d'éléphant; puis c'étaient encore les chapeaux ornés d'un triple tour de chenille bigarrée, de torsades de cannetille et de plumes de paon des gens du Faou et de ses environs, et les bonnets bruns de ceux de Plouneventer, et les bonnets phrygiens couleur de pourpre de ceux de Plougastel. A toutes les bouches se montrait une pipe assez courte et assez épaisse pour défier les chocs; à tous les poignets se balançait, suspendu par une lanière de cuir, le pen-bas, inséparable compagnon des paysans du Finistère. — Nous ne disons rien des femmes; elles y étaient en petit nombre, et leur costume n'avait aucun caractère : mais pour compléter ce dénombrement de l'assemblée, il nous faut parler de l'inévitable accessoire de toutes les fêtes et de tous les pardons de la basse Bretagne, de ces groupes de mendiants étalant au bord des chemins leurs hideuses guenilles et leurs infirmités repoussantes. — Nous avons vu dans bien des pays des gueux cruellement maléficiés, des nègres lépreux aux Antilles, des victimes du pian au Brésil et de l'éléphantiasis à Taïti, sans que le douloureux spectacle de ces misères exotiques nous ait fait éprouver l'impression de navrante pitié, mais aussi de dégoût et d'horreur, que nous avons ressentie chaque fois qu'aux abords d'une fête bretonne, il nous a fallu traverser la double haie de misérables offrant le spécimen des maux les plus révoltants et des plus étranges laideurs. — Il y avait là des gueux singeant sans y prendre garde, les fantaisies de Callot et les incroyables caprices de Goya. Les uns avaient le corps çà et là entortillé de loques et de lambeaux si désunis, que, déposés un instant, par leur possesseur, leur usage serait devenu énigmatique même pour le truand le plus ingénieux. Un autre, couché sur une paillasse qui crevait de toute part, avançait vers les passants une jambe phlogosée et rongée par un ulcère comme une bûche par le feu. Un aveugle au visage couturé, plissé, criblé de trous comme un dé à coudre, roulait des yeux semblables à des billes d'agathe blanche, et sa bouche sans lèvres s'ouvrait hérissée de dents farouches et désordonnées ; enfin un idiot jaune-citron poussait des cris bizarres et saupoudrait de poussière son crâne chauve et pointu, près d'un cul-de-jatte qui, juché sur un escabeau, défiait en laideur les plus grimaçantes idoles de l'Océanie. Toutes les mains tendaient suppliantes des sébiles de bois ou des coquilles de Saint-Jacques, toutes les bouches répétaient sur des tons étranges les dolentes formules bretonnes de la mendicité, et des voix aiguës chantaient d'interminables noëls, que des voix grondeuses comme celles de la contre-basse accompagnaient en psalmodiant des prières suivant la coutume du pays.

Après avoir assisté à la messe, au dépôt des offrandes au pied de l'autel, à la procession des chevaux dans le cimetière et à leurs génuflexions devant la statue ; après être resté deux heures sous le soleil, prisant et mâchant de la poussière, pour la simple satisfaction de voir des chevaux venir toucher barres à saint Éloi et nous tourner le dos, nous commençâmes à trouver un charme fort modéré à ce spectacle qui devait durer deux jours sans la moindre péripétie ; aussi nous parut-il convenable de rejoindre nos montures et de pousser jusqu'à Ploudaniel, dans le double but d'y déjeuner et de visiter, aux environs, un pays réputé excellent pour la chasse.

En quittant l'enclos de l'église, nous avisâmes un paysan qui s'occupait à loger un échantillon de sa chevelure entre les pierres déchaussées de la muraille, calfatée déjà en plusieurs endroits par de nombreux petits dépôts sordides de la même espèce. Nous sûmes plus tard que cette opération, accompagnée d'une patenôtre, est toute-puissante pour conjurer les maladies du cuir chevelu.

II

Nous partîmes ; les promesses de la matinée se réalisaient : il faisait un temps de Fête-Dieu, une de ces bienheureuses journées par lesquelles on sent tressaillir dans son cœur tout ce qu'il peut contenir encore de joie et de jeunesse ; l'azur du ciel faisait rêver de fleurs d'iris, de pervenches. Le cri strident du grillon sortait de l'herbe, les abeilles plongeaient bourdonnantes au calice rose des digitales, et l'alouette, perdue dans le ciel, gazouillait à plein gosier cette chanson dont s'est tant préoccupée la poésie imitative. — La route de Saint-Éloi à Ploudaniel n'offre guère de distractions à celui qui la parcourt ; elle est bordée de fossés tout hérissés de landes et de ronces, ouverts de temps à autre sur des chemins à l'angle desquels se dresse une croix de pierre, sur des prairies mamelonnées de petits tas de foin et sur des champs où les légumes rayent de lignes vertes et parrallèles le fond noir des terres labourées. En entrant à Ploudaniel nous rencontrâmes une noce de campagne qui se rendait à sa destination, biniou et bombarde en tête ; plusieurs couples se tenaient accrochés par le petit doigt, tous les conviés portaient à la boutonnière un nœud de faveurs roses et blanches. L'époux était radieux, et pourtant la mariée avait une de ces faces qu'on ne peut accepter pour humaine que par un sentiment de pure courtoisie. — Ploudaniel est un bourg d'une physionomie toute bretonne, en ce sens qu'il compte à peu près un cabaret par maison, comme l'indique le bouquet de lierre placé au front des façades. L'église ouvre sur le cimetière ses portiques d'un aspect assez agréable, et vis-à-vis s'élève un reliquaire de la renaissance, où les habitants ont, sans arrière-pensée, enchâssé leur mairie et leur conseil municipal. La population paraissait ce jour-là fort empressée autour d'un étalagiste qui vendait à la criée quelques ustensiles de ménage, des affiquets de toilette et des jouets. L'auvent de sa baraque était frangé de chapelets, de rubans lamés, de lacets roses et de grappes de boutons. Le rebut des fabriques de Quimper, cette faïence grossière diaprée de fleurs sans nom, ces pichets, ces écuelles, ces bénitiers de forme laide, étaient suspendus aux cloisons intérieures ; sur la table on voyait, pêle-mêle, des eustaches au pied bariolé, des sifflets d'étain en forme de clochers gothiques, surmontés d'un tourniquet que le souffle fait mouvoir, des bagues de plomb incrustées de clinquant et de larges épinglettes où des grains de verre de couleur alternent, enfilés sur un rectangle de fil de laiton, avec de petites houppes de laine écarlate qui donnent à ce modeste bijou breton un caractère des plus arabes. Nous achetâmes des couteaux à manche de cuivre avec un Bonaparte en relief, bruni sur fond mat, et, pour les utiliser au plus vite, nous allâmes nous attabler dans un cabaret borgne où nous avions laissé nos chevaux.

Cabaret borgne! Cette épithète est d'autant plus juste, qu'un rayon de soleil où tourbillonnaient les atomes entrait brusquement par une lucarne unique, éclairait l'extrémité d'une table placée entre deux lits clos, et laissait tout le reste de l'appartement dans une demi-obscurité, où les arêtes vernies et sculptées des meubles apparaissaient vaguement. La maîtresse du logis, prévenue depuis une demi-heure, était à l'œuvre dans la pièce voisine, et se livrait, comme César, à diverses opérations à la fois. Accroupie devant une cheminée, où, d'un côté, des fèves au lard mijotaient dans une casserole, où, de l'autre, du beurre frais fredonnait à des œufs à moitié frits sa complainte grésillante, notre hôtesse, armée d'un petit râteau, étalait sur une plaque de fonte des cuillerées de pâte liquide, qui, transformées en crêpes et prestement enlevées au moyen d'une batte d'arlequin, venaient grossir une pile de larges galettes blondes, posée sur une serviette blanche. Ces diverses préparations concoururent à composer un repas qui avait surtout ce *furieux advantage de l'opportunité* dont parle Montaigne. En effet, notre appétit, aiguillonné par l'absinthe de l'exercice et du grand air, eût affronté sans hésitation le plat de lentilles de la Bible et le classique brouet noir. Nous fîmes donc fête à la cuisine bretonne, et, réconfortés à souhait, nous nous remîmes en route. — En sortant de Ploudaniel, nous traversâmes une campagne plate, inculte, marécageuse. Cette végétation des lieux humides, où le jonc et la prêle tiennent une si grande place, la couvre dans presque toute son étendue; des arbres au feuillage sombre en marquent au loin la limite. Les parties solides du terrain sont indiquées çà et là par des rochers blancs, qui percent le sol et semblent des troupeaux endormis à l'ombre de quelques buissons de landes, de genêts et de ronces venus là par mégarde. Le paysage, aux tons roux et vert glauque, fait éprouver un sentiment de tristesse qui se dissipe bientôt, si toutefois on s'y aventure avec le plus médiocre instinct du chasseur. Partout le long de petits sentiers, les lièvres, pour faire foi de leur passage, ont apposé sur la glaise les trois piqûres de leur griffe, et des bandes d'oiseaux aquatiques tiennent sur l'herbe rase leurs conciliabules, avec la gravité d'Arabes groupés autour d'un conteur. La parfaite intuition de nos règlements cynégétiques peut seule leur inspirer cette sécurité dont ils font parade; il fallait, en quelque sorte, mettre le pied sur les pluviers et les vanneaux pour les contraindre à s'effaroucher un peu; encore ne s'envolaient-ils que par manière d'acquit, et pour revenir presque aussitôt à la même place, en montrant moins d'effroi que d'étonnement de cette violation inusitée de leurs domaines avant l'ouverture de la chasse.

Le reste de notre promenade ne nous offrit plus que des incidents d'un intérêt trop relatif pour qu'il nous paraisse convenable de nous y arrêter longuement. — S'enfoncer dans les chemins creux, sous la voûte fraîche et verte des coudriers, longer des haies d'épines où les brindilles vagabondes du chèvrefeuille circulent chargées de pénétrantes senteurs, respirer le doux arome de la fève de tonquin qui sort des prairies pendant la fenaison, écouter le bruyant caquetage des pies et des geais, tandis qu'un pivert trouble-fête, cognant un tronc d'arbre avec son bec, semble un maître d'école qui rappelle à l'ordre son turbulent entourage, se reposer sur les gazons au pied des grands hêtres, d'où tombent à intervalles réguliers les deux notes invariables d'un coucou qui vous rappelle cette persévérance des nègres à chanter aussi les mêmes syllabes durant des heures entières ; tous ces détails, notés en chemin, ne sont guère particuliers à une promenade dans la campagne bretonne ; aussi n'en poursuivrons-nous pas l'énumération, et conduirons-nous brusquement le lecteur au soir de ce même jour, pour lui mettre sous les yeux une scène plus caractéristique du pays.

III

Revenus à Ploudaniel, nous avions quitté ce bourg après un dîner qui fut à peu près la deuxième édition, légèrement augmentée, de notre premier repas. Quand nous traversâmes Saint-Éloi, la nuit était sombre en dépit des myriades d'étoiles qui pailletaient le ciel ; la petite église, centre du mouvement de la matinée, dormait dans les ténèbres du feuillage ; une conversation de paysans attardés et ivres, sortait éructante et nasillarde de l'intérieur d'un bouchon, et deux femmes assises sur le pas d'une porte chantaient avec un sentiment musical assez négatif une ronde populaire :

<blockquote>
Me ne zin quet d'ober ar lez,
Rac ne meus quet boutou nevez [1].
</blockquote>

Familier à notre enfance, mais oublié depuis longues années, ce refrain se reprit à tourbillonner dans notre mémoire avec une telle opiniâtreté, que, répété, fredonné, sifflé tour à tour et sans trêve par chacun de nous durant le reste du chemin, il nous devint, la chose est naturelle, très particulièrement odieux.

..... C'était la veille de la Saint-Jean, et l'heure où la campagne du Finistère, pour se préparer à cette solennité, allume des feux de joie en commémoration du bûcher dressé pour le martyre du saint, et renversé par un miracle [2]. De loin en loin déjà nous avions aperçu vaguement des lueurs rougeâtres à travers les arbres ; mais, quand nous atteignîmes un point de la route d'où la vue embrasse la vallée d'Elorn, une douzaine de feux se mon-

---

[1] Je n'irai pas faire la cour, — parce que je n'ai pas de souliers neufs.

[2] Voir, pour de plus amples détails, le *Voyage dans le Finistère*, par M. E. Souvestre.

trèrent tout à coup semblables à des phares à éclats, au flanc et sur la crête des collines. L'un d'eux brûlait près du chemin, au centre d'un carrefour où s'élevait une croix de granit. Les langues rouges de la flamme perçaient le genêt et la lande des fagots empilés en cône ; le bois vert éclatait sous l'étreinte ardente, et chassait au loin des charbons incandescents ; des tourbillons de fumée fauve, où dansait joyeusement l'or des flamèches, s'enroulaient le long d'une haute perche de bois vert couronnée de fleurs, qui forme l'axe de tout feu de joie. — Çà et là des enfants décrivaient dans les ténèbres de lumineux parafes en brandissant un bâton à l'extrémité duquel flamboyait un tampon d'étoffe enduite de brai, et leurs évolutions étourdies causaient aux femmes une défiance que justifiait suffisamment l'admonestation adressée par un vieux paysan à un affreux gnome qui avait failli l'incendier vif. — Groupés, par un heureux hasard, dans de pittoresques attitudes, les spectateurs se profilaient sur le feu ou se montraient tout illuminés par ses reflets vermeils. Quelques-uns en faisaient processionnellement le tour, tenant en main un rosaire qu'ils égrenaient ; plusieurs venaient y plonger l'herbe de la Saint-Jean, qui, chacun le sait, en Bretagne, acquiert, au contact du feu bénit, la vertu merveilleuse de conjurer la foudre et la grêle. — D'autres superstitions bizarres et touchantes existaient encore, il y a quelques années, au fond des campagnes, où n'avait pu pénétrer l'esprit railleur des villes. Là on contraignait les bestiaux à franchir l'orbe ardent du brasier pour les soustraire à l'épizootie menaçante ; là des jeunes filles, le sein ému par une course rapide, déroulaient un instant, comme une guirlande embrasée, leur ronde joyeuse autour du feu, et repartaient en toute hâte pour se livrer au même exercice devant un autre bûcher ; si elles réussissaient à en visiter neuf, l'année ne devait point s'écouler sans qu'il se présentât pour elles un épouseur ; là enfin des mains pieuses rangaient près du feu des bancs destinés aux défunts chéris ; puis, parcourant, avec une pression légère, toute la longueur des joncs fixés aux parois d'un large bassin de cuivre, elles arrachaient au métal de plaintives et lugubres vibrations que le vent de la nuit portait jusqu'au cimetière ; les morts tressaillaient à cet appel, et venaient, invisibles, s'asseoir à la place préparée pour y réchauffer leurs membres engourdis par le froid du sépulcre.

On accepte généralement aussi comme un augure favorable d'occuper, dans la zône lumineuse du foyer, le point indiqué par l'extrémité de la perche couronnée de fleurs, quand, rongée à la base, elle se couche sur le sol en aiguille de cadran. A ce propos, un souvenir traverse notre mémoire, comme éclairé par le plus mélancolique reflet de ce feu nocturne. — Au nombre des spectateurs, pour la plupart gens de la campagne, aux types rudes et vulgaires, se trouvait une jeune fille dont le visage avait cet éclat saisissant que semble pouvoir dispenser seule une origine méridionale. Nul autour d'elle ne paraissait y prendre garde : car ce franc vermillon des jeunesses florissantes, que les paysans considèrent, peut-être avec raison, comme la condition essentielle de la beauté, ne colorait point sa joue. Elle était pâle, même sous la lueur vermeille qui l'éclairait, et cette pâleur faisait ressortir encore davantage les ailes brunes de ses cheveux ouverts en bandeaux, et ses sourcils prononcés, dont le velours noir se fondait vers les tempes en vagues tons bleuâtres. Un regard plein de douloureuse langueur sortait de ses longs yeux, qui, demi-voilés par la frange épaisse et foncée des cils, s'épanouissaient parfois tout grands et comme illuminés d'ardeurs fiévreuses ou passionnées, pour s'éteindre bientôt dans leur habituelle expression de mortel accablement. Quels souvenirs amers, quels désirs impossibles, quels pressentiments funestes inquiétaient cette pauvre âme? Nous ne le saurions dire; mais, au moment où s'élevaient dans notre cœur toutes sortes de souhaits pour l'allégement de sa peine mystérieuse, quel qu'en fût le motif, la perche centrale du bûcher craqua, rongée par le milieu, abattit aux pieds de l'inconnue son extrémité fleurie, et demeura, comme un trait d'union, entre elle et nous. L'esprit de la flamme répondait-il à nos sympathiques élans? ne conduisait-il pas vers celle qui en était l'objet des vœux dont la réalisation semblait assurée par les promesses de bonheur que renferme le bouquet de la Saint-Jean?

Illustration, — 24 juin 1854.

JOUR DE PRINTEMPS.

A S.... R***

I

Un habile écrivain, un aimable et doux penseur, dit quelque part, après avoir évoqué les plus touchantes réminiscences de son jeune âge passé en province : « On ne recommence plus ; mais se souvenir, c'est presque recommencer. » Plus souvent encore que les beaux-esprits, les cœurs sensibles se rencontrent ; aussi tu as un jour exprimé devant moi la même idée. Je suis donc autorisé à croire que tu feras un bon accueil aux pages que je vais écrire peut-être un peu à l'aventure, si, comme je l'espère, elles réussissent à bercer dans ta mémoire les souvenirs du pays natal, au temps où, libre de soucis, tu folâtrais sur les pelouses en fleurs du mois de mai.

Je viens de mettre à profit une matinée superbe et vraiment digne du printemps, — car cette année, je le constate, nous avons un printemps, bien que certains esprits négateurs s'obstinent à ranger cette saison au nombre des paradoxes de la poésie et des souvenirs mythologiques. — Je me trouve dans la campagne, et fatigué d'une longue course à travers champs, je me suis assis sur un hêtre abattu à l'entrée du vallon de T***, qui joint la route de Saint-Thonan à Tré-Maria. Cet arbre semble avoir été placé là dans le but unique d'arrêter le promeneur assez distrait pour refuser un coup d'œil au charmant paysage qui s'ouvre devant lui. Tu connais ce paysage : on le rencontre un peu partout ; mais en basse Bretagne il est classique, et pourtant son charme, sans cesse ravivé par l'influence du temps et des saisons, demeure inépuisable. Si d'aventure tu l'avais oublié, quelques coups de plume vont suffire sans doute à le réintégrer dans ta mémoire.

Entre deux collines qui s'élèvent en amphithéâtre, l'une, chargée de taillis d'un ton fauve, d'où surgissent çà et là de noirs sapins ; l'autre, de landes aux fleurs d'or, s'étend une eau dormante où les reflets sombres de la colline de gauche et les reflets dorés de celle de droite s'enfoncent, séparés par l'azur du ciel. Des roseaux, des joncs, quelques plants d'osier dessinent au loin sur l'eau des méandres, où s'engage une escadre de canards, que rejoint sans effort et comme attirée par un aimant, l'une de ses divisions retardataires. Au bord de l'étang, quelques saules sortent, d'une collerette de nénuphars, leur tête noire, noueuse, singulièrement ébouriffée ; plus près enfin, sous de vieux ormes enguirlandés de lierre, un moulin, l'écharpe bouillonnante au flanc, s'adosse contre la chaussée, qu'il domine à peine de son toit de chaume tout verdoyant de pariétaires.

Voilà le paysage tel que tu as pu le voir il y a dix ans ; voici maintenant sous quelle influence il t'apparaîtrait aujourd'hui.

La campagne resplendit, inondée de lumière blonde ; c'est à peine si une légère vapeur estompe les anfractuosités des lointains ; la chaleur fécondante du soleil fait de toutes parts éclater les bourgeons ; le vert-tendre des feuilles naissantes crible de ses grêles mouchetures les halliers et les taillis ; des fleurettes sans nombre émaillent le versant des fossés. La brise, trop faible pour émouvoir les ramées, soulève pourtant des émanations douces quelquefois comme celles de la violette, quelquefois amères et pénétrantes comme celles du buis ; des bruyères humides et des terres labourées. La joie est dans l'air, la vie partout. Des cris aigus et stridents sortent des gazons ; les broussailles sont remplies de gazouillements et de frissons d'ailes ; des grappes de friquets tombent de la cime des arbres, se pourchassent, roulent haletants, étourdis, jusqu'à mes pieds ; et dans le fourré voisin, un merle, — effronté conteur de gaudrioles, j'en jurerais, — scandalise ou fait pâmer d'aise, je ne sais lequel, toute une turbulente société d'oisillons. Le ruisseau....., le ruisseau lui-même, qui de là-bas accourt leste et clair, oubliant des houppes d'écume à l'angle de ses berges, précipite sa joyeuse allure en passant à mes côtés, et disparaît sous une voûte en chantant sa fanfare.

II

L'harmonieux ensemble de chansons et de murmures qu'exhale en ce jour d'allégresse la campagne rajeunie ; ces clartés, cet air tiède, ces senteurs que concentre le vallon vous jettent bientôt, — et surtout après une marche forcée, — dans une sorte de langueur rêveuse ; des bruits confus la bercent d'abord, mais insensiblement ils s'éloignent, puis ils reviennent, grandissent, développent leurs ondes sonores, s'éloignent de nouveau ; les silences se succèdent, se prolongent….. ; et ma pensée qui se sent la bride sur le col, s'esquive sournoisement comme si je m'avisais de contrarier ses tendances à se soustraire aux divertissantes réalités de notre monde sublunaire ! — Qu'est-elle devenue ? Je ne le saurais dire, jusqu'au moment où je la retrouve, ardente à la poursuite d'une créature enchanteresse, qui, préposée sans doute au mystérieux travail du renouveau, semble avoir pour tâche d'égrener sur les buissons, les roses rouges qui couronnent ses bandeaux sombres. — Il serait superflu de t'énumérer ses prestiges ; sache seulement qu'une merveilleuse faculté de perception me la montre alternativement sous les aspects les plus complexes et les plus chers à mes souvenirs, tantôt avec la pâleur chaude et la brûlante hardiesse des beautés du Midi, tantôt avec l'angélique et pensive sérénité des vierges blondes du Nord, suivant le caprice des clartés ou des reflets ; son regard décoche des flèches ardentes, ou douloureusement passionné, il entr'ouvre avec effort la double frange des cils; où, limpide et assuré comme le rayon du saphir oriental, sa consolante mansuétude fait éclore au cœur des tendresses infinies. Combien de temps a duré ma poursuite? Je l'ignore; mais elle m'a conduit au radieux pays visité par Muller, — l'une de ses toiles en fait foi, — où des courants de fluides souverains, d'arômes fortifiants et réparateurs, éternisent la jeunesse de l'année et le printemps de la vie. Des groupes rayonnants de joie et de beauté émaillent le velours de la mousse; une brise, amoureuse des fleurs, secoue de ses ailes embaumées les suaves accords des concerts lointains, et je crois deviner, dans le chant érotique d'une théorie, le doux conseil du *Pervigilium Venevis: Cràs amet!* [1] Il m'est alors révélé, juge de mon ivresse, que la vertu régénératrice d'un certain fluide va me faire de la même essence que les élus de cet Eden. La ferveur de ma croyance au printemps, croyance qui de jour en jour va s'éteignant chez les mortels, est, si cela t'inquiète, mon titre le moins fantastique à cette faveur insigne.

. . . .

L'instant est venu; le fluide magique m'apparaît sous la forme d'un rayon aux lueurs d'émeraudes, qui prend sa source aux lèvres de ma mystérieuse conductrice. Palpitant, éperdu, le cœur plein d'inexprimables adorations, je m'élance.....

Soudain un cliquetis d'armes, un juron énergique, un

---

[1] Aime demain qui n'a jamais aimé
Qui fut amant demain le soit encore!

nuage de poussière éclatent à la fois et me font bondir. — C'est l'inexorable réalité, qui, décorée du baudrier jaune de la gendarmerie départementale, m'arrache avec sa brusquerie accoutumée aux enchantements de mon paradis. — En d'autres termes, un gendarme très-grand et très-lourd vient d'escalader la clôture qui fait à mon siége un dossier naturel ; mais la terre s'étant éboulée sous son poids, ils ont pêle-mêle roulé ; de telle sorte que, sans la vigilante sollicitude de mon ange gardien, l'avalanche m'aplatissait. — Ce que je te raconte est d'une exactitude irréprochable. Je ne pourrais appliquer la même épithète à la tenue du susdit fonctionnaire, de violentes frictions ayant çà et là maculé son pantalon bleu.

Nous commençons à nous remettre, lui de sa chute, moi de ma surprise ; il s'éponge le front, je me frotte les yeux ; il jure encore sans s'excuser, et cette fois la chose me semble exorbitante ; l'on dirait en vérité qu'il regrette de ne m'avoir pas écrasé tout à fait. — Pour commencer la conversation, et pour unique reproche, j'ai bien envie de m'écrier, comme le Bertram de Mathurin : « Un ange planait sur mon cœur, et tu l'as effrayé ! » Mais ce gendarme, complétement intempestif, me prévient d'une façon infiniment moins poétique : — Sacrebleu ! m'sieu, je suis en nage ; voilà deux heures que j'emboîte le pas sur ses talons, et, juste au moment où je vais mettre la main dessus, prrrout ! — C'est à peu près mon histoire. — Et pourtant sa manille doit singulièrement lui alourdir la jambe. — Peuh ! — Quoi ! vous l'avez vu ? — Si je l'ai vue ! des yeux noirs grands comme ça ! — Allons donc ! — Bleus comme les violettes, alors. Le gendarme me regarde stupéfait. — Ah çà! mon bourgeois, est-ce que vous avez l'intention de me faire aller? moi je parle d'une pratique, d'un forçat évadé du bagne. — Moi d'une femme. — Il fallait donc le dire. — Permettez, je ne vous demandais pas... — Enfin suffit, mon gibier à moi a gîté cette nuit dans la lande, et, à moins qu'il n'ait en poche le miracle du Juif errant, il sera répincé avant peu ; car c'est pas ici comme en Écosse, pas d'argent pas de Suisse. — Pauvre diable! ai-je fait machinalement. Mon interlocuteur s'arrête court, réfléchit, et me décoche cette triomphante réplique : — M'est avis, m'sieu, que si, pendant que vous étiez là à *regarder en dedans*, il avait trouvé bon de prendre l'heure à votre montre, vous ne seriez pas si calme, hein? — Prendre ma montre, il le pouvait; mais y prendre l'heure, c'est autre chose : ma montre n'a pas d'aiguilles, c'est un prétexte à breloques, voyez plutôt... Le gendarme paraît contrarié d'avoir manqué son mot; aussi s'éloigne-t-il sans prendre congé de ton serviteur. Un instant après je crois l'entendre éternuer au bout du sentier, je pense à l'infirmité traditionnelle du corps dont il est membre, je ris et je me trouve suffisamment vengé.

III

Des clameurs joyeuses, des voix enfantines s'élèvent tout à coup d'un pré voisin. Une femme y chante aussi à plein gosier, et avec cet entrain particulier aux cuisinières, une chanson que j'écoute d'abord d'une oreille distraite;

mais la singularité du rhythme me rend bientôt plus attentif, et je parviens à fixer au vol les paroles suivantes :

> ... Ils s'en vont à l'église,
> Le chapeau sous le bras.
> Si madame est bien mise,
> Monsieur s'informera.
> Ah! dam! ces messieurs pensent
> Qu'on ne les connaît pas!

Curieux d'entendre de plus près la chanson, plus curieux peut-être encore de voir la chanteuse, je me suis approché de la haie qui m'en sépare, et je puis, à travers la farouche crinière de ronces que l'on oppose d'ordinaire aux tentatives d'escalade, contempler un frais et gracieux tableau. — Sur le tapis vert et douillet d'une prairie zébrée d'ombre, criblée de primevères, étincelante de marguerites au disque d'or, trois femmes sont assises et surveillent un turbulent troupeau d'enfants. Ils sont au moins une douzaine, chérubins roses et joufflus, mignonnes et pimpantes petites filles ; ils courent dans l'herbe avec mille cris aigus, ils moissonnent les primevères, et viennent verser à flots la cueillette dans le giron de leurs bonnes. Celles-ci s'occupent de rassembler les fleurs une à une pour en composer ces énormes boules d'un jaune pâle, que ton cœur a déjà nommées, j'en suis sûr, en tressaillant de joie et de jeunesse, des *bouquets de lait ;* car, bien souvent aussi, tu as cueilli des bouquets de lait. T'en souvient-il? c'était le jeudi, toujours, jamais le dimanche; le dimanche on nous attifait ridiculement; puis gourmés, engourdis et gauches, on

nous produisait sur les promenades de la ville. Ce dimanche que nous donnait le bon Dieu, l'amour-propre maternel le dérobait sans remords à notre vie, comme si les jours de bonheur ne nous étaient pas comptés parcimonieusement.
— Ah! si l'on cherchait bien, on trouverait peut-être dans ces dimanches mal employés le germe de plus d'un de nos défauts actuels! — C'était donc le jeudi ; l'école était fermée, et nous remettions au lendemain les leçons, — nos affaires sérieuses d'alors ; — partant, la journée s'ouvrait sans nuages. Qu'ai-je besoin d'ailleurs de parler au figuré ; les jeudis de ton enfance ne passent-ils pas tous dans tes souvenirs avec un ciel d'azur, une campagne verte comme l'espérance, pailletée de marguerites, et sillonnée de ruisseaux, dont la voix d'harmonica s'épuise en roulades de cristal? Ces jeudis-là étaient du moins ceux qu'on choisissait pour nous mener cueillir des bouquets de lait. Quelles courses alors au bord des chemins et à la lisière des taillis ! Quel plaisir de tremper notre pied dans tous les courants et de boire à toutes les sources! Puis, quand l'un de nous découvrait un recoin mystérieux plus richement fleuri, — un *placer*, comme on dirait maintenant, — quels cris de surprise et d'admiration, quels appels à la bande disséminée, quels doux noms volaient dans l'air, et quelles douces voix répondaient à ces doux noms ! — Hélas! plus d'une parmi les plus douces et les plus aimées seraient aujourd'hui muettes à notre appel, car la mort a fait aussi sa moisson de primevères, mais avec un discernement cruel et qui justifie outre mesure l'inquiétude d'un poëte espagnol pour « celles qui naissent belles. » Enfin, le soir venu, quand, brisés de fatigue, débraillés, et les genoux verdis,

nous revenions par le chemin, il fallait voir comme nous étions fiers de narguer les bandes rivales moins heureuses dans leur récolte, ou moins habiles que nous à faire valoir leurs trésors !

C'est aujourd'hui jeudi, les enfants que j'ai sous les yeux font à peu près comme nous avons fait, d'autres feront un jour comme eux, et cela durera tant qu'il y aura des primevères, des enfants et des jeudis.

IV

...... Tu ris, tu ris bergère. — Ah ! bergère tu ris !

Ce refrain me ramène à la chanteuse, qui ne cesse de prodiguer aux échos les richesses d'une anthologie assez en rapport avec sa personne. C'est une grosse fille dont la face triviale accuse un état de santé des plus prospères ; ses yeux et son nez accidentent si peu son visage de pivoine, que les premiers ne sauraient même en louchant, constater l'existence du second. Ceci ne paraît point au reste influer sur son bonheur, si j'en juge par les accès d'hilarité qui, entre deux couplets, viennent à tout propos relever et découper en festons inégaux sa lèvre supérieure. En général je n'aime guère les éclats de rire, n'ayant jamais ressenti moi-même le besoin de rire aux éclats, que sous l'empire de certaines sensations de plaisir extrêmement désagréable, du genre de celles que l'on éprouve en se cognant le coude ou le genou contre l'angle d'un meuble. J'ai donc déjà fait dix pas pour me soustraire à cette irritante gaieté, quand une voix nouvelle, mais cette fois d'un timbre sympathique, met à profit un silence inespéré pour s'élever de la prairie. Je m'arrête, j'écoute, j'écoute plus attentivement et je retourne à mon poste d'observation. Rassure-toi, je ne vais pas découvrir une merveille comme un imprésario en voyage ; non la voix est faible, elle est même presque maladive, mais un petit frémissement fiévreux, qui semble sortir d'un cœur où l'amour a déjà planté ses épines, l'empreint d'une émotion pénétrante dont j'ai tout d'abord subi le charme. Elle chante sur un mode plaintif une de ces ballades aux couplets sans nombre. En voici l'argument ; peut-être te la fera-t-il reconnaître. — Une pauvre enfant, en proie à toute l'effervescence d'un premier amour opprimé, voit se dresser entre elle et le monde l'implacable grille d'un cloître. La douleur et le désespoir l'ont bientôt exaltée jusqu'au délire, et sous cette influence perfide se dissipent, au moins pour un temps, les dévorants souvenirs qui la consument. Les perspectives dorées de l'idéal s'ouvrent alors à sa pensée, qui s'élance radieuse et traverse les phases les plus suaves d'une vie de bonheur. Mais hélas ! les accents d'une voix chérie s'élèvent tout à coup sous la fenêtre de la cellule et portent au cœur de la recluse la magique euphonie du nom adoré : elle tressaille ; une lueur fatale l'éclaire, et, brusquement rendue au sentiment de sa profonde infortune, elle exhale son âme dans un dernier cri d'adieu, dans une suprême aspiration d'amour. — Connais-tu la barcarole de Schubert, cette voluptueuse rêverie que le temps jaloux vient assombrir de son vol, fouetter de son aile, menacer de sa faux? — Eh bien! je trouve une certaine ressemblance entre la mélodie allemande et le vieil air; c'est le même sentiment de mélancolie passionnée, de douloureuse inquiétude, qui dans l'une et dans l'autre, vous font vibrer les fibres les plus tendres du cœur et vous émeuvent jusqu'aux larmes. — De ma place je ne puis apercevoir les traits de la virtuose, mais seulement ses mains, qui, occupées à fixer un bouquet à l'extrémité d'une baguette, sont blanches, plutôt un peu épaisses que fortes, et paraissent assez molles, assez veloutées, pour qu'on ne puisse les soupçonner de se livrer à de rudes travaux. C'est, à n'en pas douter, une couturière. Elle porte une robe brune fort simple, un petit châle gris tout uni, et son bonnet de tulle noir, piqué à la tempe d'une rosette rouge, laisse à découvert des bandeaux de cheveux bruns, un peu arides comme ceux d'une convalescente. Pendant que je suis en train de me forger, en l'écoutant, l'idée la plus avantageuse de son visage, je remarque chez sa grosse voisine des signes d'impatience; mais juge de ma stupeur et de mon indignation, quand je l'entends s'écrier tout à coup : — « Jésus! Marianne, est-ce que t'as pas bentôt fini avec tes cantiques de Noël? Chante que'que chose de plus farce; t'es embêtante à la fin. » — C'était, tu en conviendras, le cas ou jamais pour la Providence, de se manifester, mais il paraît qu'elle n'a pas toujours sous la main un aérolithe ou un gendarme pour écraser... — « Je ne sais que des chansons tristes, » a répondu Marianne, interrompant ma pensée homicide. — « Ah ben! réplique l'autre, j'aime ma foi mieux les miennes. » Et la voilà qui, derechef, jette au vent ces paroles :

Il n'y avait que la vache noire
Qui ne voulait pas danser.
Le loup la prit par l'oreille.
Gai! la farira dondaine.
Ma commère, vous danserez.
Gai! la farira dondé,

— « Oui, mais tout ça c'est des bêtises, continue-t-elle ; il est l'heure de partir, et v'là le temps qui se gâte ; allons vite, vite. » — Ici elle donne l'essor à une volée de noms propres qui font accourir les enfants éparpillés dans la prairie. Marianne se lève à son tour, et je puis enfin voir son visage. — Tu vas probablement me soupçonner de continuer l'antihèse, en opposant Marianne à la joyeuse commère, sa voisine ; mais, que m'importe, la vérité avant tout, — elle est ce qu'elle peut, — et je ne saurais rencontrer plus à propos cette citation, pour justifier, non-seulement le portrait que je vais tracer de Marianne, mais encore toutes ces pages, qu'un petit effort d'imagination rendrait assurément plus attrayantes. Marianne a le visage d'une pâleur à peine dorée ; ses yeux, — je m'empresse de le dire, car c'est là son titre le plus réel à l'attention, — ses yeux sont noirs, et leur grandeur exagérée fait songer à la façon étrange dont Homère a qualifié les yeux de Junon ; des sourcils veloutés, des cils épais et sombres les surmontent, les abritent de leurs franges et en tempèrent l'ardeur. Une nuance rosée apparaît vaguement sur ses pommettes qui sont peut-être un peu saillantes ; son nez, d'un galbe énergique, rappelle celui du portrait de Byron enfant ; sa bouche est singulièrement accusée aux angles, et je ne saurais dire si elle doit à l'estompe d'un duvet bleuâtre ou bien au renflement de la joue cette particularité qui lui donne un caractère à la fois souffrant et voluptueux.

Comme tu le vois, si ce visage est d'une séduction contestable, il est au moins de ceux qui sont dignes de fixer l'attention, de ceux qui étonnent s'il ne charment pas. Pour moi, sa première vue, même au grand soleil, m'étonne, me charme et me pénètre du plus tendre intérêt; il est vrai que d'avance j'ai doté Marianne, — comme Silvio sa chanteuse inconnue, — d'une foule de perfections peut-être, hélas! très-fantastiques.

Pourtant les préparatifs de départ s'accomplissent, on ferme les paniers, on relève les guirlandes et les bâtons ornés de bouquets, l'on se dispose à sortir par une tranchée ouverte sur le chemin, et bientôt la bande joyeuse et fleurie paraît à vingt pas, se dirigeant vers la chaussée de l'Étang. Les enfants passent, la servante au rire désagréable les suit, puis vient une autre femme d'un âge mûr, et enfin Marianne.

V

Je viens, je te l'avoue, d'éprouver une sorte de déception. La physionomie générale de ma sirène ne réalise nullement les promesses de son visage élégiaque. Je ne demandais à sa tournure ni souplesse ni légèreté, mais seulement un peu de grâce modeste, langoureuse, ou, à défaut, un peu de cet abandon morbide qui a aussi son charme. De tout cela elle n'a rien : en revanche, ses formes doivent, à leur manque de finesse, une apparence de vigueur fort rassurante, et il y a dans tout son port je ne sais quelle vulgaire expression, qui achève de bannir de mon cœur le sentiment de tendre et inquiète sollicitude qu'avait fait naître son premier aspect. On dirait, en vérité, qu'elle s'ingénie à contrarier les vues de la nature sur sa personne. — Le petit groupe me précède de quelques pas; mon voisinage semble l'intimider; on y chuchote. Mais j'en suis bientôt séparé par une haie; les voix s'enhardissent alors, deviennent distinctes, et je puis entendre le dialogue suivant, que je ne voudrais pas altérer d'une syllabe :

— Mam'selle Sophie! je vous ai déjà dit de ne pas aller au bord de l'eau; revenez vite, ou il va vous arriver malheur comme à Louise ***.

Cette interpellation et cet avis sont adressés, par la joyeuse commère, à une charmante espiègle, blonde comme les gerbes de juillet, fraîche comme une rose du Bengale, svelte et cambrée comme une Andalouse, qui de son pied mignon effleure l'ourlet de verdure de l'étang.

— Qu'est-il donc arrivé à Louise, ma bonne? demande un petit garçon à l'œil déjà rêveur.

— Tiens! elle s'est *nayée* donc!

— Noyée! de vrai? Oh! je t'en prie, conte-moi son histoire!

— Y a pas d'histoire : elle s'est *nayée*, quoi! *nayée*, v'là tout; à preuve Marianne l'a vue.

— Oh! Marianne! fait l'enfant, déjà suspendu au bras

de cette dernière, dis, je t'en prie, comment c'est arrivé!

— Hélas! cher bijou, personne ne l'a jamais su ; elle jouait, elle courait, puis elle a disparu ; on l'a appelée longtemps, et, comme elle ne répondait pas, on l'a cherchée, cherchée....; puis enfin on a vu quelque chose de blanc dans l'eau, tout près du bord, sous les ronces, et c'était Louisette.

— Comment qu'elle était?

— Dam! elle était pâle, pâle, pâle..... comme les bouquets de lait ; elle avait au front une tache violette et des déchirures aux mains : elle aura sans doute voulu s'accrocher aux ronces!

— Ma bonne, j'ai du chagrin!

— Du chagrin! *Pourquoi?* fait la servante.

— Pour Louisette, répond l'enfant.

— Dieu! est-il bête, ce p'tit là! Encore si c'était hier! mais il y a longtemps ; et puis, en v'là t'y une qu'a eu d'la chance de s'avoir *nayée* le lendemain de sa première communion : c'est pour sûr un ange du paradis à c't'heure!

— C'est égal, Marianne, j'ai du chagrin.

— Cher petit amour! pauvre petit cœur! Embrasse-moi! embrasse-moi! — Et Marianne, enlevant de terre le petit garçon, lui applique sur les joues de gros baisers retentissants. Oh! que volontiers aussi je les aurais embrassés tous les deux. Oh! ces baisers-là, puisse le bon Dieu les tenir en réserve et les lui faire rendre un jour par l'époux de son cœur!

Je suis du regard la petite société, qui déjà se perd à l'angle du moulin, au tournant de la route. Marianne, l'esprit sans doute encore sous l'empire du navrant souvenir évoqué tout à l'heure, chante de sa voix fiévreuse un air larmoyant! puis elle disparaît à son tour, et sa chanson s'éteint sur ce motif douloureux et désole comme un glas d'agonie :

>Sonnez, sonnez, clochettes!
>Sonnez bien tristement.
>Ma bien-aimée est morte
>A l'âge de quinze ans !

VI

Je suis seul depuis un instant à peine, et déjà la solitude m'est odieuse. Pourtant j'ai voulu relire mes notes avant de poursuivre ma route, et bien m'a pris de cette précaution, qui va me permettre de modifier un peu le riant tableau placé en tête de ces pages. — Je m'étonne, en effet, d'avoir pu trouver en aussi joyeuse humeur cette campagne sur laquelle semble, au contraire, peser une atmosphère de tristesse et de mélancolie. — Les collines, l'étang, le moulin, les arbres, tiennent à merveille, comme par le passé, leur emploi d'accessoires de paysage classique; mais tout cela est gris, maussade et maigre, comme une mine de plomb exécutée par une pensionnaire zélée du Sacré-Cœur, avec un crayon taillé consciencieusement. Des nuages ont chargé le ciel; le soleil n'y montre plus qu'un disque blafard et sans chaleur. Une bise, qui, travestie en zéphir, sans doute à la mi-carême, aura trompé la vigilance de son gardien, m'attache un frisson entre les épaules. Les ajoncs aux fleurs d'or ont disparu sous une couche de linge sortant de la lessive ; on dirait qu'il a neigé sur la colline. Plus de frissons d'ailes parmi les broussailles rechignées et sinistres ; plus de chansons dans ce taillis suspect, où se montrent de temps à autre des chapeaux galonnés en quête d'un bonnet rouge. Sur la surface de l'étang, grise, ridée, sans reflets, la bande effarée des canards tire en toute hâte vers le bord, en poussant des clameurs d'épouvante, comme si ses explorations avaient amené la découverte, parmi les roseaux, d'un pauvre petit corps meurtri au front, déchiré aux mains. Que te dirai-je, enfin ? ces primevères qui m'entourent ont la pâleur de la mort, ces violettes le ton livide des cicatrices, et le courant lui-même à l'expression duquel je m'étais mépris tout à l'heure, — un sanglot diffère si peu d'un éclat de rire ! — semble fuir en désespéré ce paysage funeste. — Je m'en éloigne aussi, mais la tristesse n'est pas seulement aux lieux que j'abandonne, elle est sur ma route, elle est surtout dans mon cœur, et il suffit de l'objet le plus insignifiant en apparence pour l'y raviver ; — de ces primevères qui égrenées par les enfants sur leur passage, gisent déjà flétries et à moitié enterrées dans la poussière ; de ce hêtre dont l'écorce noircit sous le coup machinal de mon bâton et laisse échapper sa sève comme des larmes ; de ce feuillet qui, tombé d'un bréviaire sans doute, me met sous les yeux la triste parole de Jonathas : « Gustavi paululum mellis, et ecce morior !... »

J'en étais là, quand les gouttes avant-courrières d'une

averse tigrant autour de moi le sol, m'ont forcé de chercher un abri que j'ai trouvé... une heure après avoir reçu une douche complète. Ma disposition d'esprit n'y a gagné, je le crains, qu'une pointe d'humeur particulièrement préjudiciable à mes idées antérieures sur le printemps, et je reconnais, à mes doutes actuels, combien il était juste qu'on m'escamotât le dénouement de mon rêve. Mais des doutes infiniment plus sérieux m'alarment. Au moment où j'achève de rassembler ces feuilles éparses, je me demande si elles atteindront le but que je me suis proposé en te les écrivant. Le cœur, je le sais trop, hélas! a ses caprices, et il s'avise parfois de faire pousser en regrets les souvenirs que l'on y sème à certaines heures : aussi ai-je voulu, dès mes premières lignes, te prémunir contre une surprise de ce genre. Ce n'est point assez : je veux encore placer au front de ces pages un titre, qui, semblable à une vigie signalant un danger, pourra peut-être éveiller tes défiances et te préparer à d'autres mécomptes ; si tu n'as pas oublié ce dicton du pays : « Traître comme un jour de printemps! »

Illustration. — 12 mai 1855.

ÉCRIT LE JOUR DES RAMEAUX

En ce jour de Pâques fleurie,
Le troupeau des cloches en chœur,
Jette à travers ma rêverie,
Son impitoyable clameur.

Pour surcroît d'ennui, dans ma chambre
Le vent fredonne ses chansons
Du répertoire de Décembre,
Sur des airs chargés de frissons.

Ne pouvant dormir, j'imagine,
(Il est d'étranges voluptés!)
De m'enfoncer au cœur l'épine
Des plus tristes réalités.

Pâques fleurie ! une main blanche
En secret brisa l'an dernier
A son rameau bénit, la branche
Qui couronne mon bénitier.

Sa verte couleur d'espérance
Depuis ce jour m'abandonna,
Comme bientôt fit la constance
De celle qui me la donna.

Elle encore ! allons du courage
Fouillons les cendres du passé,
Relisons bravement la page
Où gît mon amour trépassé.

Tour à tour folle et soucieuse,
Tour à tour colombe ou pinson,
Aujourd'hui complainte amoureuse
Et demain joyeuse chanson !

Mes souvenirs, je vous renie,
Si vous allez sournoisement
Recommencer la symphonie
Qui se joue au cœur d'un amant !

Longs regards chargés de promesses,
Lèvres où fleurit le baiser ;
Front pâli qui, dans ses détresses,
Cherchait mon cœur pour s'y poser !

Sein, agité sous la dentelle
Au temps de ses premiers aveux ;
Col noyé sous le flot rebelle
Et déchaîné de ses cheveux !

Corsage à la cambrure fière,
Petit pied, qu'en ses tourbillons
Perfides, la valse légère
Emporte à travers les salons !

Moites épaules où la veine
Circule en minces filets bleus
Et dont la blancheur souveraine
Rendrait les marbres envieux.....

Comme ses sœurs de l'Évangile,
Mes rêves toujours en chemin
La rencontrent vierge fragile,
Une lampe éteinte à la main ;

Et malgré l'aube aux doigts de roses
Qui vous bannit, songes charmants,
Je retrouve paupières closes
Mes nocturnes enivrements !

Viens évoqué par mon délire
Doux météore de mes nuits !
Viens, et que ton magique empire
Ramène les bonheurs enfuis !

Mais ne viens pas coquette et folle ;
Viens sans fleurs et sans éventail,
Sans ton joyeux chant qui s'envole
D'un nid de perles et de corail !

Je ne veux plus jamais entendre
Ces airs qui m'ont fait tant de mal ;
Je n'ai que des douleurs à prendre
Parmi ces souvenirs de bal !

N'attriste pas, je t'en conjure,
Ma radieuse vision,
De ces instruments de torture
Bel ange de la passion !...

Elle vient! la voilà! c'est elle!
Ame joyeuse et front rêveur;
Miroir qui reflète et révèle
Les rayons tristes du bonheur!

Elle a paré son frais visage
De ses sourires les plus doux;
Elle a parfumé son langage
Tout exprès pour le rendez-vous.

Les deux mains pleines de caresses
Elle prend vers moi son essor,
Et l'ardent essaim des tendresses
Sur mon cœur vient s'abattre encor!

Pourtant depuis l'épreuve amère
J'avais bien cru mettre au cercueil
La folle passion dernière
Dont ma raison mena le deuil.

Mais cet amour-là fut sans doute
Un amour qui, mal enterré,
S'en revient flâner sur la route
De son convoi prématuré.

Hélas je reprendrais bien vite
Le sentier à peine effacé,
Si ta blanche main qui m'invite
Cueillait les fleurs de l'an passé;

Si de ton succès éphémère
Tu reniais l'éclat maudit,
Si de ma chambre solitaire
Tu remplaçais le buis bénit,

Celui qui tristement s'étale,
Flétri, poudreux et dévasté
Bon pour asperger d'eau lustrale
Des griefs morts de vétusté!

Revue de Paris, 15 mai 1856.

APRÈS UN BAL

Février 1856.

Sapienti sat.

Qu'est devenu le temps où sur les grèves
Ces blonds cheveux, qu'aujourd'hui tu relèves
Avec tant d'art pour des gens inconnus,
Entre mes doigts étaient tordus, ma chère,
Et goutte à goutte épanchaient l'onde amère
      Sur tes pieds nus!

À cette main, aujourd'hui douce et pâle,
L'air attachait des mitaines de hâle;
Puis, en dépit de l'énorme chapeau,
Le grand soleil se frayant un passage
Sous ses baisers avait de ton visage
      Bruni la peau.

Le vent des mers te fouettant de son aile,
Forçait ton front à se rider, ma belle;
Dans ces sillons, fermés le lendemain,
On était sûr que la vague marine,
Déposerait sa poudre grise et fine,
   Après le bain !

Tu ne prenais, durant nos promenades,
De la charrette aux brutales saccades,
De cette barque où tu ramais aussi,
De ce coup d'air qui t'enfiévrait la joue,
De tes jupons que festonnait la boue;
   Aucun souci !

Eh bien, crois-moi, je t'aimais ainsi faite.
En ce temps-là, tu n'étais pas coquette,
Et ce valseur, imprudemment banal,
N'eût de ton cœur, — tant l'innocence est forte !
Comme aujourd'hui voulu forcer la porte
   Pendant un bal !

        Revue de Paris.

DÉPART DE L'ESCADRE

A B. J.....

Brest 1856.

Vos noirs vaisseaux hier ont déployé leurs ailes !
Rasant d'un vol hardi la croupe des flots verts,
Ils vont où vous allez, frileuses hirondelles,
Sitôt que sur nos champs s'abattent les hivers.

Phares à l'œil sanglant, moroses citadelles,
Vieux cloîtres mutilés durant des jours pervers ;
Sein, Molène, Ouessant dont les chaloupes frêles
Bravent de l'Océan les abîmes ouverts ;

A l'horizon lointain qui de brume se voile
Tout fuit, l'acte est joué ! — Mais derrière la toile
Resté ; je m'attendais le soir de vos adieux

A surprendre un chagrin chez ces femmes frivoles
Rien, rien, rien ! — Touchez donc aux rives espagnoles
Sans un regret au cœur, sans une larme aux yeux.

Revue de Paris.

www.ingramcontent.com/pod-product-compliance
Lightning Source LLC
Chambersburg PA
CBHW071858230426
43671CB00010B/1385